当今世界正处于新一轮大国争帆席卷全球的高潮的前夜。20 世纪，上一轮传统大国英法俄与后起大国美德日争帆全球的高潮是两次世界大战。而 21 世纪新时代必将出现新的军事制高点。在全球化和科技革命浪潮的推动下，传统大国与新兴大国之间的利益和矛盾不断交融，丛林法则、以工业化为基础的总体战即将彻底退出历史舞台。在这个时代，新的国际文明形态所产生的军事制高点位于何处？它是我们现在所能看到的吗？它仍然是原有历史和逻辑的惯性延伸吗？我们如何回答这些问题将直接决定我们未来的命运。

　　所有开创新纪元的军队，都率先完成了引领能力竞争和设计未来战争的双重使命。作为一名根在基层的普通一兵，谨以此书作为对这些问题的粗浅回应，并将此书献给培养我的步兵第一师及其红军团。

窦国庆

大国兵智

——新型作战能力与战争战略

窦国庆　著

中国人民公安大学出版社
·北　京·

图书在版编目（CIP）数据

大国兵智：新型作战能力与战争战略/窦国庆著. —北京：中国人民公安大学出版社，2016.6

ISBN 978-7-5653-2629-5

Ⅰ.①大… Ⅱ.①窦… Ⅲ.①作战—研究 Ⅳ.①E83

中国版本图书馆 CIP 数据核字（2016）第 120501 号

大国兵智
——新型作战能力与战争战略
窦国庆 著

出版发行：	中国人民公安大学出版社
地　　址：	北京市西城区木樨地南里
邮政编码：	100038
经　　销：	新华书店
印　　刷：	北京通天印刷有限责任公司

版　　次：	2016 年 6 月第 1 版
印　　次：	2016 年 6 月第 1 次
印　　张：	15.25
开　　本：	787 毫米 ×1092 毫米　1/16
字　　数：	289 千字

书　　号：	ISBN 978-7-5653-2629-5
定　　价：	48.00 元

网　　址：	www.cppsup.com.cn　　www.porclub.com.cn
电子邮箱：	zbs@cppsup.com　　zbs@cppsu.edu.cn

营销中心电话：010-83903254

读者服务部电话（门市）：010-83903257

警官读者俱乐部电话（网购、邮购）：010-83903253

公安业务分社电话：010-83905672

冯子曰：岳忠武论兵曰："仁、智、信、勇、严，缺一不可。"愚以为"智"尤甚焉。智者，知也。知者，知仁、知信、知勇、知严也。为将者，患不知耳……愚遇智，智胜；智遇尤智，尤智胜。故或不战而胜，或百战百胜，或正胜，或谲胜，或出新意而胜，或仿古兵法而胜。天异时，地异利，敌异情，我亦异势。用势者，因之以取胜焉……

——冯梦龙《智囊·兵智·兵智部总序》

目　录 Contents

导　言

新型作战能力决定未来命运
能力的根源在于战略
思想领先才能能力领先
超越前人是对前人最大的尊重

上篇　从历史中汲取智慧

下篇 从启示中探索未来

导　言

新型作战能力决定未来命运

如果不能发展适应国家未来战略需求的新型
作战能力，即使不意味着国家自寻没落和失败，
那也是国家走向没落和失败的见证。

当原子弹出现并投向日本之后，人们，包括那些伟大的政治家和将领们除了惊愕于它的巨大威力之外，鲜有人注意到它会改变世界。真正注意到它的影响的人不是制造它的科学家、使用它的军事家，而是少数政治家和并没有直接与其相关的军事将领。从苏联拥有核武器到古巴导弹危机只有短短15年，在人类历史上，15年只是弹指一挥间，然而，两个可以毁灭世界的大国爆发冷战所导致的15年，使人类几乎总是处于毁灭的危险当中而变得特别漫长。在双方接近于核战争的边缘时，"核武器的毁灭性威力可以制止世界大战"这一观点终于从学术报告中走出来，变成政策和战略的基础。回顾历史，无论是美国人，还是苏联人，都犯了一个巨大的错误，那就是他们都看到了核武器的毁灭性威力，但都指望以增强核武器来迫使对手屈服，而通过增强互相毁灭的能力来获胜本身就是一个悖论，因为互相毁灭后哪里来的胜利呢？

古巴导弹危机的结束，虽然使大家都看到了自己的错误，但又不甘心在改变错误时，使对手获取优势，于是双方核军备竞赛只能无休止也无意义地进行下去。美国人先于苏联人开始纠正错误，在肯尼迪时代提出"灵活反应"战略，以核武器为盾，常规力量为剑，促使美军由只能打世界大战的军队变成既能打世界大战、打毁灭性的核战争，又能打小型常规战、特种作战的灵活性军队。经过越南战争的惨败，美国人更加深刻地意识到自身能力的缺陷，从此，开始发展新型能力。反观苏联，为了追求和美国达成军力平

衡，数量越来越多的核武器和规模越来越大的常规部队，不仅使苏联背上沉重的经济负担，而且丧失了军队能力建设的时间和机遇。美国人败于越南，苏联人败于阿富汗。美国人的越南之败几近耻辱，但有机会痛定思痛地反省，苏联人的阿富汗之败却丧失了最后的机遇。

美国和苏联命运的对比，足以说明新型作战能力对于军队，甚至是对于国家都具有决定强弱和兴衰的意义。

战争史上，从来没有同一种作战能力可以连续赢得两次战争。军事领域可能是惯例和常理最没有价值的领域。洞悉对手的最终目的无非是希望比对手更快地适应时代，推动时代向既定的轨道发展。超越对手的最好方法就是比对手更加能够适应快速变化的时代。

很少有这样一支军队可以保持长盛不衰，当历史上的辉煌留下一笔笔精神财富和智力源泉时，反而成为继承者墨守成规的最好借口，而在和平时期忽略军事形势的改变，这支军队实质上已经处于失败境地了。

思想家认为和平是宝贵的，因为在他们眼中，和平的代价是战争对生命的吞噬；历史学家认为和平是宝贵的，因为在他们眼中，战争的年代要远远多于和平的年代；经济学家认为和平是宝贵的，因为在他们眼中，人们只有在和平时期才能享受福祉；科学家认为和平是宝贵的，因为在他们眼中，和平使他们可以庆幸自己的发明没有用于杀戮；政治家认为和平是宝贵的，因为在他们眼中，战争如此残酷，每一分钟都可能导致国家和自己陷入万劫不复。

然而，军事家要防止战争对生命的吞噬、要保证人们享受和平的福祉生活、要保证国家在战争中渡过难关，却不能认为和平是宝贵的。和平时期对于军事家来说是一个危机。因为和平既是对军人牺牲功劳的奖赏，也是军队的腐蚀剂。有多少伟大的军事家因为和平疏于对战争的准备而晚节不保。

和平时期对军事家的挑战不如战争那样血腥，却比战争时期的挑战更加残酷。因为军事家在和平时期的思考与对自身的再造决定了军队的走向，决定了下次战争的结局和国家未来的命运、民众未来的福祉。

战争作为和平时期军事建设的裁判是最公平的。和平时期没有思想的更新、没有效率的提升，或者思想的更新和效率的提升不如对手，战争就会进行血淋淋的判决。

和平时期的求变、求新对所有军队都是残酷的挑战。因为相对于战争时期，和平时期的军队无的放矢，不能准确确定下一场战争的对手是谁、难以判断对手是怎样思考的、难以摸透对手是怎样行为的，它们的强点和弱点分别是什么，只能以自己最大努力来尽量地提升军队能力。

军队在和平时期的第一要务是成为新技术、新思想的第一担当者和第一受益者。用新思想产生更新、更大的动力来加速能力跃升的进程，争取新的主动与优势，而不仅仅是按照历史惯性缓慢地累积渐变。

国际社会的残酷现实往往出现这样的悲剧：一次战争的结束，则意味着下一次战争的开始。起点就是对上一次战争经验的反思。军队对现实的敏感和对未来的预判，是新型作战能力的起点，决定了军队作战能力更新的速度、质量和方向，因此，也就决定了战争的结局。

轰轰烈烈的场面总是容易掩盖本质，这不是人的无知与肤浅，而是事物的本质总是难以显露。驾驭战争之人的头脑分为两种：一种是在枪炮声出现后如何取胜？另一种是枪炮声出现前应如何取胜？战争是从枪炮声开始的吗？显然不是！

两种不同的头脑，导致了两种不同的思维方式，也产生两支不同的军队。前者只是把战争看作一系列作战行动的总和，而后者是把战争看作关于战争准备、战争能力、战争智慧的总体博弈。战争胜负的结果出现在战前，效果显现在战后。

战争的结局无非是把和平时期的发展新型作战能力的成果表象化而已。虽然军队的发展不能也不可能离开历史经验的传承。但就像历史上没有两条同样的河一样，世界上也没有两次相同的战争。也许前一次失败的教训适用于下一次战争的失败，而前一次取胜的经验却很难适用于下一次战争的胜利。固守上一次战争的成功经验往往是下一次战争失败的罪魁祸首。

发展新型作战能力是针对时代的变化，做出比对手更新的反应，而不仅仅是更快的反应。

历史是事实的串联体。和平并不是串联体中的常态，它经常被战争打破。珍惜和平最好的方法就是对未来的战争有正确的洞察和准备。当社会日益向前发展时，安全和和平的威胁和危险也发展得越来越快。每个国家正在努力建设全面的军事能力，所有国家的军队都在和时间赛跑，无论下一场战争和冲突在哪里发生、怎样发生，他们都在努力地按照自己的方式准备迎战。

军队统帅不能仅仅是应对现实的好手，更应当成为立足现实、洞察未来的高手，在他们的脑子里，总有一个问题萦绕："我们应当怎样遏制、打赢未来的战争？"这个问题的回答决定着和平时期的军队到底能够迸发出多少能量，也决定着未来战争的结局。没有硝烟，并不代表没有对抗。和时间赛跑，其实是和对手赛跑。

知易行难。驾驭和平比驾驭战争更加复杂。其实，"以不变应万变"的战略是找不到"捷径"的。即使人们对军队的能力足够自信，面对变化也是无能为力的。没有艰难的开拓来发展新型作战能力，军队不可能走向未来，更谈不上走向胜利。

发展新型作战能力对军队来说就是争夺和平时期的主动权。善于和敢于发展新型作战能力的军队才能使对手处于应接不暇之状，也是使军队保持长盛不衰的根本动力。

军队最大的弱点是不知变、不求变。军队最大的优势是知变、求变。新技术、新思想、新能力层出不穷之时，才能给世人以最大的心理震撼。成为别人效仿的对象并促使别人实施东施效颦的战略才是"不战而屈人之兵"的最佳诠释。

迄今为止，人类历史上产生过许多极盛于一时的军队，而盛极一时中却又蕴含着衰败的因子。

从蒙古骑兵到德国和苏联钢铁洪流，从无敌舰队到英国皇家海军，苏联红军和英国海军并没有被强大对手战败，均是因为国力的衰落而走下神坛，人类历史上的军队有些像自然界和生物链，顶端的生物总会更加容易自我衰败。

顶级军队最大的危险不在于战争，而在于不战而败。军队能力的缺陷正来自于此，总缺乏新型作战能力的注入，在原有能力轨道上疾速奔进，亦难逃厄运。

新型作战能力的发展不在于关系能力的设想和内在更新，而是内在自我更新能力决定军队和国家怎样立于不败之地的生命力的保证。

盛极而衰的因子在于原有能力的延续，即使是再增强，如果没有可以使用原有能力的对手，其结果只能衰败。

能力的根源在于战略

面临威胁或者机遇，所有国家首先遇到的挑战是在顺应潮流和引领潮流中如何选择。

新型作战能力通常是技术革命、社会革命、政治变革与思想变革在军事领域的必然产物，如果新型作战能力的根源是它们，则是把前提与根源混为一谈。

近代以来，新型作战能力的根源在于民族国家不断转变的战略，直到当代，仍然如此。因为只有民族国家才能建立起并利用高效、完善和权威的组织管理资源，催生出诸多领域的革命，技术革命、思想革命、组织革命、社会革命其实只是民族国家战略转型与新型作战能力的桥梁。

民族国家间的战争，经历了冷战结束初期后的冷战后遗症后，开始锐减，但并不意味着战争的终结，或者说，只是战争模式的终结。

民族国家之间的战争锐减，则说明了民族国家战略转型的基点不在于传统的和已知的能力、影响力，反而说明了包括新型作战能力的各方面新型国家能力的重要价值。

大国争霸的时代，发展新型能力，无非是令对手相形弱小，而使自己更加强大。当冷战进行时，核武器的出现，双方均具有使对方难以承受代价的能力时，新型的能力不是令对手弱小使自己强大，而是在于令对手有劲使不出的同时，自己可以随意出击。未来又是如何？目前的时代并没有给出条件，但有一点可以肯定，当互相依存的趋势不可逆转时，发展军力的作用不是互相摧毁，而是令对手跟随自己。

已经出现的能力，当今的机器人、无人打击手段、生物基因武器，并不算真正的新型作战能力，它们只是新型作战能力的衬托，新型作战能力的未来在未知领域，而不是已知领域。

新型作战能力战略影响是巨大的，要么引起其他大国的效仿，要么引起大国发展反制能力，要么还有其他举措或者使其他大国主动发展辅助性、配套性能力。但是，有一种情况是不可能出现的：大国无动于衷。所以，军事领域内的动态发展反映在各国的博弈当中，发展新型作战能力也是各国军队博弈的一部分，任何新型作战能力都会引起对手和盟友的关注，进而引起相应的反应。因此，发展新型作战能力使现实和潜在的对手适应自己，而不是被动地适应对手。

思想领先才能能力领先

> 有的人靠犁征服世界，有的人靠剑征服世
> 界，有的人靠脑征服世界。

今天在思想上落后，明天就会在战场上输给对手。因为技术和行动方式可以模仿，而思想却难以模仿。技术和行动方式难以获得的优势可以通过思想的领先来获得，技术和行动方式的劣势也可以用思想来弥补。有时，技术落后也会产生优势。不可否认，先进技术具有无可取代的价值，但更要重视战场、对手、战争目标等综合因素的思考，对这些因素思考的质量，全部在

于思想的指引。

思想一旦落后于时代，比起行动落后于时代要付出更大的代价，挽回起来需要付出更大的努力。反之，思想超前于对手，则是最大、最根本的优势。

科学技术催促着军事思想，科学技术发展有多快，新的军事思想出现的频率就有多快。当科学技术越来越接近于日新月异时，新军事思想同样会以令人目不暇接的速度出现在人类文明的宝库当中。

翻开战争的历史画卷，无一不是先进的军事思想在支撑着最终的胜利者。当然历史上经常出现落后的蛮族战胜发达的文明族群，也不能否认这个事实。战争就像一匹难以驾驭的烈马，智者们不断创造出各式各样的军事理论，意图教会人们如何来驾驭这匹战争的烈马。当人类的历史趋向于越来越文明时，东方和西方分别成为人类文明的两大重要分支。在东方，自从春秋战国时代开始，便诞生了《孙子兵法》《吴起兵法》《尉缭子兵法》等一大批兵学圣典，也使其各自所在的国家成为东方之雄。它们是东方文明军事思想的第一个高峰，对于东方随后的几千年的战争实践拥有无可争辩的重要影响。在西方，自从希腊文明开始，似乎并不注意"思想"的力量，而是从历史事实中做出详解，诞生了《历史》《高卢战记》，直到近代《战争论》的出现才形成了西方文明中军事思想的第一个高峰。两大文明相互交织于科学技术的前进与在全球的传播。当火药出现时，中国明朝的军队在先进的火药技术的武装下，又有着东方古代军事思想的积淀，成为当时东方无可争辩的强者。近代欧洲大国军队正在通过不断战争证明谁是最强者，也出现了在历史上浓墨重彩的多支强军。东方军事思想上侧重于以道德和谋略来求胜，西方军事思想侧重于以兵器和效率来求胜。

鸦片战争是西方最强者——英国和东方最强者中国的一次对抗，也是东西方军事思想的首次碰撞。英国在工业革命后，拥有先进技术的武装，船坚炮利，几乎是轻而易举地战胜了技术落后的中国，随之而来的几场战争，也都是技术先进的西方强国战胜了技术落后的文明古国。此种结局固然出于诸多原因，但直接原因是：西方的优势来自其战争实践和军事思想不断催生的能力更新，而东方仍然侧重于对原有谋略的延续。

直到今天，世界大国的主流性作战能力仍然源自西方，原因是西方军事思想的第二个高峰，也成为东西方联结起来后的军事思想前进的基石。当机械化时代的蒸汽机出现后，美国、英国和日本依靠强大的舰队成为海上的强权，德国和苏联依靠坦克和火炮成为陆地的强权。这其中，马汉的《海权论》、杜黑的《制空权》、富勒的《装甲战》、德国的闪电战理论和苏联的大纵深作战理论成为支配它们进行两次世界大战的生死搏斗的"灵魂"。当航天和信息技术出现时，美国的高边疆理论、空地一体作战、"五环"理论、网络中心战理论、基于效果作战理论、俄罗斯（原苏联）的第六代战争理论等支配了海湾战争、车臣战争、科索沃战争、阿富汗战争、伊拉克战争。

从掌握陆地、海洋、天空制胜，直至掌握太空和网络制胜；从掌握骑射之术和火器制胜，直至掌握硅片制胜；从集中优势兵力制胜，直至通过掌控信息流来主导能量流和物质流制胜。一种历史性的错觉便开始蔓延。信奉技术制胜的后果对于战争的影响是巨大的，它既使技术化水平更高的西方军队处于领先地位，也成为各个东方国家争相模仿的对象。然而，随着技术的不断发展，技术先进的西方国家也开始逐渐感到获胜的代价和风险不会因为技术的代差而减少，甚至输给了毫无技术含量的国家。技术并不能主导战争的胜负，自从"二战"结束以来，技术化水平越高的一方反而越容易陷入"拳头打棉花"的失败境地当中。因为它们总是很顺利地实现开战的意图，却难以在期望的结局中结束战争。伴随新的技术发展而产生的军事思想也就不可能指导战争，将战争引向胜利的方向。这些严酷的事实无疑为研究军事思想提供了更加深刻的思想视角和精神动力。朝鲜战争和越南战争时期的美军拥有无可挑战的制空权，拥有绝对的技术优势，但面对拥有灵活的战术、高昂的士气并占有地利优势的志愿军和越南军队却束手无策。阿富汗战争和伊拉克战争中，美军几乎能够不费吹灰之力地摧毁塔利班和萨达姆政权的军事体系，但对于如何实现战争目的的努力似乎总是徒劳无益。此时，人们又开始从古老的东方军事思想中来寻找养料来支撑技术先进军队的"落后"。

东西方军事思想同属于人类智慧宝库，不存在孰优孰劣的比较，既有它们的科学性和合理性，也有它们的局限性。如果仅仅重视一个侧面而忽略了另一个侧面，那么会重蹈它们的历史悲剧。众所周知，真正的科学都是兼收并蓄的。然而如何在兼收并蓄中形成自身特色并反映在战争实践中，是我们要探索的课题。

这也是本书的初衷。本书无意怀疑和否定前人的伟大智慧，而是怀着一颗对前人的智慧和勇气致敬的心，站在前人的肩膀上将视野向更高的层次纵跃，将他们的思想和智慧放射出更大、更鲜亮的火花。因为时代在进步，人们的视野和思维不仅要看到产生时代的来源，还要看到创造时代的未来。

为了获得知识，首先必须使自己不受知识的束缚，不把前人的理论当作千古不变的神谕，不让自己对客观世界的认知停留在某一个固定点上。探讨战争的制胜之道，要站在前人的肩膀上，也不能受其束缚。对前辈最大的尊重，是让思想放胆于云端高翔，将他们的探索精神，运用于每一个新的时代。

超越前人是对前人最大的尊重

停滞不前就是失败。

历史上很多辉煌战绩的伟大军队走向失败都有一条相同的轨迹：总是把前人铸就伟大辉煌的精神财富和智力宝贵当作墨守成规的借口。虽然很多情况下，它们并不是自觉如此。然而活生生的事实告诉后人：过分依赖历史上的优势往往是以削弱未来的优势为代价。

今天，人们在仰望成吉思汗的伟业时，却不会对他麾下无敌的骑兵顶礼膜拜，因为我们今天有着由钢铁、硅片构成的无坚不摧的庞大的战争机器。然而，思考者也会发现一个虽然没有发生，但却残酷的事实：未来的人们，在仰望我们取得的功名时，同样也会对今天令人难以置信的钢铁、硅片产生称之为童话般的笑谈。

人们看待历史，更需要看待未来。我们注定要被后人记载，就像我们记载前人一样。大部分人都会认为，前人已经为我们积累了众多财富，我们只要沿着他们的指引昂首阔步前进就可以。是的！但是，我们是在前人的前面，而不是在他们的身后！这就注定我们要看到前人未看到的世界，注定要开辟前人尚未开辟的道路。

和平时期，大部分人会认为，存在代表合理！所以在不知不觉中，失去了激情和动力，也失去了智慧。对前人的尊重不是墨守前人的宝贵遗产，而是尊重前人那样的探索精神，行前人未行之路的最艰危之处，莫过于超越前人。

上　篇

从历史中汲取智慧

统一德国之前的普鲁士陆军与普法战争
"一战"之后的日本海军与太平洋战争
"一战"之后的英国空军与"二战"
越南战争至"9·11"前的美军与海湾战争

统一德国之前的普鲁士陆军与普法战争

思考时沉默，行事时坚决。

普鲁士陆军以其特有的贵族精神、浓厚的军事素养，成为欧洲陆军的典范。普鲁士于 19 世纪中期发生了巨大但却受到忽视的变化：经济科技上，工业化进程加速；社会思潮上，民族主义开始在军官的贵族精神上得以传承，并在众多思想家宣扬基础上蓬勃发展；政治领导上，一代巨匠俾斯麦走向权力顶峰；安全环境上，克里米亚战争之后的大国均是名存实亡，残酷的实力博弈重现欧洲。内外巨变的普鲁士，其在国内占有显著地位的陆军也面临着机遇和挑战。铁路、无线电台、后击针枪等技术性因素在老毛奇、罗恩等精英人物的推动下被注入陆军当中，总参谋部作为新型指挥中枢得以重构而使陆军迸发出巨大的能量。近代机械化陆军诞生于普鲁士，机械化地面作战能力成为普鲁士赢得普法战争的支柱。内线与外线的机动作战、计划与随机指挥相结合、以火炮为主要火力骨干、多变的战斗队形等直到今天仍然是地面作战的精髓。

◆ 隐形的崛起：关税同盟

政治和外交不露锋芒为发展新型作战能力减少了潜在的外部阻力。

奥地利是哈布斯堡王朝的合法继承者，在欧洲大国舞台上长期处于中心地位，尤其是拿破仑战争结束后，奥地利首相梅特涅主导了欧洲协调体系的构建，奥地利成为拿破仑战争之后的欧洲政治中心。普鲁士只有七年战争时期的短暂辉煌，仍然没有摆脱利用大国矛盾谋利的弱势者角色。政治和外交影响力更大的奥地利使其总是注重追求于表面的政治话语排场，相对弱势的普鲁士却可以避免分散国家资源去追求实利。

"德意志关税同盟"① 的出现使德意志由奥地利占据优势、普鲁士伺机而动的竞争局面，变成了"奥地利政治影响力占先、普鲁士经济成为主导"的局面。当原有劣势者与原有优势者获得平起平坐的地位时，获取更大的政治威望的心态是最强烈的。在战争频繁的欧洲，新兴大国的政治威望只能有赖于军事威望。

关税同盟的出现说明普鲁士没有将追求表面的政治与外交话语声音作为国家战略重心。相对于普鲁士，拥有更高政治地位和更大外交风头的奥地利，因为醉心于传承历史荣耀，不知不觉地在经济和科技方面趋向于守旧与僵化。作为弱势者崛起的普鲁士另辟蹊径，利用新的经济发展获取了生硬追求政治威望难以获得的实利。

关税同盟使越来越多的德意志联邦加入，它们和普鲁士的贸易不断扩大，一荣俱荣、一损俱损，其结果就是："随着普鲁士在德意志境内处于绝对的经济强势，加入德意志关税同盟的联邦对普鲁士日益依赖。"② 当奥地利将国力资源用于周旋英法俄等大国关系，无法发展新的地区经济发展模式时，大国虚名之后的空有其表早晚会给它带来深重的教训。

没有任何军队可以忽视国家经济规模导致的能力需求，否则将会遭受惩罚。自成一体的孤立经济使军队能力需求的着眼点永远是扩张领土和炫耀武力，或者只是保卫领土。当经济利益跨出国门时，军队的能力指向必须超越边境线。

地区经济的实质是在经济力量走出国界、产品和企业向外拓展的同时，有利于使经济实力更加雄厚、企业规模更大、科技创新能力更强的国家获得政治主导地位。德意志关税同盟使普鲁士不仅借助工业革命推动地区经济，而且通过地区经济一体化开始增强政治地位。普鲁士政治地位进一步提升的阻挡者，直接是奥地利，其次是法国或者俄罗斯。

◆ 精英的力量：从实业家到军事家

经济走出国界的先驱通常是生产和购买商品的实业家。他们最先感到国

---

① 1833 年，以普鲁士黑森为核心的关税同盟和以巴伐利亚符腾堡为核心的南德商业同盟合并，正式成立德意志关税同盟。关税同盟包括 18 个邦，人口超过 2000 万，同盟内部废除一切关卡。1834 年 1 月 1 日，德意志关税同盟正式启动。此后，巴登、拿骚、法兰克福自由市等陆续入盟。这一同盟体系在 1852 年已经扩及德国全境。

② 1865 年的数据表明：在体现重工业水平的钢、生铁、煤炭等产量方面，普鲁士在德意志联盟中所占的比重分别达到 86%、78%、85%，成为关税同盟的领导者。

界之外的安全威胁和利益需求的变化，自然也最先敏感地意识到军队实施境外保护能力的重要。这不是因为他们的爱国与军事爱好，而是出于对商业利益的本能保护。长期在国界之外存在利益的实业家，对于新型作战能力的增长，不是外行推动内行，而是通过使政府感到税收和企业利润的变化，推动政府如何制定国界之外的政治、经济政策，从而使军队新型能力的建设有了极为明确的指针。

实业家在境外的个人安危和产业安危，不仅影响政府税收等实利，更反映着政府尊严与国家形象。1833 年，"普鲁士第一条铁路线"① 开通前两年，普鲁士实业家弗里德里希·哈尔科特便向普鲁士政府写信，希望政府筹集资金先修筑明堡和科隆的铁路，再修筑从威赛尔到美因茨的铁路，用这两条铁路运送军队，随时保护莱茵地区的商业利益。同年，普鲁士力主建立德意志关税同盟的经济学家李斯特公开倡导："普鲁士若能修筑铁路，它可以在欧洲的心脏地带形成一个坚强的堡垒，部队可以迅速由国家的中心达到它的边界上，以及铁路运输所构成的一切明显的内线利益，都足以使德国要比其他欧洲国家更居于优势的地位。"② 而且还设计了一张遍布德意志境内的铁路网。

经济利益的拓展对未来的实现利益方式的超前设想，对军队最大的影响不仅是提供更加强大的财政支持，还能使经济走出国界时激发出的商业活力和社会活力注入军队，使军队的战略视野拓宽与提升，对于传统的经验和惯例产生变革的愿望。其中，军队活力增强的直接体现就是出现一批重视历史荣誉、具有新鲜思想、敢于变革的统帅和将领。

普鲁士陆军将领以服从纪律和专业严谨著称，指挥素养在欧洲首屈一指。但是，有一个通病：战时善于指挥，平时却不善于治军。从七年战争到拿破仑战争时期，普鲁士陆军将领仍然按照七年战争有限的胜利经验来建设陆军，武器装备和战略战术、兵役制度仍然停留在七年战争时期。当法国大革命爆发后，普鲁士的旧式陆军面对军事天才拿破仑指挥下的全民性新型陆军，在耶拿战役中遭受到巨大的耻辱，原因是普鲁士的旧式陆军只是王朝陆军，军官只从贵族中挑选，排斥着许多具有指挥才能的年轻人，士兵只是国王雇用的拿枪人，在作战顺势时尚能保持一定纪律与士气，作战逆势中便成

---

① 普鲁士 1835 年开通从纽伦堡到菲尔特之间的长达 6 千米的铁路。

② 富勒. 西洋址界军事史：第 3 卷 [M]. 钮先钟，译，桂林：广西师范大学出版社，2007.

为乌合之众。"沙恩霍斯特推动的变革"① 使普鲁士陆军由王朝陆军变成民族国家军队，开始焕发新的活力。然而，在大国夹缝中生存的普鲁士，守旧的社会观念和军队传统、难以改变的国家和军事制度，尤其是农业手工业占主体的自给自足的经济形态，使沙恩霍斯特推动的军事改革距离预期效果的差距非常大。普鲁士建设新型陆军需要再增加更大的动力。

老毛奇的出现便是更大的动力中的一部分。老毛奇在历史上对于欧洲陆军将领的超越之处在于不仅具有指挥才能，而且具有改造军队的才能；对同时代将领的超越之处在于对经济与科技变革的敏感并将时代变革的新成果注入军队。

军队塑造新型作战能力的重要前提是必须涌现出具有新型思想与能力的将领，并且被使用到合适岗位中。老毛奇对普鲁士新型陆军的功劳不仅在于使铁路巨大的输送能力进入陆军作战能力体系，而且在于塑造了普鲁士新型陆军的灵魂——新型的指挥机关。老毛奇建立新型总参谋部，直接原因不是他的才能，而是他获得战争胜利后的威望。

老毛奇于 1858 年担任普鲁士陆军总参谋长，那时的总参谋部只是从作为普鲁士陆军最高领导机构的战争部中分离出来的指挥业务部门，它们提出的所有建议和制订的作战计划均需要获得战争部长的同意才可实施。专职的战时指挥职能被庞大的官僚体系淹没，导致在官僚体系中游刃有余的将领长于揣摩领导和人事，并不具备作战指挥需要的独立思考与决断能力。

1864 年，普奥对丹麦的战争爆发，老毛奇提出快速从翼侧迂回攻击敌人的建议被平庸的战争部长指定的联军统帅拒绝，普奥联军仍然使用老套的要塞正面强攻的作战方式，导致损失惨重，并且出现了欧洲大国借机干预的危险。此时，普鲁士国王被迫起用老毛奇担任新的联军总参谋长。凭借老毛奇制定的正确的战法和灵活高效的指挥，久攻不克的要塞投降，最终导致丹麦提出投降。老毛奇的指挥才能使普奥联军由被动逆转而获得速胜。

将领最大的威望莫过于战场上的力挽狂澜。如果没有丹麦战争的胜利，很难想象担任总参谋长的老毛奇能够获得国王的信任。当普鲁士国王在普奥战争中发布的命令强调"我对集结的军队和其独立组成部分的军事行动的

① 基于拿破仑战争中耶拿战役之后签订《提尔西特条约》的巨大耻辱，1807 年 7 月 25 日，普鲁士成立由职业军官组成的军事改革委员会，冯·沙恩霍斯特担任主席，以国王弗里德里希威廉三世亲自制定的"军事改革纲领"为指针，制定以下举措：废除雇佣兵制度，实行普遍义务兵役制度；改革军事法规，废除残酷的体罚制，采用新型的军事训练方式，如定期举行适应新战术的军事演习；改造军官团，废除贵族出身的子弟把持军官职位的特权，建立新的军事教育机制，培养年轻军官；改革军队领率机构和军队编制，采用新的散兵和纵队战术。

命令应该传达给总参谋部长"[①] 时，意味着总参谋部由战争部管辖下的一个业务机构变成直接听命于国王的职权机构。克里米亚战争预示着欧洲大国面临的战争威胁均非常紧迫，专门针对研究和准备战争的总参谋部利用老毛奇的威望与才能避免军队领导体系中诸多官僚性事务的影响，保持独立性，最终发展成为"国家性作战指挥机构"。[②] 总参谋部对作战指挥的革命性意义，首先不是其功能的完善，而是获得了不受官僚系统阻拦的具有指挥职权的专业化机构。总参谋部的地位提升，总参谋部成员可以不受政治性和事务性因素干扰，而专注于研究战争和制订作战计划，总参谋部地位的提升，使普鲁士陆军将战争变成了平时演练与研究的延伸，从而使普鲁士在战争频发的欧洲，比其他大国准备战争更加充分和主动、更加具有针对性。

老毛奇在重组总参谋部的基础上，强化军官的职业化培训，特别注重从新型枪炮和铁路等新工业革命成果中汲取有益成分，并根据武器装备的更新、机动和通信能力的增强，开创性提出"分进合击"和"委托式指挥"的作战方式与指挥方式，还发展普鲁士传统的军事理论，使普鲁士陆军成为现代陆军的萌芽。这说明老毛奇对历史的研究侧重于使未来军队如何超越历史，而不是令自己的思想被历史禁锢。

另外，普鲁士战争部长阿尔布雷希特·冯·罗恩不仅慧眼识珠，充分信任老毛奇，而且还在政府层面上按照老毛奇的设想积极推动旨在建设新型陆军的新军事法案，当该法案受到国会强力阻拦时，德国的缔造者俾斯麦力排众议，强行推动国会下议院通过新军事法案。

普鲁士新型陆军的出现，不仅是军队精英和军事传统的必然，更是政治、经济、商业和军事的众多精英的合力之举。这也反映了任何新型军队皆出于举国之力，而其中的各界精英是举国之力的源泉。因此，普鲁士建设新型陆军不是普遍意义上的欧洲军队变革的延续，而是在军事领域内重塑国家。其他欧洲大国建设新型作战力量是国王和将军的事务，普鲁士建设新型陆军不仅仅是国王和将军的事务，更变成了政治家、经济学家、实业家，甚至哲学家和文学家共同关心和参与的事务，他们对于军队的关注，使普鲁士国王和将领没有像之前的欧洲君主和将领那样，一味地等待新型科技的出现再将其运用到武器当中，而是主动地从军队的领导与指挥体制、作战思想、军官教育培训、士兵征召、训练、作战思想、国家工业经济结构先行创新，

---

① Dierk Walter, "*A Military Revolution? Prussian Military Reforms before the Wars of German Unification*," Defense Studies, Feb., 2001, pp.11.

② 1871 年，德意志第二帝国立法确立了总参谋部在军队中的领导地位。

从而推动国家从事战争的能力与方式的跃升。

◆ 新工业革命：铁路、枪支、无线电

工业革命和德意志关税同盟，使普鲁士拥有欧洲大陆即使不是最庞大，也是最密集的铁路网。普鲁士国土面积狭小，而最密集的铁路网，又可以使其陆军比其他大国陆军能更加迅速地部署和调动。

普鲁士陆军的机动工具由双脚、骡马和车轮变成了铁轨。使普鲁士陆军可以迅速地根据战场变化和既定计划，出现在价值最高的战场，使对手疲于应付。

国境线内无处不在的铁路网使政府可以根据陆军的调动，及时准备和补充陆军最需要的后勤给养和装备，使规模较小，数量较少的普鲁士陆军，以国家整体资源为支撑，应对规模最大但机动性能差，要求花费大量时间补给的其他国家的陆军。

火药对陆军产生的革命性意义在于远距离瞄准与打击使拥有火药的陆军可以先敌开火而争取主动。铁路的广泛运用，使陆军在人类历史上首次可以脱离人力和畜力实施决定陆地战场胜负的地面机动，能够在短时间内形成兵力和火力的全面优势。自此开始，仅有化学工业和简单轻工业的大国难以在陆地上与拥有化学工业和重工业力量的大国相提并论。

铁路的出现改变了欧洲地缘政治原理。英国维持光荣孤立的均势战略由单纯地依赖于联弱抗强变成了难以判断强弱。铁路的普及使得原有的军力判断标准出现巨大差异，原有的计量一国之军力的标准主要是人口、经济总量、国王和将领威信、枪支等武器装备数量等可以直接感知的因素，而铁路出现之后，上述可以直接感知的因素仍然存在，但难以直接感知的决定战争胜负的因素却越来越多：政府动员与组织战争的效率、经济力量支撑战争的效率、军队准备的针对性等，难以直接感知的决定战争胜负的因素日益涌现时，国家强弱的判断标准必出现惊人变化。迟钝者和敏感者将在未来的优劣之比中日益凸显。

所有欧洲大国，尽管科技条件发生巨变，对于军队也产生巨大影响，但并没有改变实力博弈的现实主义立场。所以，铁路和其他科技成果的日益普及，提高了战争准备的效率，这在善意皆无的近代欧洲，简直成为大国敌意"面团中的发酵粉"。

交通是经济发展的必然结果，而交通也制约着经济消耗。欧洲各国军队在拿破仑战争之后，实行普遍兵役制度，军队规模急剧扩大，如果战争持久

不决，贸易与工农业生产将可能削弱，甚至停滞，巨大的经济消耗将会使任何一个国家难以支持。交通条件的发达使战争必须速决，同时也表明，交通日益发达使速决能力的重要性高于持久能力。

普鲁士政府根据经济学家李斯特的提议与设计，统一实施与监督铁路铺设，而拥有浓厚的军事传统的普鲁士自然不可能完全将铁路作为单纯的经济设施。1850 年，德意志境内铁路总长度达 5874 千米，其中普鲁士境内的铁路达 3869 千米，而国土面积为普鲁士面积 3 倍的法国，境内铁路只有 2127 千米。这意味着战争爆发后，即使普法两国具有同等充分的战争准备，普鲁士能够更快地将全国之力用于战争，而法国只能缓慢地调集部队与补给，更何况，普鲁士比法国准备得更加充分。普法战争的结果在战前便已经决定。

18 世纪开始的工业革命以英国和法国为先导，使英国和法国以纺织业为主的轻工业生产取得巨大飞跃，19 世纪开始的普鲁士的工业革命，却是以重工业为导向，在关税同盟不断扩大的"滚雪球"的利益驱动下，铁路网不断密集，带动了"矿业、机械加工与制造、冶金等行业的快速发展"①，重工业的发展令普鲁士的军工产业随之"水涨船高"。欧洲首屈一指的军工巨头克虏伯公司的出现标志着普鲁士陆军的新型枪械和火炮"便有了雄厚的科技基础与资源支持"②。

重工业发展对军事最直接的触动是形成军工巨头，而最根本的意义在于培育了具有开创性军事技术研发人才。普鲁士工业革命造就了发明具有划时代意义的后装击针枪的德赖泽。"1835 年发明的后装击针枪比起欧洲其他国家陆军装备的步兵枪具有超越性功能。"③普鲁士陆军于 1840 年便秘密装备了 6 万支后装击针枪。主要武器性能的超越性发展使普鲁士陆军战术更加灵活，火力的持续能力更强，可以在更加远的距离发动进攻，使对手总是处于措手不及之中。

当然，新型的高质量枪炮只是单个作战要素优势，使普鲁士具有整体火

---

①　从 1850 年至 1870 年，普鲁士煤产量从 670 万吨增至 3400 万吨，生铁产量由 21 万吨增至 139 万吨。1846 年时，普鲁士境内有机器制造厂 131 家，1861 年达到 300 家，工人总数近 10 万。

②　克虏伯工厂于 1847 年生产出欧洲历史上首批铸钢火炮炮管，克虏伯火炮比法国陆军火炮不仅可以在战场上发射更多的炮弹，而且具有更大的机动性能。

③　欧洲其他大国陆军步枪射速是每 2 分钟发射 3 发子弹，德赖泽发明的后装击针枪每分钟可以发射 5～7 发子弹，欧洲其他大国陆军步枪更换子弹时必须站立，最大射程只有 300 步，德赖泽发明的后装击针枪可以卧、跪、立姿等各种姿势和在行进中装弹和射击，最大射程达 700 步。

力与机动优势的催生器是无线电报的广泛运用。维尔纳·冯·西门子于1847年创办电报机制造厂，并在两年后铺设了一条从柏林到美因河畔法兰克福的欧洲大陆上第一条长距离电报线。同年，普鲁士陆军装备无线电发报机。电报机使普鲁士陆军可以更快地传递战场信息，使普鲁士将领可以不需要远距离移动便可以完成指挥和协同。

无线电报并不是普鲁士陆军独有。普鲁士陆军的强劲对手法国、俄罗斯、奥地利陆军同样也开始大量使用无线电报。普鲁士陆军使用电报的优势之处在于将无线电报和铁路结合起来，先进的机动方式与通信方式使部队的能量产生质变。

◆ 对手的弱项：火力、机动、后勤

新型作战力量的价值在于凸显对手的弱项，而不是使对手容易追随与模仿。普鲁士陆军总参谋部的新型指挥能力不是各个参谋业务的组合，而是各种作战行动的专业化指挥的综合。兵力和火力配置、铁路输送力量的分配与后勤给养的组织，已经要求专职人员才能实施。此时，掌管奥地利陆军的本内德克元帅认为总参谋部中的参谋工作只是帮助简单的计算和传递通知之用。普鲁士陆军在欧洲大陆上最重要的对手，法国陆军不仅没有相应的参谋工作制度，而且没有重视普鲁士总参谋部对军队能力的意义。虽然"法国不乏有识之士和深刻见地"①。

普鲁士人口只有奥地利的一半，工业规模与社会财富不及法国的60%。然而，短短五年内，普鲁士先后打败奥地利和法国。普奥战争中，普鲁士可以利用五条铁路线，通过快速机动完成包围部署。普鲁士军队不需要与更加善于拼刺刀的奥军士兵肉搏，只需要利用射速更快的德莱塞步枪射向正面队列冲击的奥军。老毛奇领导下的总参谋部拥有更加高效的指挥。

普鲁士拥有一支比欧洲大陆其他大国更加先进的陆军，其机动性、火力与指挥、后勤在普鲁士严谨、高效、富有首创精神的民族性格中得以充分展示。

普鲁士陆军继承了普鲁上的传统，并且充分利用了工业革命的技术与组织、变革成果，产生了分工更加科学的总参谋部、更加快速的机动与后勤保障，以及更加猛烈的火力。

----

① 法国驻普鲁士武官向法国政府递交工作报告时认为："在普鲁士的各种优势因素中，最重要的莫过于他们的总参谋部军官团。我们根本无法与之比较。在下一次战争中，普鲁士的参谋组织将为其制胜的最重要因素。"

◆ 新型陆军的灵魂：总参谋部

每次技术革命，所带来的社会变革后果就是社会分工日益细化和专业化。这使军队的装备和涉及的岗位更加多样。军队结构的复杂，使军事行动复杂，因而要求新型的专业分工更加合理并有强针对性的指挥机关，普鲁士陆军比欧洲大陆其他国家陆军更多顺应了军队行动日益复杂和膨胀的潮流。总参谋部并不是普鲁士首创，而是拿破仑首创。但是基于拿破仑的天才和权力欲望，以及法国军队较为简单的装备构成，拿破仑的总参谋部，无非是一个具有"四肢"与"喉舌"功能的秘书处。

1814 年，拿破仑战争结束，普鲁士结束了被拿破仑打败的屈辱，但是普鲁士并没有因为战胜者的荣誉而忘记屈辱，它开始了重塑军队。其中重要举措就是将军队中设立的总参谋部列入宪法当中，也就是以举国之力来重塑军队，以社会和国家变革为军队的基础。

将优秀的军官选入总参谋部，成立军事委员会，专门进行战争史和作战行动的研究。高度专业化的军官队伍和国家层面的军队总参谋部，使普鲁士陆军成为所有科技进步、经济繁荣、文明跃升的最先和最大受益者。

普鲁士总参谋部之所以成为普鲁士新型陆军的灵魂是因为它经过老毛奇改组后兼顾普鲁士地缘政治现实、陆军新型结构、作战行动的现实需要和筹划与设想未来战争的智力支持。专业性的作战指挥机构，不仅需要体现国家战略全局，还需要根据军队不断变化的结构与行动调整专业化职能，更加重要的是对未来的作战问题可以进行精益求精的设想与筹划。普鲁士陆军首创的总参谋部是军队历史上首个在军队统帅之外，拥有的一个辅助的大脑，帮助统帅思考，甚至代行统帅权力。

普鲁士陆军总参谋部的独特之处在于酷爱研究战史的老毛奇设立的战史研究处。历史是最丰富的智力资源。研究战争史的最直接影响有两个方面：一是启发对未来的战争设想，高级将领与参谋人员成为未来战争的设计者和主动筹划者，而不是战争来临时的仓促应对者；二是比现实对手更加熟悉敌我双方面情况，从而在头脑中便占得战争先机。

设立战史研究处的总参谋部使普鲁士高级将领和参谋人员可以比欧洲其他大国军队的高级将领和参谋具有更加丰富的史料和更加详细的数据来研究战争。高级将领和参谋人员的战略战术水平、指挥素养在研究战史的过程中不断提高，在传承严谨与强调纪律的传统下，对传统的作战方式进行先期的理论探索并形成新型的指挥和作战方式。总参谋部成为普鲁士陆军构建高度专业化和贴近普鲁士战争与军队实际的军官教育体系的基础。

军队统帅机关如果仅仅具备普遍的行政职能，缺乏智力资源的挖掘，便会成为事务主义的温床，培养的高级将领和参谋人员思想陈旧，最低危害是疏于作战指挥而精于平时事务，最高危害是整体军官素质的平庸导致军队日益僵化而走向失败。

大脑的作用不仅是提供谋略式的行动指导，更加重要的是进行精准的行动设计与高效的行动实施。地理数据统计处、地形测绘处和铁道处的设立使普鲁士总参谋部成为真正的全面大脑。经济变革对既有的地理形态的冲击是以经济发展速度为尺度的，随着德意志关税同盟的成立与扩大，中欧成为欧洲大陆上变化最快速的繁荣之地：铁路的快速铺设；大量乡村变成城镇；新的工厂、矿区和商铺如雨后春笋一般在平原和丘陵上冒出来；森林、河流、桥梁、道路和房屋等对陆军行动具有重要影响的地理要素随着经济发展而处于快速变化当中。地理数据统计处、地形测绘处和铁道处使普鲁士陆军将领随时掌握变化中的境内外经济与地理信息，及时调整军队演习、训练和修正作战计划，使战争准备有的放矢。这三个业务机构不仅是搜集信息与数据的职能机构，而且还被法定为职权机构：地理数据统计处和地形测绘处在掌握普鲁士全国的工厂、矿区、桥梁、隘口等信息基础上，在非战争时期有权下达指令指派地方行政官员进行补充核查；铁路处不仅研究境内外的铁路发展变化，而且还有权根据军事用途征用民用铁路设施，并培训铁路管理的政府人员，与政府协调战时交通使用计划。

普鲁士总参谋部不仅使其对军队行动和政府对应的支援具有专业职能与专项职权，还根据普鲁士面临的地缘政治实际设立不同的方向指挥机构。经济实力不断增强和取得德意志主导权的诉求使普鲁士由确保边界线安全变成树立大国地位，那么，主要欧洲大国奥地利、法国、俄罗斯便构成了普鲁士总参谋部划设战区指挥机构的基础。普鲁士为了避免落下渲染敌意的口实，按照威胁的大小与轻重以"数字"和"处"对战区指挥机构进行命名：第一处主要负责直接威胁普鲁士东部的俄罗斯和奥地利方向，第二处主要负责普鲁士南北两个方向，第三处主要负责普鲁士西部的法国方向。按照地缘政治实际来设立战区指挥机构是普鲁士总参谋部的首创，不仅针对奥地利、法国、俄罗斯等欧洲大国的威胁，而且可以"照顾"随时可能变成敌人的其他德意志小邦。

筹划和准备战争的风格深深地融入民族文化当中。法国浪漫和富有想象力的民族文化反映在拿破仑天才的指挥艺术上，以严谨和精细著称的德意志民族则将战争的筹划与准备变成了一门科学。普鲁士总参谋部完善和明确专业分工和战区划设，并且将许多测量专家、统计专家吸收进总参谋部，使普鲁士陆军将筹划与准备战争变成了一门系统的工程类科学。老毛奇的座右铭是："先计算，后冒险"，意味着在筹划与准备战争的科学实践中，必须精心搜集各方面信息资料，比欧洲其他各国陆军更加精心和及时地搜集信息资料，更加重视运用技术人才，更加重视演习后的总结和查找部队作战、训练中的问题，更加重视指挥体系与指挥流程设置的合理性与时效性。

新型统帅部的价值在于比旧式统帅部更加敏感地关注和利用影响战争胜负的新的因素。普鲁士境内和德意志关税同盟地区的铁路线是欧洲大陆增长速度最快、最繁忙的铁路线，为了使未来的战争适应并利用这一新的现实，老毛奇成为第一个关注铁路时刻表变化的欧洲高级将领，并要求总参谋部所有军官必须关注铁路对工业产值和各个可能战场的地形的影响，并写下大量详细的备忘录，将其列入演习计划当中。

高效组织一定是具有战略远见思想的集合体。随着总参谋部的地位快速提升，尤其是普奥战争结束后，总参谋部军史研究处便提出与法国的战争已经难以避免，必须尽早筹划。在制订作战计划时，又提出必须考虑成立德意志联军的问题。普奥战争之后的法国，好大喜功的拿破仑三世总爱将自己打扮成一个军事统帅的模样，既缺乏对对手应有的敏感，又经常毫无章法地干预军队事务，导致"皇帝与高级将领之间互不协调"[1]。法军统帅部内部的混乱不堪和将领思想守旧使法国徒有欧洲第一军事强国的虚名，与"二战"前极为相似。

当欧洲各国的军队统帅机构还被许多不重视科技与社会条件变化的思想陈腐的将领把持时，普鲁士总参谋部中富有想象力的将领和高素质的参谋人员，以及平时严格训练产生的协作默契产生了新的、更加高效的指挥方式——委托式指挥。从历史看，指挥从不排斥委托。因为通信工具性能落后，一切信息和指令需要依赖于人力运动和书信方式传递，从而使上下级指挥员之间同时获得的信息和指令，并不能同步地反映战场实际情况。所以，欧洲历史上许多名将都非常注重充分发挥下属指挥员的作用来贯彻决心。然而，老毛奇提出的委托式指挥方式，是无线电这一实时传递信息和指令的指挥工具诞生之后的新型指挥方式。委托式指挥能否成功取决于能否充分发挥各级指挥员及其指挥机关的主动性、创造性和指挥机构之间协作能力。委托式指挥方式的基础是将平时对战争的研究成果及时融入制订和完善作战计划

---

① Jeremy Black，"*War in the Nineteenth Century*：1810－1914，" Cambridge：Polity Press，2009，p.129.

当中：一是制订将可能遭遇的战场情况和应对措施预想得更加充分的作战计划，二是在非战争状态情况下，通过设置复杂战争背景的高难度演习来检验和完善作战计划。委托式指挥的本质不是指挥方式，而是一种战争爆发前的主动角色：总参谋部是战争全局的设计者而不是被赋予作战任务之后的执行者。

◆ 兵役制度：优化作战力量结构的基础

兵役制度关系能否在有效时期内动员出足够规模的军队。所谓的有效时期取决于战局发展。历史上出现很多这样的情况：尽管有巨大的人口优势，但当用于战场上的部队不足时，却难以使动员出来的兵力资源补充到所需战场上，或者即使动员并组建足够规模的部队后，败局难以挽回。兵役制度是保证战场上始终存在足够的作战力量的基础，决定着在有效时期内能否有足够强大的部队。

和平的腐蚀作用对内守型军队比对外向型军队更加明显。拿破仑战争之后的 40 年和平，尽管有沙恩霍斯特改革，普鲁士兵役制度懈怠的速度比起其他国家都要快。主要原因是兵役制度本身的弊端：年纪超过服役期的已婚男子需要被征召，而众多年轻人却不需要承担兵役义务。所以，当 1850 年普鲁士与奥地利在巴伐利亚问题爆发危机时，普鲁士既难以出动精锐的常备军，又难以及时动员出足够的后备军。

普鲁士陆军由三种部队组成：常备军、后备军和国民军。常备军，即直接用于战场上作战的部队，士兵服役期为 5 年，其中现役 3 年、预备役 2 年；后备军分为两类，第一类后备军由常备军服役期满的士兵组成，与常备军共同承担作战任务，第二类后备军由 32～39 岁的士兵组成，战争爆发时征召担负要塞警备任务；国民军由不在常备军和后备军的 16～60 岁男子组成，负责境内的防御任务。国民军没有固定的装备和编制。这样的兵役制度组成部队，虽然从理论上可以最大限度地挖掘人口潜力，但难以满足越来越注重速战速决战争的需要。主要问题就是能够直接用于战场，尤其是境外作战的常备军严重不足，而且具有娴熟的作战技能的士兵流失严重。

追求境外作战的军队侧重于依托能够快速反应的常备化军队，而不能侧重于相对迟缓的人力动员。普鲁士与奥地利、法国和俄罗斯相比，人口数量处于下风，动员潜力自然不能与它们相提并论。因此，普鲁士必须保持能够无须从普通国民中补充并直接用于战场上的常备部队的规模与质量优势。尤其是俾斯麦时代，普鲁士要主动争夺德意志领导地位并争取欧洲大国地位时，内守型战略尚可以由原有兵役制度支撑人力动员，当需要境外行动时，必须拥有足够的保持高度战备等级的常备军，这是减少人口劣势和战争潜力薄弱的最直接方式。

任何兵役制度都受制于经济社会发展，并且还与政治息息相关。普鲁士兵役制度重构同样遇到了经济和政治因素的影响。

工业革命使社会经济结构开始变化，技术工作岗位增多，尤其当军队技术含量开始提高时，工业化军队必须依赖于国家掌握的技术资源与经济资源的支撑。这导致了一个悖论：军队对技术化和专业化人力、人才需求日益增加的同时，日益依赖于社会化的技术资源。如何在军队与社会之间合理分配技术化和专业化人力、人才成为普鲁士兵役制度的最大挑战。负责推动新兵役制度的战争部部长罗恩认为，不可能通过单纯地增加常备军兵力数量的方式来解决这一问题，因为常备军兵力数量的增加意味着社会化工业生产和日益扩大的市场体系难以承受，他只能通过"延长常备军服役期和将后备军部分年轻兵员纳入常备军中"①。这样的举措优化了普鲁士陆军的整体结构，使常备军的质量和规模更加适用于快速投入战场的需要。

1848 年的革命，使普鲁士的政治生态出现两个政治派别：一是国王及其拥护者，其中包括俾斯麦、罗恩、老毛奇等人；二是自由派，他们信奉英国和法国的资本主义自由制度，成为国王及其拥护者的有力制衡。当罗恩推出包含有新兵役制度的新军事法案时，自然引发普鲁士国内的政治博弈。国王及其拥护者主张根据"新的兵役制度扩充和优化陆军"②。自由派尽管同意扩充陆军，但基于制衡国王军权目的，反对提高常备军地位，所以，不批准新军事法案的预算。最后的结果就是俾斯麦发表举世震惊的"铁血演说"③ 而强行通过，民族主义思潮战胜了自由主义思潮对王权的制约。

新兵役制度的建立使陆军可以快速动员出更大规模的部队，旧兵役制度之下的 1864 年丹麦战争中，普鲁士仅仅只能出动 6 万余人，短短两年之后的普奥战争，普鲁士仅在柯尼希格莱茨战役中便投入 60 万人。1871 年的普

---

① 罗恩推行的新兵役制度包括：常备军服役 8 年，后备军服役 11 年，将第一类后备军中的年轻士兵列入常备军，第一类后备军的其他士兵与第二类后备军合并。结束后备军的懒散作风、独立地位。

② 新军事法案中不仅包括新的兵役服役期内容，还希望通过调整常备军和后备军结构，使常备军的主力变成 39 个新的步兵团、10 个新的骑兵团。这样的扩军需要在原有军费开支上增加 25%。

③ 最著名也是引来最多争议的一句话："当代的重大问题是不能够用演讲和多数投票解决的，而只能够用铁与血（来解决）。"

法战争，法国早于普鲁士发布战争动员令，但普鲁士在法国之前就集结完毕，为速胜奠定了基础。

兵役制度更加符合战争实际和社会经济发展实际，使新型陆军比之旧式陆军，拥有更加精良的常备军和快速完成平战转换的后备军。普鲁士所谓的常备军即为今天职业化军队的前身。

◆ 军官团：职业化先驱

军官团是普鲁士陆军注重军官素养的标志。按照普鲁士陆军传统，军官均从接受良好教育的贵族中选拔，这主要有两个原因：一是普鲁士陆军的政治属性决定。普鲁士陆军是典型的王朝化军队，掌握指挥权力的军官队伍自然由王朝权力体系内部人员组成。二是国家教育的不平衡。普鲁士教育并没有普及至国民化程度，所以，作为政治和经济条件优越的贵族子弟自然能够接受比普通国民更加良好的教育，贵族子弟成为军官的先天条件比较优越。

普鲁士陆军的精英集中于军官团，新型陆军的核心首先要求是新型军官团；军官团的精英集中于总参谋部，新型军官团首先要求是总参谋部的新型军官。

从沙恩霍斯特改革开始，总参谋部军官一直是军官培训的核心。老毛奇担任总参谋长后，延续了这一传统，并针对新的经济社会实际和科技发展成果，大胆进行革新选拔与训练制度，确保总参谋部军官成为普鲁士陆军中职业素养和思想境界的楷模性队伍。

总参谋部军官选拔与培训之所以能够朝着符合未来战争指挥需要的正确方向前进，得益于两个因素：

一是老毛奇个人的职业素养。高级军官的职业素养，不是某个具体专业范畴内的操作技能，而是在专注于本职岗位需求的工作职能的基础上，对新生事物的感知能力和由此产生的不断拓宽的战略视野。老毛奇的知识结构使其成为高级指挥军官、历史学家、文学家的集合体，也可以成为一个历史学家，甚至文学家。从年轻时便形成孜孜不倦的学习习惯开始，尽管职务提高，但并没有像大多数将领那样由于各种原因陷入事务主义，他仍然结合战争不断学习历史和研究文学，当担任总参谋长时，掌握了英语、法语、俄语、意大利语、突厥语、北欧语等 6 门外语，并将 12 卷本《罗马史》译为德文，甚至还撰写并出版了《俄土战争史》。老毛奇的好学不是仅限于具体专业技能的研究，单纯的具体专业技能研究反而限制了高级将领的职业素养的持续提高。这一点，老毛奇要强于施利芬。从研究和准备战争的职责上看，施利芬专注于单纯的作战行动，而老毛奇善于从普鲁士的外交、经济和科技的高度来研究作战全局。

老毛奇个人职业素养的完美并没有在当时显现出来，但是，当时欧洲各个大国军队中的大多数高级将领或者被与皇帝、宫廷和贵族之间的政治关系牵扯了精力，或者沉醉于单纯的旧军事业务，思想和视野难以站在"云端翱翔"。高级将领在和平时期的作为决定着战争胜负，这一铁律在老毛奇时代的欧洲军队体现得最为明显。职业素养堪称完美的老毛奇对未来战争的发展变化有科学和准确的预测，知道应当如何选拔参谋军官和参谋军官应当掌握哪些知识和技能，还知道应当如何根据战争的标准来考察与评价参谋军官。

二是聚集了众多富有潜力的优秀年轻军官的柏林军事学院。普鲁士设立军事学院并不是欧洲先例，但是，沙恩霍斯特改革时期创办的柏林军事学院却成为欧洲大国军队中首个专职培养高级参谋人才的军事学院。柏林军事学院为老毛奇准确和高效挑选富有潜力的年轻参谋提供了良好的平台。老毛奇不需要花费大量的时间在普鲁士陆军部队中良莠不齐的军官中考查，柏林军事学院已经帮助老毛奇考查、挑选和培养了年轻高级参谋军官。培养专职参谋人员的柏林军事学院还有一个优势：普鲁士国王亲自批准柏林军事学院的参谋学员必须被用于作战部队指挥岗位。参谋学员既掌握了高级统帅机关的指挥业务，又了解了作战部队的战备和训练实际。这样的机制使总参谋部不仅具有思想的活力，而且能够根据作战部队实际进行有的放矢的指挥，更加重要的是，令"军官队伍不断英才辈出"①。

普鲁士总参谋部挑选和训练高级军官是欧洲最为严格，甚至苛刻的。选拔环节便开始建立淘汰制度。由柏林军事学院在普鲁士陆军中挑选有 3 年以上军官服役经历的学员参加考试，考试的淘汰率达到 70%，考试通过的军官进入柏林军事学院经过 3 年学习后，回到原部队任职，任期满 1 年后，总参谋部再从中挑选 12 名最优秀者在总参谋部进行 1~2 年的岗位训练，最终接受总参谋长的正式考核，考核通过后，成为总参谋部的正式军官。

老毛奇担任总参谋长后，在保持严格的筛选基础上，还特别突出严格的训练。普鲁士总参谋部军官之所以人才辈出，其关键在于以谋略思想为基础，兼顾参谋技能，而不是突出统帅机关内部的普通业务技能培训，将参谋

---

① 他们其中包括小毛奇、瓦德西、兴登堡、施利芬、古德里安、曼施坦因、隆美尔等具有杰出指挥才能的高级将领。

培养成办事员。

老毛奇"要求参谋学员和选拔对象将战史研究贯穿于从柏林军事学院直到总参谋部的任职当中"①。浓厚的战史研究氛围不仅培养了参谋人员的独立思考能力，更重要的是谋略能力的培养使总参谋部成为军队大脑而不是国王办理军务的秘书处。

任何军事谋略都必须通过高效缜密的指挥实践来落实。普鲁士总参谋部对参谋军官指挥实践训练有两个由易到难的互相递进的环节：一是利用冬季。其时，作战部队正在进行作战技能训练，总参谋部指导作战部队战术训练的任务较轻，老毛奇便组织参谋学员进行作战理论研究和进行小规模的战术指挥训练，如图上作业和沙盘推演等。二是利用夏季。其时，作战部队主要进行战术训练，总参谋部便与作战部队同步进行大型战役规模的指挥综合演练。每年秋季，老毛奇都要亲自组织一次国家规模的指挥部演习。和平时期严格的指挥实践训练使参谋人员不仅磨炼了娴熟的指挥技能，还培养了整个指挥机关协作水平。

普鲁士军官团的局限性在于仅仅被处于少数地位的贵族子弟把握，尽管"在老毛奇时代有所改观"②，但其他社会阶层的精英难有发挥才干的机会，所以，军官的成分滞后于普鲁士国家的经济社会发展。过分单一的专注于作战指挥和有限的规模在普鲁士时期，可以使普鲁士成为短期和有限战争的速胜者，但对于统一之后的德国，仍然受选拔范围局限的军官团既难以使国家制定正确的国家政策约束军事战略，并且使尚武精神在危机中变异为导致国家陷入灾难的黩武主义。

军官团的不断扩充和地位不断增强，反映的是军官专业化趋势，这股趋势最终推动的是军队职业化趋势。随着工业革命成果向社会各领域内渗透，从事工农生产和作战训练的人员各自领域越分越细化，工业化的社会结构日益像一块蜂窝煤。军官专业化使普鲁士陆军拥有稳定和高质量的指挥员，从而导致军队权力体系日益稳固，当新的因素注入军队时，即使军队结构变动，军队能力亦容易避免风雨飘摇式的动荡。

---

① 老毛奇规范了战史研究报告的撰写范本，并在最终考核参谋学员时，专门考查学员对战史的理解。

② 1869年6月，总参谋部表示任何社会阶层均可申请加入候补军官学校，但明确规定以军人子弟为主，地方人员仅限于对国家有功的人员。

◆ 新型的后勤：举国之力的保障

后勤是作战的基础。新型作战能力如果没有新型后勤的可靠保障便难名副其实。后勤的作用在于将军队所需物资及时、足量地向作战部队提供。从本质上看，后勤的价值在于将国力快速转化为军力。随着工业化进程的加快，工农生产效率的提高和交通不断发达，战场不断扩大和流动性增强，以往主要用于保障和服务的后勤力量，已经不可能处于躲避对方炮火打击范围之外了，后勤能力已经与传统的作战行动融为一体。

随着技术含量提高和全民义务兵役制的推广，军队规模越来越庞大，组织和管理越来越复杂，已经需要军队体系外的力量为军队服务，为军队的营房、行军提供保障，负责粮食、弹药、备装、军火等物资的生产、运输和分配。传统的效率低下的后勤体系难以适应新型军队作战和训练的需要，因此，分工明确、部门齐全的后勤体系应运而生。

先进的技术装备更加昂贵、工业化导致市场扩展，使战争需要更多的财政支持和更加多样的物资供应，而且随着作战进程加快，后勤行动的效率也成为作战行动的生命线。适应新型军队及其新型作战的新型后勤便应时而生。

关税同盟和铁路网使普鲁士全国和周边呈现出市场化趋势，各种生产资料和工农产品得以快速流动，使普鲁士全国都可以根据作战的需要，提供后勤保障，而不是像以前那样必须费时、费力地通过分散于各地的保障基地来前运后送。

根据这一经济社会变化，普鲁士陆军在每个军内组建专业化的后勤部队，成为欧洲第一支编成专职进行后勤给养部队的陆军。后勤部队独立于军以下单位的作战部队，设立医务和淄重运输部队。后勤部队的规章制度由战争部制定，监督执行亦由战争部负责。军所属后勤部队最高指挥官可以指挥各个行政部队。今天的军政、军令二元制的雏形实质上来自作战指挥与后勤指挥分立。

然而，浓厚的尚武传统特别容易引起对后勤的轻视。对于普鲁士陆军而言，形成保障旨在速胜的新型后勤能力比形成新型作战能力难度更大，主要有两个原因：一是新型后勤能力无法在和平时期得到准确的验证与评估。演习可以检验作战计划和战备训练效果，但却难以检验新型后勤的建设效果。二是构建新型后勤能力比形成作战能力更加需要与军队体系外政治与经济、科技资源协调。后勤能力从来都是很难完全满足作战需求的。"新型后勤能力只能满足于边境内或者边境外浅近纵深的作战需要，而对于远离本土便难以为继。"①

◆ 分进合击：技术革命与战术革命

新工业革命产生的巨大的技术革新能否促使军队作战能力飞跃取决于军队统帅在多大程度上敏感地认识到其价值。老毛奇"对新工业革命产生新军事潜力的敏感与前瞻"②的优势就是他提出新的作战思想，并使之成为新工业革命和新型作战能力之间的桥梁。

"机动"是地面作战的灵魂，机动速度决定着战场上能否获得优势和主动。贯彻分进合击作战思想的基础是要求普鲁士陆军充分发挥密集的铁路网的输送能力，加快作战部队向最需要的战场的机动与展开速度。普鲁士陆军贯彻分进合击作战思想使普鲁士区别于欧洲其他大国：欧洲其他大国陆军主要依赖人力和畜力机动，他们难以像普鲁士总参谋部那样高效地组织协调作战部队"利用铁路机动时获得了动员、机动与展开的速度优势，弥补了军队数量规模的劣势"③。

利用铁路输送部队形成高速机动与展开并不是普鲁士首创，首创者是法国。法国陆军在1859年便在法奥战争时利用铁路输送快速赢得了战争胜利。在普法战争时期，法国铁路总长度虽然不如普鲁士，但"输送能力却强于普鲁士铁路网"④。法国败于普法战争的直接原因是部队投入战场速度慢于

---

① 普法战争中，普鲁士陆军深入法国境内后，由于后勤补给难以跟上，只能通过采购法国市场上的商品和组织一些部队收割庄稼、磨面来解决后勤无法供应的问题。

② 老毛奇于1843年便在《德意志季刊》上发表了题为《选择铁路方向时应考虑什么?》的论文，指出了铁路对于陆军动员、机动和展开的重要价值，并根据新型枪炮的不断出现提出："完全变化了的条件，使过去取胜的手段和伟大统帅所提出的准则，在今天都远远不能适应了。"

③ 1860年，老毛奇担任总参谋长两年之后，在汉堡吕贝克举行了欧洲首次陆军利用铁路进行机动和输送的演习，演习成果成为总参谋部制订战时铁路输送计划的基本依据。在接下来的9年里，总参谋部不断调整和完善铁路输送计划。普法战争中，法军早于普军宣布战争动员，但是，普鲁士军队依据平时演练所制订的计划，娴熟地组织战争动员与部队机动，18天内便出动了包括常备军和后备军兵力达到120万，其中有50万直接输送至与法国交界的莱茵河地区，而在同一时期内，法国只有35万部队到达前线。

④ 法国境内铁路线中，双轨铁路占60%以上（普鲁士双轨铁路只有30%），每天通过列车达30列（普鲁士同样的数据只有12列），每英里所拥有的机车车辆比普鲁士多30%。

普鲁士陆军,而根本原因是:法国陆军没有使法国发达的经济与交通网、科技成果发挥它们应有的价值,源自法国陆军仍然按照拿破仑时期的作战思想来组织部队演习训练和战争准备。按照分进合击新的作战思想来组织部队演习和战争准备的老毛奇,"在普法战争爆发前便准备着手与法国的战争"①。从普法胜负之比可以看出,新型作战思想的价值加快新技术向新型作战能力的转化的过程,在这一过程中,使指挥、火力与兵力配置、技术战术训练、军官教育、后勤均相应产生质变。战争结局无非是作战思想和由思想革命带来的能力飞跃在战前竞争的反映而已。

先进的作战思想使军队能力产生飞跃,不仅需要统帅和高级将领提出或者得到他们的垂青,还需要得到部队能力的支撑。

欧洲大国陆军基本沿用拿破仑战争时期法国陆军的行动方式,先组织部队由驻地向集结地域机动,当参战的各个部队到达集结地域后,再陆续向战场进发。分进合击的作战思想,是参战各个部队分别直接从驻地向战场进发,到达战场后无须经过调整部署便按照统一的作战计划遂行作战任务,统一作战计划通常是分散向战场开进的各支部队在同一时期内集中优势于一个目标而不是分散打击。显然,分进合击相对于传统作战方式的优势在于通过赢得时间来获取进攻时的优势兵力和主动地位,因为分进合击节约了部队由驻地到集结地域,再统一向战场进发的时间,使同样的时间内普军能够集中更多的部队于战场上,而且分进合击的分散开进使只能依赖目视侦察的对手难以及时判断普军的主要攻击方向和打击目标。

然而,分进合击更加适用于进攻而不是防御,一旦处于防御地位,便容易因为分散开进和部署而被对手分割包围,当被分割包围后,即便一支部队投降溃败,或者投降,甚至遭到歼灭,那么普军作战全局将处于崩溃境地。

因此,"分进"中的各支部队能否具备独立的作战能力,战术行动能否更加灵活、能否对整体作战计划全面深刻地理解与灵活贯彻,便成为能否形成"合击"之力的关键。操作更加便捷、火力更加迅猛的武器使战术更加灵活。新装备的后击针枪使士兵跪下或者卧倒射击,便于隐蔽,减少成为敌人射击目标的机会,并在机动中可以发扬火力优势。例如,在普奥战争中,普鲁士陆军士兵表现出的战术灵活性与火力的持续性使奥地利士兵总是处于无法正常开枪的状态。

---

① 老毛奇在普奥战争结束后便开始准备与法国的战争,接下来的半年里,他组织总参谋部制订普鲁士全部 13 个军和南德意志联邦军队的铁路输送计划,并进行了可能战场的实地考察和准备地理数据信息。

分进合击的作战思想形成了普鲁士陆军另外一个优势：普鲁士陆军"将可以快速转移发射位置速射炮集中起来"①，在作战行动中部署于前沿位置。这使普鲁士陆军在投入战斗的初始阶段便已经具备强大密集的火力，对敌人的前沿力量构成巨大杀伤力，使敌人难以按照自己的计划完成战斗队形调整部署。比如普法战争中，法军装备有比普鲁士陆军更加先进的"沙斯波式步枪"②，但是因为法国陆军没有将强大火力进行集中向前沿配置，从而无法使步枪手得到可靠的火力掩护，在推进时总是被普鲁士集中配置于前沿的机动速射炮部队击溃。尤其在关键的色当战役中，普军第一军集中了120门火炮轰击法军阵地，不仅压制了法军火炮，还使法国步枪兵难以形成战斗队形，最终因为混乱被分割包围。

分进合击作战思想将作战部队的机动性、灵活性与强大火力有机组合，在无线电报等先进指挥工具的连接下，形成完整的作战体系。

先进的作战思想不仅使先进技术和组织发挥最大功效，还总是使地缘政治现实可以趋利避害。普鲁士位于中欧北部，与法国、奥地利两大传统强国直接毗邻，北面濒临波罗的海和北海。普鲁士最大的威胁来自两线作战，必须确保每一条战线上都能够速决全胜，任何一条战线上的久拖不决，均会导致两线陷入被动，因此，要么普鲁士陆军必须在平时尽量分散于边界线内，以防止被两线大国同时攻击时遭到一举歼灭，在战时必须能够快速集中于一线或者置重点于一线，速胜后再挥师于另一线。普鲁士威胁非常类似于今天在中东的以色列，因为只面临一线作战，并且仅仅在边界线附近时，普鲁士陆军的能力将会发挥至极致，这要求普鲁士每战必集中全部军力于一役，所以，普鲁士陆军的长处就是在边界线内外附近能够快速与灵活反应，而短处就是分散于两线同时作战。分进合击使普鲁士陆军的每次作战行动的目的就是追求快速取胜，而不是久拖不决。分进合击的作战指导思想贯穿于三次王朝战争的成功恰恰说明了其作战思想与地缘政治现实的高度契合。

新的作战思想的出现不可能脱离社会多样化带来的思考。分进合击的作战思想的土壤不是军队将领群体，而是德意志民族。衡量一个民族思考能力的标志是哲学研究能力。近代哲学是由德文写成的，哲学对于作战思想并无直接价值，但是哲学土壤丰厚的民族衍生出来的精英，包括军队将领，均是

---

① 普鲁士陆军速射火炮装填方便、射击准确性高。

② 沙斯波式步枪由法军炮兵的技术工人沙斯波研制，可以节省更多的火药来发射更小的子弹，其射程最远可达 1600 码。在普法战争的圣普里瓦战斗中，装备沙斯波式步枪的法军部队重创普鲁士近卫步兵团，使其在 20 分钟内损失了 8000 人。

思维能力特别强，在丰富的实践中，对待时代变化更加敏感和深刻。

施利芬评价老毛奇是："极大的成就、极小的表现，质胜于文。"这足以说明酷爱思考的老毛奇不可能不成为叔本华、康德、黑格尔的受益者。分进合击中体现着老毛奇深厚的哲学素养。分进合击的本质是通过快速速决于一线。普鲁士的地理位置决定了它只有在一条战线上速胜，才能调集兵力于另外一条战线。老毛奇的分进合击是建立在普鲁士天然地缘政治实际的基础上，对于主动与被动、优势与劣势、主要与次要、先与后等各种因素产生深刻的辩证思维所致。

◆ 民族主义：思想"单纯"的军队

在欧洲挑战并摧毁神圣的罗马帝国，并成为宗教改革的先驱者，这些令人自豪的历史使德意志民族，比起其他民族对于现实中的失败与耻辱更加容易激起变革意志。普鲁士民族中尚武、严谨和充满艺术感的文化特质，使普鲁士在反省自身历史并超越历史方面，拥有别的民族所没有的优势，即把激情与理性的结合运用于社会时代条件当中，更加完整和科学。普鲁士民族不尚虚文，对于新科技与新思想的感知与探索更加追求实用和时效。

与英伦三岛不同，欧洲大陆的长期战争使任何一个欧洲大陆国家，尤其是大国，均难以将长期的和平化视作重新构建民族政治与文化的良机。光荣革命式的政治变革土壤不存在，尚武精神在战争胜利的催化下，导致民族主义的膨胀超过了军队所能排斥的程度，在战争中具有决定性地位的总参谋部成为掌握国家军事政策的实权机关的同时，也在极大地影响着国家外交政策。然而，老毛奇是典型的普鲁士军官，年轻时便强调纪律而忽视新生民主制度，他给未婚妻写的信中有这样的表述："只希望有一个有权威的统治者，哪怕终生受其统治；但至死也不要律师、文人和被开除的少尉的治理。"老毛奇的思想代表的是少数普鲁士精英阶层，忽略当时德意志民族主义思潮涌动。所以，他和罗恩创建的新型陆军继承了普鲁士陆军富有纪律、忠诚于国王的传统，很少受到军队之外的社会思潮的影响，所以，免受德意志民族主义思潮影响的老毛奇和罗恩可以专注于利用当时先进的科技成果改造陆军。

专注于单纯军事业务的军队必须受到富有理智的战略大师的驾驭，还需要没有政治野心的将领来治理，否则新型能力越加出色，对国家的危害越大。后来的"一战"和"二战"的历史表明，普鲁士传统的陆军对错误的战略和盲动的民族主义思潮缺乏"免疫力"。

从第一次世界大战前施利芬提出"政治应该服务于战争"时开始，意味着黩武主义支配国家整体政策的来临。即使两次世界大战中遭到灭顶之灾的缘故不能完全责备不适当的军政关系，那么也可以解释为什么随着战争的胜利，普鲁士发展新型陆军时的灵活与理性也随之消失。

◆ 国策与战略：老毛奇的幸运

普鲁士位置夹在俄、奥、法中间，地幅狭小，而且人口和工业规模都比俄、奥、法小，因此，普鲁士陆军总兵力规模，即使在充分进行人力动员的情况下，也难以形成数量优势，夹在大国中间，而又没有数量规模优势，普鲁士必须拥有一支机动性和火力强于三个大国中至少一国的陆军。

地幅狭小且夹在大国当中，如果处于大战情况下当然是劣势，如果避免多线作战，而且战场在机动能力与保障能力范围之内，则可形成时间上的优势。通过比敌人更加快速的机动能力与更加高效的指挥在某一时间就可在战场上形成优势。

普鲁士陆军与蒙古骑兵的共性优点是通过"快"来追求强，即通过提高机动能力和指挥时效在决定性战场形成优势，从而一击而胜。

基于普鲁士天然的地理条件和经济社会实际制定的作战纲领使普鲁士陆军始终朝着能够实现化劣为优，而且能及时吸收科技、经济发展成果的正确方向前进。

普鲁士陆军在以下几个条件中才能扬长避短：一是战场在国境线以外不能超过机动能力极限和后勤补给；二是预先的计划必须充分考虑到各种复杂情况，战时指挥必须立足于战前的指挥准备方能高效；三是必须避免两线作战；四是每战务必速决。

建设这样的陆军，关键有三点：一是有避免同时与两个或两个以上大国走向对立的国家战略；二是必须具有优质军事素质的军人，尤其是指挥军官，高效严谨的指挥军官在和平时期反复研究作战方式，修订作战计划，把平时演训成果第一时间转化为实战运用；三是充分利用科技和经济社会成果，军队应当成为它们的第一受益者。

任何国家军队的历史上都少有老毛奇的幸运，发展军队的几乎所有有利条件，老毛奇均获得：

第一，俾斯麦执掌普鲁士首相大位，明确将避免同时与两个大国为敌作为普鲁士外交基础，并且有着立足于实际的可靠全盘外交运作。

俾斯麦首先将俄罗斯作为普鲁士外交的主轴，稳住俄罗斯是避免普鲁士同时与俄、法、奥为敌的基础，克里米亚战争之后，俄罗斯在东欧和中欧基本上处于稳定的停止之状，但仍然在中欧和东欧地缘政治板块中具有举足轻重的作用。正与普鲁士争夺德意志领导权的奥地利和俄罗斯在巴尔干地区存在矛盾，法国旨在恢复拿破仑时期的辉煌而对中欧染指，不希望普鲁士或者奥地利在德意志占据主导地位，所以，普鲁士必须将与俄罗斯的关系置于首位，争取获得俄罗斯的支持，因为法国和奥地利都不希望普鲁士地位上升，俄罗斯也需要普鲁士牵制法国和奥地利。

如果普鲁士将与法国关系置于俄罗斯之前，那么普鲁士将成为法国的附庸，其角色只是法国染指中欧，保持中欧分裂的棋子，不可能获得积极同意。

普俄亲近使普鲁士既可利用俄罗斯制衡于奥地利，也可以利用俄罗斯防范法国支配中欧。

第二，俾斯麦稳住了英国，只要欧洲均势不遭破坏，英国便不管不顾，普鲁士在俾斯麦主政后，并未显示出要破坏均势迹象，主要原因是克里米亚战争后，英国将法国、俄罗斯当作破坏欧洲均势的主要威胁，而不是普鲁士。普鲁士的相对弱小在俾斯麦治下反而显示出了容易避免危险的灵活与稳妥。

第三，俾斯麦常态化地对英示好，并且将英国贸易规则引入了德意志联邦关税同盟，视扩展市场为立国之业的英国自然会对普鲁士感到满意。

这样的指导使普鲁士军队的战争准备成为防御性准备，其中最主要就是在国境线外浅近纵深至国境内地段的作战计划。符合利益需求，稳妥的国家战略是制订合理、有利作战计划的基础，从而又有利于围绕作战计划来推动军队的训练与其他准备，进而使军队成为正确的战略工具。用剑者使铸剑者的才能与艺术得到发挥，可以恰如其分地形容俾斯麦与老毛奇的关系了。

第四，军事化的国家体制使普鲁士陆军可以成为科技、经济社会进步的最大受益者。在众多欧洲大国中，普鲁士上至国王，下至平民有崇尚武力的传统，无怪乎，普鲁士军队吸纳和使用科技、经济社会进步成果，比其他领域具有不可取代的优先权。普鲁士推动成立关税同盟，打破贸易壁垒，带来巨大的经济效益，也直接刺激了科技发展，并产生了市场与科技的相互促进。

铁路的铺设和工业技术，使普鲁士陆军可以优先使用铁路，并且还利用工业技术的进步研制先进武器，军队使用先进的运输工具与工业技术的优势是除英国海军之外，任何国家都无可比拟的。

普鲁士陆军使用国家资源不同于英国海军使用国家资源，前者的根源是深入民族骨髓的尚武传统与由此造成的陆军在整个国家中的优先地位，后者是商业与市场的激励在频繁的运用武力政策中的特殊作用；前者是文化的自觉，后者是现实利益的驱动；前者成为世界性陆军典范，后者成为世界性海军楷模。当然也反映了这样一个事实，国家政策目标与偏好根植于民族文化当中。

民族文化在地缘政治的支配下决定着军队发展的投入与方式，不能说普鲁士和英国军队发展方式孰优孰劣。普鲁士陆军和英国海军之所以成为其他军队仿效的对象，是因为它们都强调荣誉、纪律和尊重传统却不墨守成规。

第四，构建了高效的军队大脑——总参谋部，总参谋部作为指挥机构并不是老毛奇的首创，但总参谋部作为指挥机构的职能规范却始自老毛奇时代。

总参谋部成为军队大脑有两项职能跃升，普鲁士总参谋部研究战史，使之由普通意义上的事务性机构变成有思考力的机构，为指挥员出谋划策；对战史的研究，所形成的研究成果被借鉴于现实时无疑使普鲁士军队比起其他军队对战争实事、作战行动有更加深刻全面的理解。普鲁士与其他国家相比，普鲁士成为战争的设计者，在战争爆发前赢得了思想的主动。

总参谋部的另外的重要职能是根据军队结构成分与行动分类区分专职机构，使总参谋部成为围绕总体目标、各专业机构分工明确的运转高效的统帅部。平时分工形成战时协作，需要通过演练来检验，总参谋部频繁的演练，使战史研究形成的思想和演练中的校正与协作充分结合，将思考的智慧与协作的效益结合起来，每一次演练的累积效果就是：普鲁士将帅比其他国家将帅对未来作战思考更加专业化，准备更加充分，更加掌握部队行动的实际。

研究战史，按照专业分工，连贯的指挥演练成为世界各国军队统帅机关的普遍职能，这出自老毛奇时代。

统帅机关的出现不是仅仅由深厚的军事文化催生，直接原因是富于创造性的统帅。以老毛奇为代表的将领酷爱研究历史，并且专注于在未来的作战行动中如何利用历史的经验与教训，同时，对历史的研究也有利于激发将新技术、新思想注入军队中，对历史的深刻认知也有利于在未来的战争中争取主动。

◆ 色当：速度竞赛

没有新型军队便没有新型帝国，对此做出最准确、最深刻注解的莫过于这段历史：普鲁士由处于备受挤压的边缘大国变成作为欧洲秩序治乱枢纽的

德国。获取西里西亚的七年战争开创了老欧洲中的新普鲁士，三次王朝战争
则是老德意志民族开创了新欧洲。两次历史的开创，力量的源泉均是来自普
鲁士拥有一支比其他欧洲国家更加强大的陆军以及灵活利用欧洲格局而扬长
避短的国家战略。尤其是三次王朝战争后，德国统一对欧洲格局的颠覆之进
程令人咋舌，直接源自凭借无可匹敌的新型陆军的"普鲁士战胜奥地利、
法国等传统欧洲陆军强国的方式与进程"① 超越了所有历史。普鲁士超越历
史的新型陆军为俾斯麦玩转欧洲的历史超越奠定了坚实的基础。新型的指挥
系统，新型的火力突击工具，以及国家不断发展的交通系统成为普鲁士新型
陆军的直接体现，但其背后的根源不可忽视。

当俾斯麦纵横欧洲时，最不可或缺的就是参谋总长老毛奇和陆军部部长
罗恩。一个负责打仗，一个负责军队建设；正如一个是用剑的绝顶高手，一
个是铸剑的能工巧匠。二人的相得益彰使俾斯麦有足够强大的后盾实施他的
宏图大志。这样的团体无疑是完美的，每支军队能有这样的团队组合，一定
会天下无敌。但这样的将帅组合在军事史上寥寥无几，是奢侈品，而不是常
用品。

机动与形成作战部署的目的是发扬火力优势，普鲁士每个军编 1 个野战
炮兵团，主力火炮攻城炮兵使用了 90 毫米、120 毫米和 150 毫米加农炮，
以及 210 毫米、230 毫米、280 毫米和 300 毫米臼炮。火炮的集中使用使本
来单个火炮性能优势的基础上，有了战术优势。法国采取的是比普鲁士陆军
火炮性能差的青铜前撞，尽管法国军队拥有先进的李费依机关枪，它有 25
支枪管，可以瞄准到 1200 米，每分钟能发射 125 发，但直到战争爆发前一
周才配发给士兵，所以根本不能得到有效使用。火炮的集中使用使得法国步
兵即使装备先进的步枪，在普鲁士陆军强大的火力面前，战斗部署也乱作
一团。

普奥战争的结束，意味着法国称霸欧洲大陆的基本条件完全丧失，同样
也预示着法国将面临一个在德意志处于主导地位的普鲁士。此时的普鲁士与
七年战争之后的普鲁士已经不可同日而语：首先，有着一支在最近两次战争
中得到锤炼、士气正在高涨的陆军；其次，普鲁士得到英国和俄罗斯两个欧
洲最重要的大国的支持。英国认为克里米亚战争之后，对欧洲大陆均势最大
的威胁是法国，况且法国与英国几乎在全球争夺殖民地。英国与俄罗斯正在
争夺中亚，普鲁士的崛起比起奥地利能够更加有力地制衡俄罗斯，也就是
说，英国希望普鲁士为之火中取栗。俄罗斯在克里米亚战争之后已经不具备

---

① 普奥战争历时仅 7 周；普法战争历时 5 个月，7 周确立战役胜利。

在中欧制衡普鲁士的意志与能力，并且需要得到普鲁士在"俄法矛盾"① 支持，而"普鲁士宰相俾斯麦又极力推行亲俄战略"②。普鲁士借助欧洲格局的力量面对孤立的法国，其实并无胜算。然而，当俾斯麦询问老毛奇普法开战的结果时，老毛奇坚定自信的回答使俾斯麦决心开战，于是就有了"埃姆斯电报"。好大喜功与轻举妄动总是紧密相连的。当被俾斯麦激怒的拿破仑三世向普鲁士宣战时，双方的胜负不是取决于战场的地形和兵力规模，而是动员效率和部队完成作战部署与准备的速度。

普鲁士的高效动员和机动不仅具有战场价值，而且生成了政治影响。普鲁士的强大陆军使法国难以在德意志境内寻找到盟友。民族主义思潮兴起的德意志诸邦也不可能站在法国一边。意味着如果法军深入德意志境内便是失败的开始。

如果趁普鲁士正在准备战争中发起攻击，法军很可能赢得胜利，但是，缺乏军事才华的拿破仑三世亲自担任总指挥，先行动员后却行动缓慢，普法战争便在这样的背景下开始了。普鲁士完成了军队动员后，兵力总数达到47万，并且处于集中状态，而迟缓的法军处于分散状态。

普鲁士面临的选择只有一条，不能再打一场七年战争，而是速战速决，最好的情况就是利用速度优势在有利的条件下包围并歼灭法军主力。虽然法军在开战之初便攻占了属于普鲁士莱茵省的城市萨尔布吕肯，但迟缓再一次使法军丧失战争初期的主动。法军未能趁胜突破萨尔河防线，普鲁士则转入反攻。普鲁士王储指挥的普鲁士第三军团的 3 个军共 10 万兵力，以绝对优势抓住法军兵力分散的弱点，主动进攻并击溃了麦克马洪军团的一个师，取得了开战以来的第一个胜利。值得注意的是，普鲁士军队竟然用刺刀把拥有线膛炮、多管炮和沙斯波式步枪的法军击溃，此次主动进攻提振了普鲁士军队的士气。

法军开始后撤后，仍然处于分散状态，因为作为最高指挥员的拿破仑三世没有命令麦克马洪军团与巴赞军团会合。随后，拿破仑三世将指挥权交给犹豫不决的巴赞，他时而想与麦克马洪军团会合，时而又想在麦茨防御。等到巴赞最后下决心撤退时，普鲁士已经大胆完成迂回。一部分机动到麦茨西南，切断巴赞军团从麦茨退往凡尔登之路，另外一部分楔入麦克马洪军团和巴赞军团之间，使之无法会合，不可能协同作战。

---

① 拿破仑三世时期，法国与俄罗斯在东方问题和波兰问题均存在矛盾。

② 1868 年 3 月，俄国提议与普鲁士签订了一次秘密协定，规定"一旦普法开战，俄国陈兵奥地利边境"；以防止奥法结盟作为报答，普鲁士同意终止黑海中立化。

分割之后便是围歼。当普鲁士军队抓住时机发起博尔尼会战、维昂维耳会战之后，使巴赞军团在麦茨成了瓮中之鳖。此时的法军只剩下退到夏龙的麦克马洪军团。当其希望诱敌深入，退至巴黎城下与普鲁士决战时，法国皇后欧仁妮出于政治原因禁止麦克马洪军团退向巴黎，麦克马洪军团转而投向麦茨的巴赞军团。然而，现实是麦克马洪军团前往麦茨的道路被普鲁士军队封住。

地面机动作战中的机动速度优势不仅可以弥补兵力不足的劣势，在双方同时处于相对对等的战争迷雾时，速度还能获得情报优势，迫使对方总是在判断自己的意图而丧失主动权。

所以，先完成进攻部署的普鲁士一边散布普鲁士陆军主力正向巴黎挺进的消息，一边选择有利战场进行待机，歼灭法军主力。作为法军主力的麦克马洪军团，虽然仍然拥有强大的兵力集团，但是缓慢的动员与机动、迟疑的指挥，而且欺骗措施被老毛奇识破，这几乎拱手向已经处于完成作战状态的普鲁士军队奉送良机。普法战争在色当结束。

普鲁士之所以能够速胜，原因是普鲁士军队能够利用机动优势楔入分散部署的法军之间，对其进行分割围歼。普鲁士军队的指挥效率和平时对作战方案的研究使法军总是"慢了一步"，最典型的就是拿破仑三世指挥失去了坚决的态度导致巴赞军团在麦茨行动迟疑，结果被紧紧地围困在那里。

普鲁士从耶合会战的耻辱性失败开始，着力整顿军队，终于在老毛奇时代的普法战争中"凤凰涅槃"。德国的统一，对于欧洲和世界而言，就是一夜之间欧洲大陆格局的巨变。

"一战"之后的日本海军与太平洋战争

绝望者总是在胆怯的时候，蒙住眼睛向前走，不管前面是什么。

在航母编队作战出现之前，海战规模均是建立在单舰火力、机动力、防护力基础之上的海上对抗。而航母编队作战使海战模式由单一的海上对抗，扩展为海空战场的协同能力、多个舰种协同效率、海上战场被纳入空中战场的对抗。首次将航母编队用于实战的是太平洋战争时期的日本海军。战争非正义、错误的战略设计和国力天然弱小是日本最终战败的根源，然而，弱小之国居然能让后来的超级大国在战争初期相当长时期内迫于窘境，其中的重要因素是，从珍珠港到中途岛，日本海军在强大的美国海空力量面前，将航母编队的作战能力发挥至极致。日本是在"一战"后发展航母编队作战能力并在太平洋战争前期将其作为主要海战力量的。日本基于战略环境、民族文化和政治军事体制等因素，与海军在建设思想、作战思想、作战意志、军队素养、战术水平等各个方面的结合体现了太平洋战争中的日本海军航母编队是一个矛盾体：战略盲动与战术精细、指挥严谨与心态狂妄、资源匮乏与士气高涨。

◆ 异化的平等：民族心态与军队统帅权的独立

日本在取得日俄战争胜利并签订《朴次茅斯和约》后，外相小村前往美国会见罗斯福当面"答谢"美国调停，成为日本已经开始与曾经轻视它的欧美列强平起平坐的标志。当小村回国时，史无前例的外交成果却没有使他受到挥舞象征日本胜利的太阳旗的欢迎，"欢迎"他的日本民众，手中挥动的是表示"轻蔑"的黑旗，这说明日俄战争使日本民众彻底摆脱了在欧美面前的"矮化"心态。

然而，通过战争胜利追求到的平等心态却特别容易异化。在列强争霸、弱肉强食的世界里，日本民众如此心态便决定了日本战胜俄罗斯后，不可能模仿七年战争中战胜奥地利之后的普鲁士，以克制保持灵活，同时，也可以推断，如果日本没有生硬地以争霸太平洋的姿态，与美英由"一战"盟友变为竞争对手，由经贸竞争升级为海军竞赛，那么后来的日本也许不至于在相当孤立的情况下，以一己之力独立面对美英和中苏四个大国。

英日同盟被瓦解并没有使日本在巴黎和会时的蛮横、好勇斗狠有所收敛，而是更加咄咄逼人，使之由美英战争时期争取的对象，变成了战后共同遏制的对象。日本与美英争夺太平洋，根基在于与日本隔海相望的中国、东南亚以及西太平洋上星罗棋布的岛屿。海军便是与美英对抗的力量支柱。

尊皇是日本民族文化的一切基础。近代的日本，虽然建立了君主立宪制度，但没有正式和组织完善的政党，所有政治家、军人、民众仍然以天皇为最高权力拥有者，也将天皇视为权力的现实拥有者。所以，天皇对具体军务和国务的不干预，便导致缺乏真正有权威的政府，导致内阁、军队、民众之间，总是处于关系不稳的状态。

这样的现实既催生了近代日本权力体系内的混乱，也反映了日本民众以天皇为中主的自觉性、民族性的纪律。这样的民族性格与内在价值取向，对军队建设的影响就是使职业军人的培养比别国更加高效，民众比其他国家天生具有更加强烈的服从意识和纪律观念。别国军人要经过严格、曲折的纪律培养才具备服从意识，日本军队培养官兵不需要像其他国家那样将人彻底改造。所以，当日本海军决定建造新型舰船和掌握新型飞机，战舰的各种操作手、飞行员、工作技师的培训与成长等基础性举措，几乎一下令，便进入了快车道。强烈的纪律观念产生的献身精神，加上专注于技能训练，使日本海军人员的专业素养在世界上首屈一指，尤其是战舰舰队指挥军官和飞行员的作战技能与勇气。

虽然日本已经建立君主立宪的政治制度并大力发展工商业，但尊皇与纪律意识已经深入骨髓的日本民众却并没有养成民主意识和对社会的责任意识，心中有的便是天皇权威和帝国强盛。这样的民众无法正视、当然也无法制约可能导致国家陷入灾难的军队与内阁之间的权力斗争。

日本在"一战"后，军队统帅机关开始与内阁平行，并独立于内阁之外，军政关系不稳的极端后果就是政最终听命于军，或者掌握军队者使尽一切可能手段迫使政治家听命于己。即使几次杀害政客的军人暴行的肇事者得到惩罚，但军队决定国家命运已成铁定事实。内阁成为军队决定和推动政治、外交、经济事务的"秘书处"，意味着军队对整个国家资源统一配置。军队权力压倒一切使日本比起美英等军政关系稳定体制的国家而言，更容易以举国之力，加快非理性的战略资源投入。

内阁与军队之间的矛盾同样反映在军队内部的陆海之争当中。日本陆军、海军都讲究无限忠于天皇，纪律服从、作风严谨，但出于地位之争，在战略设计和资源投入上产生争执。正如两个同样倔强的牛犊在对顶着犄角，互不相让，这使海军的资源投入方面无法与陆军协调，很多通用性的保障资源与技能造成浪费，只是这些浪费被高效快速的航母、飞机建造速度所掩盖。

日本的民族性导致他们产生了以武力夺取利益的心态。这一心态既容易导致战略举措的冒进，又容易激发新的军事举措。日本整个国家而不仅是军队，就像头"初生牛犊"，以扩张求进取的国家战略，使军力发展出现巨大飞跃。这一趋势必将反映在支撑日本与美英对抗的支柱海军力量之上。日本在"一战"之后发展航母编队作战能力，说明了日本民族看到了时代和态势角色的变换，却没有理解决定变换的根基所在。

◆ 枷锁：华盛顿体系

日本认为第一次世界大战的爆发是"大正天佑"，然而第一次世界大战结束后的"华盛顿体系"① 却没有使日本感到走向更高国际地位时的"愉悦"，反而压力倍增。这主要有四个原因：

一是国际体系的变化使日本处于胜利集团中的孤立境地。自日本赢得甲午战争开始，先后在日俄战争和第一次世界大战中成为胜利者，其根源不是实力，而是明治维新向西方学习的先进技术和制度，以及日本作为新兴海权的战略价值。英日同盟使日本跟随并利用海洋霸主英国一起反对陆权大国的同时，还能够利用远离欧洲的地理位置和同样新兴的美国被欧洲牵扯精力的有利条件，成为欧美列强争斗的得利者。所以，当德国战败和俄罗斯爆发十月革命而退出主要国际舞台时，日本便有可乘之机夺取德国和俄罗斯在中国的势力范围。

然而，丛林法则盛行的世界导致敌友分明，也会导致敌友身份总是戏剧性地变换。中国孱弱不堪，即使成为战胜国，也无法摆脱受列强支配的命

---

① 1921 年 11 月 12 日至 1922 年 2 月 6 日，美、英、法、意、中、日、荷、比、葡九国代表参加华盛顿会议，通过了取代《日英同盟条约》的《关于太平洋四国条约》《关于限制海军军备条约》《关于中国之九国公约》，这一系列条约构成华盛顿体系。其中，《关于中国之九国公约》提出尊重中国主权、领土完整，各国在华机会均等，从而推翻了日本独吞中国的主张，确立了以美国为主导的远东太平洋新秩序。但是，华盛顿会议有意回避了中国关于关税自主、废除治外法权等提议。

运。德国和俄罗斯分别在中国山东和东北丢失的特权，自然也成为其他列强
觊觎的对象。日本凭借地利更加容易填补德国和俄罗斯的"空白"。日本在东
亚的逐步强势，当然会使英美感到竞争压力。英国身处远隔重洋的欧洲，而
且因为大战的消耗和安排战后秩序的"第一要务"，对于日本在东亚日益强势
只能以"怀柔"为本。而对日本在东亚日益强势感到压力最大的是美国，当
美国在20世纪提出门户开放政策以来，雄厚的资本优势、精明的商业运作及
对备受欺侮的中国所持的"道德立场"使之成为在东亚地区国际影响力增长
最快的大国。日本"独吞式"地取代德国和俄罗斯在中国的特权，自然令美
国如鲠在喉。德国战败、十月革命后的苏联成为日本仇敌、英日同盟被美国
主导的华盛顿会议埋葬、美国在欧洲和东亚强大得无可匹敌的经济优势、中
日仇恨因为山东问题和东北问题而难以冰释，日本虽然是"一战"之后东亚
地区最重要的地缘政治力量，但已经处于难以挽回的孤立境地。

二是日本从日俄战争和"一战"所获利益不足以抵消因为扩张而消耗
的国力资源。甲午战争的胜利奠定了日本走向地区强国的基础，而以甲午战
争胜利为条件的日俄战争的胜利则使日本成为任何列强都不可以忽视的地区
强国，日本在朝鲜半岛、中国东北和华北、华东部分地区都存在自己的势力
范围。然而日本并没有因为势力范围的扩大而获取与之相适应的利益。日本
对中国的压榨和欺侮使中国几乎是本能地利用美国和英国来制衡日本，比日
本更加擅长贸易与经营企业的美英使日本难以完全从中国的势力范围中获得
期望的经济利益和财政收入，日本相对于中国是竞争强势，因为可以从中国
市场获得低廉劳动力和原料，而相对于美英却是弱势，虽然日本"通过对
华特权而获取了不少经济利益"①，因为日本企业难有美国和英国企业的精
明与高效。日本对中国的压榨使日本面临越来越深的中日仇恨时，企业收益
产生的财政收入难以可持续地支撑扩张。势力范围日益增大的日本需要日益
增长的军事开支和人力动员效益，仅凭这一现实便可以推断日本在走向更高
的实力地位的同时，也伴随着天然不足的凸显。

三是日本维护本土之外的势力范围不仅需要扩大财政收入，而且需要维
护少数几条受到拥有更加强大海军的美国和英国威胁的海上交通线。以日本
的船舶技术，日本要维护在中国的势力范围，必须保证日本与中国势力范围
之间少数几条交通线的畅通。日本与朝鲜半岛、山东、台湾之间的海上航

---

① "一战"前，日本是债务国，而"一战"结束后的1915年，日本成为债权国，
并且日本于1919年在中国投资达到14.39亿日元，是1913年的近2倍，与中国总贸易
额达11.424亿日元，是1913年的3.6倍。

线，使日本分散资源以进行保护之外，根本没有足够的实力面对美国和英国的破坏。美国和英国对日本最大的威胁并不是商业与贸易的竞争，而在于威胁对其具有生命线意义的海上航线，使日本难以从中国的势力范围中攫取粮食和能源，更加谈不上维护势力范围的稳定性。日本没有自己独创的船舶技术，只能在欧美船舶技术上进行模仿以做到尽量节约资源与人力的精益求精，极大限制了日本对海上航线的控制能力，虽然日本的地理位置比美国和英国更加有利。

四是日本制定了过高的战略目标，错误地追求势力范围。日本提出"大东亚共荣圈"被视为亚洲版的"门罗主义"，其实质是在东亚排斥欧美列强，企图独享中国和东南亚。这令实力强于日本的欧美列强，尤其令以市场和自由贸易为国家生存根基的美英无法接受。当欧美列强忙于欧洲事务时，日本尚能利用地区强国的战略价值在欧美列强之间借力打力，而当欧洲事务稍有平稳，欧美列强，尤其是美英全力压制日本之时，英日同盟的瓦解虽然不是英国的主动违背同盟，但也预示着当美国和日本爆发矛盾时，英国必定会站在更加强大的美国一边。日本即使面对弱小的中国和刚刚成立的苏联处于绝对强势，也无力避免美英的压力。况且，中国虽然因为各种地方性政治军事势力割据而陷入内乱，但是，日本只能在东北和山东依赖导致中日世仇更深的武力和恐怖来获取短期的经贸利益。日本可以在局部和短期内形成优势，但总是导致反抗的力量更大，反过来又使日本付出更大的代价来造成更大的反抗。

国家战略是发展军队的利益边界。困境下发展新型作战能力，既可能会在压力下产生高效，更可能导致困境变绝境。日本的困境在于既无力独吞中国和东亚，也无法与美英协调。日本只能一边尽力扩大对中国的压榨以增加财政收入而发展军力来维持势力范围，一边与美英在尽量少做让步的情况下妥协，同时积极准备最后的"摊牌"。

华盛顿会议中通过的《关于限制海军军备条约》规定，美、英、日、法、意五国主力舰的比例为 5∶5∶3∶1.75∶1.75，并约定 10 年内不新建战舰。这其实是美国和英国不愿意与日本此时敌对但又必须压制日本而达成的妥协。法国和意大利自然不可能对日本有所影响，而日本最为关注的美国和英国却并"没有向日本做出过多让步"①。随着船舶技术的发展和军舰种类的

---

① 日本在条约通过之前，要求主力舰达到美英两国海军总吨位的 70%。但最终日本不得不让步，并且以西太平洋各岛不设防作为条件同意达到美英两国海军部吨位的 60% 的比例。

增加，这种条约是无法准确监督与落实的。很快，危机感深重的日本便开始"突破条约限制而发展海军"①。

弥补规模小和持久战力差的弱项，最有效的方略就是发展对方薄弱甚至缺乏的新型能力。日本既然缺乏足够强大的国力支撑与美英进行海军竞赛来维护东亚的战略地位，那么便需要在发展新型海上作战能力方面以质取胜。

◆ "精英"人物：山本五十六

任何新型作战能力的快速发展均需要思想超前的高级将领的推动。日本能够重视航母编队作战能力，敏感地意识到舰载机攻击能力的关键因素是海军将领山本五十六。其之所以能够思想超前，有两个方面原因：

一是山本本人的天赋性格。每次持续时间较长的战争均会催生大量新兴武器出现，促使作战方式带来革命性的变化。尤其是西方整体性发生工业革命之后的"一战"，新兴武器更是层出不穷，成为人类历史上新兴武器出现得最令人眼花缭乱的时代。变革剧烈的时代往往更加有利于喜好冒险和开拓之人。山本爱好赌博，但不是赌徒。山本将赌博当作建立在精心计算基础上的合理冒险之举。爱好冒险之人，更加趋向于探索未知领域，精于计算之人，必行事具有严谨之习。山本比起同时代的其他日本海军将领对新生事物与环境的洞察力更加敏锐、分析能力更加深遂。

二是超脱于本国氛围的工作经历。长期在一个环境中的经历便容易形成对环境的固有适应，视野和行为容易受到环境的框定。山本参加过日俄战争的对马海战，对战争具有亲身体验，并且，对山本形成新兴海战思想起到巨大促进作用的是担任驻美海军武官的经历。当日本海军迷漫着战列舰制胜的传统思潮时，山本利用驻美国海军武官的身份，大量接触新的作战理论和思想。1926年，山本研读了英国海军思想家拜沃特的《大太平洋战争》，书中描述的以舰载机攻击军舰的场景令其敏感地意识到舰载机必将在未来海战中取代舰炮和鱼雷等舰载武器。1932年，美国海军组织检验性演习，为检验珍珠港防卫能力，由两艘航空母舰为骨干组成"特混舰队"负责攻击。特混舰队关掉所有灯光和保持无线电静默，于凌晨进入进攻发起海域。拂晓时分，两艘航母上共152架舰载机起飞，利用雾和云层突然向珍珠港由200艘

---

① 华盛顿会议后，日本大力建造辅助舰，1930年，日本海军吨位数达到了规定额度的96%，英国达到82%，美国达到61%，华盛顿会议确立的美英两国吨位优势实际上已荡然无存。

战舰组成的珍珠港防卫舰队进攻，结果根据演习评判，只有不足 6 艘战舰得以幸免。受邀观摩这次演习的山本立即认识到航母使海战规则发生变革，并萌生了模仿此次演习经验组建日本海军自己的特混舰队的想法。当年回国后便担任了海军第一航空战队司令，同年参加中日"一二八"事变，指挥驶入中国境内扬子江的"赤城"号和"加贺"号航母上的舰载机对上海守军进行轰炸。这次实战经验，不仅使山本的指挥才华得到日本海军高层认可，而且通过首次实战经验，使之开始了扩建以航母和舰载机为主要打击力量的日本联合舰队的实践。

山本五十六对美日之间的实力对比的计算说明他是杰出的战术家，但却不是明智的战略家。因为尽管他不同意对美国贸然开战，但一直在准备对美国海军的决战。正因为一直准备着所谓的决战，所养成的好战内心便难以拒绝战争，即使明知没有胜利希望也存有侥幸之心冒险。山本认为，如果日美开战，便不能使美国充分进行战争准备，一旦战争久拖不决，广阔的太平洋将使日本战线过长而疲于奔命，导致美国不断将日益强大的实力投向太平洋战场，巨大的军需消耗会拖垮日本。他主张摒弃日本传统的引敌而歼的海战战术，提倡集中所有军力主动坚决打击并力求一战而胜，实现这个意图的最佳作战力量是航母编队，而不是以战列舰和巡洋舰为主的传统舰队。他是日本海军航母编队作战的主要倡导者，并以这个思想支配着他围绕日本海军联合舰队偷袭珍珠港行动进行计划、组织训练与协调周密的情报搜集。联合舰队的主要打击力量来自飞机对海面和岸港地带的目标的空中突击，而能否使舰队顺利安全地机动至最佳的进攻出发海域则有赖于航母编队机动过程中的各种战舰的协同行动。山本将飞行员作战技能训练和多舰种协同训练作为航母编队战备训练的核心要务。日本海军联合舰队训练的严酷与贴近实战的危险程度在世界海军史上鲜有。所以，联合舰队拥有世界上作战技能最娴熟的海军飞行员，并围绕航母编队机动、防护使日本海军联合舰队成为世界大国海军中多舰种指挥与协同效率最高的舰队。

另外的关键之处在于能力出众的将领总是可以构建出精干高效的指挥体系。基于山本在日本海军中的地位，他可以利用其在海军高层的影响力，从海军将校中挑选佼佼者加入联合舰队。更加重要的是，山本担任日本联合舰队官不仅直接受辖于日本海军军令部，避免与其他传统战舰组成的舰队之间的矛盾，而且还根据航母的不同性能下设若干机动舰队，每次出战均根据实际情况调整各舰队舰种的编成。层次简明清晰的舰队编成和独立的航母编队的编成及其下设的简明和清晰的力量结构，使日本航母编队拥有极为高效和精干的指挥系统。

◆ "南下"：确定主要对手

当零和博弈的实力政策大行其道时，任何大国针对外部战略环境变化的首要回应就是变化军事战略。英日同盟终结和苏联最终站稳脚跟，日本处于自明治维新以来最孤立境地：强大的美国对日本保持着贸易与海上安全的压力，英国逐步依赖于美国并在远东地区与美国开始进行密切的战略协调，日本仇视的社会主义苏联仍然与日本存在潜在的地缘政治矛盾，中国从未对日本的侵略表示过屈服。

日本面临最大的威胁是美国、苏联和英国的共同压力，贫弱并处于内乱中的中国也一直受到它们三个大国的影响。然而，美国、苏联和英国尚未对日本构成直接威胁，因此，日本决定"对美国是谈判和战争准备两手进行，对苏联和中国以震慑为主辅之以拉拢"①。从这个战略设计上看，日本对各个方面的实力估计是合理的：美国已经取代了英国成为世界性的经济首强和金融中心，在"一战"时显露出来的强大战争潜力令所有大国感到震慑。对日本更加重要的影响是，美国虽然在欧洲退回到孤立主义立场，但在亚洲从未放弃过利用经济和贸易竞争力优势企图主导中国和东南亚的市场与能源；苏联尚处于刚刚站稳脚跟后的重建与恢复当中，经济和军力均无能力威胁日本在中国的利益与地位，然而苏联却有着与俄罗斯同样的地缘政治价值与地位，一旦复苏，必将成为日本的劲敌；英国因为"一战"消耗而国力日衰，尤其是欧洲事务令其不能自拔的同时，英国在远东已经显示出与美国合作且退让的迹象；中国在"一战"结束后，因为国内陷入军阀混战当中，无法举国一致。

日本根据自身位势，将美国作为主要对手，但却忽视了对苏联和中国的价值和潜在能力的正确评估。日本天然的地缘政治环境决定了，当它同时面临美国来自海上的威胁和苏联、中国来自陆地的压力时，只会将有限的国家资源用于各个军种建设的耗费当中。

确定以美国为主要对手，必须将海军作为军力发展重点，使美国无法从

---

① 1923年日本对《帝国国防方针》做出修改，提出："自今之后帝国国防方针要以同我发生冲突之可能性最大，且具有强大国力与军备之美国为目标，重点予以防备；对同我接壤的中俄两国，以亲善为宗旨，力求为我所用，同时始终保持震慑它们的实力。"1927年，日本首相田中在《帝国对满蒙之积极根本政策》奏折中又明确认为："欲制支那，必以打倒美国势力为先决条件，与日俄战争之意，大同小异。"

海上进入亚洲大陆和西太平洋诸多岛屿。而发展海军比起发展陆军，对于国家整体实力，尤其是经济与科技资源的依赖更强。日本决定将美国作为主要对手而发展海军，与最强大的对手对立，而不是由弱至强各个击破，战略设计上便是致命错误。这不是日本主观的战略设计的错误，而是日本不利的地缘政治环境和扩张野心必然导致的错误。

日本与美国走向对抗是因为日本无法与美国争夺中国。所以，如果日本控制近在咫尺的中国之后，再在美国、苏联之间进行运作，或许不至于过早孤立。但是，日本却在甲午战争之后对中国百般欺侮和依仗英日同盟在亚洲咄咄逼人，尤其是当丧失英日同盟后，便只能"被迫"与美国对抗。

日本与美国抗衡，必须减少对美国的经济和能源的依赖，能够从苏联和中国等自然资源大国获得稳定的供给。然而，现实却是日本对中国的侵略和对苏联的武装入侵使日本难以从苏联和中国获得与美国抗衡所需的资源与支持。中国具有丰富的人力资源、苏联具有丰富的自然资源、东南亚具有日本发展军工必需的橡胶等重要工业原料，日本与美国对抗却将它们——推至敌对地位。

四面树敌的结果是，即使在确定了主要对手后，也无法把握在战略资源分配的重点与非重点。所以当日本在"南下"① 和"北进"② 战略摇摆不定时，即使明白一个时期只能有一个重点，也无法将重点战略进行有效贯彻。

"九一八"事变后，尽管美英和苏联对日本没有实质性的军事干预，但是已经对日本彻底丧失和平希望。美国加紧了对日本的经济制裁和石油禁运，苏联对中国军队提供武器装备和派出军事顾问。此时的日本更加难以在"北进"和"南下"战略之间取舍和战略资源分配，而且，使日本难以形成正确和理性决策的是，外交困境和经济危机的压力导致日本国内政界和军界各部对日本的内外政策发生分裂，1936 年爆发的导致广田弘毅内阁成立的"二二六事件"成为日本面临日益增大的内外压力时丧失最后战略理性的标志。"二二六事件"标志着日本军国主义政策的正式形成，对外扩张更加激进而更加罔顾战略困境不断加深的现实，制定出远远超出实力范围之外的

---

① "南下"战略也被称为"海洋政策"，其意图是先行控制中国大陆，再攻占并控制东南亚和西南太平洋广大领域，最后与美英法等列强争夺太平洋主导权。

② "北进"战略的意图是首先夺占中国东北并视情控制中国大陆，再向北侵占外蒙古和苏联远东地区。

"南北并进"① 战略，同时将美国和苏联作为日本的首要战争对手。因此，日本控制中国使之成为可靠的"北进"和"南下"基地的需求便开始迫切。"七七"事变便成为日本实施南北并进战略的第一步。随后，"日本提出东亚新秩序，对华盛顿体系由行动上挑战变成正式的外交否认"②。苏联出于面临纳粹德国的威胁而没有强劲反弹，但是美国却做出强硬的外交表态。当日本与德国、意大利缔结同盟时，美国表示终止《美日通商航海条约》。《美日通商航海条约》终止是美国继贸易制裁和石油禁运之后，对日本更加严厉的反制的举动，使日本面临这样一个情况：除非使用军事力量才能在占据强大优势的美国海上商运力量面前保证海外贸易，而使用军事力量便意味着与美国彻底开启战端。

　　当第二次世界大战随着德国入侵波兰而爆发时，纳粹德国在欧洲的强势使日本深受鼓舞，认为"美国将重点转向欧洲并在亚洲没有充分的军事准备，日本可以自行其是"③。甚至于 1940 年提出"大东亚共荣圈"。同年 7 月 22 日，日本召开大本营会议，陆军将领提出日本经济不能再依附于英美，应当先下手为强，攻占南洋，获取战争所需能源。这一主张，终止了之前近 10 年的"陆海军的争吵"④，正式将"南下"战略确定为"国策"，并将"建设东亚新秩序"的目标扩大为"建设大东亚新秩序"。27 日，大本营和政府联席会议正式做出对美国进行战争的直接准备。

　　"诺门坎事件"和"张鼓峰事件"促进的《日苏中立条约》与德国兵败莫斯科两个因素对日本也产生了极大的震慑，也是日本选择"南下"的重要条件。"南下"战略是日本在美国面前的紧迫危机和对苏联日益增加的

---

　　① 1936 年 8 月 7 日，广田内阁五相会议制定并通过了《国策基准》，指出："帝国当前应该确定的根本国策，在于外交和国防互相配合，一方面确保帝国在东亚大陆的地位，另一方面面向南方海洋发展，"因此，"应充实必要的国防军备"，"消除北方苏联的威胁，同时防范英、美，具体实现日、满、华三国的紧密合作"；"陆军军备以对抗苏联于远东所能使用的兵力为目标"，"海军军备应配备和充实兵力，足以对抗美国海军，确保西太平洋制海权"。

　　② 1938 年 11 月 3 日，日本政府发表"建设东亚新秩序"的声明，公然否认九国公约及既存条约体制，要求由日本来主宰东亚。

　　③ 1940 年 6 月，日本外务省向日本内阁提出的报告称："鉴于目前的世界情势，即使我国闪电般地占领荷属东印度，美国也不会进行武力干涉。"

　　④ 日本法西斯政权建立以后，军队在当时日本对外政策中具有决定权。广田内阁所确立的国防方针只能同时兼顾陆、海两军。由于争夺战略资源，陆、海军各自提出了庞大的发展计划。并且，对于主要战略方向存在激烈争执。

恐惧的基础上，经历了长期的摇摆而最终确定的，这样的战略设计注定了其用于海军和陆军建设的战略资源不可能高效协调。

摇摆不定的战略设计令各个军种都无法按照本身的需要和立足于资源的实际来各自发展，相反，稳定的战略设计是军队建设中各个组成部分协调发展的保证。

◆ 思想与行动：新型的战舰与陈旧的思想

早在"一战"刚刚结束之时，"美国在日本面前的强势"① 使日本海军便将美国海军作为主要对手，之后"南下"战略在日本整体战略中的地位不断变化，但是日本海军从未放弃过针对美国海军的发展计划。《关于限制海军军备条约》规定日本海军总吨位只能达到美国海军总吨位的60%。如果日本海军一味坚持发展"一战"时各个海军大国的传统战舰——战列舰，那么如果美国凭借强大的经济和科技资源，将完全可以对日本海军取得压倒性优势。日本要想在经济和科技资源相对弱小以及条约限制的情况下，建设一支能够威慑甚至战胜美国的海军，就必须另辟蹊径，通过不断建造新型战舰，从而产生新型的、更强的海上作战能力，弥补总体力量弱势。

日本海军对新生的海上作战方式是敏感的。当1918年英国皇家海军第一艘航母"白眼巨人"号加入战场后，日本海军立即意识到航母在未来海上作战中的重要价值，并开始自行设计航母，1919年日本排水量达到7500吨的第一艘航母"凤翔"号便下水试航。另外，日本海军在自己组建的潜艇的部队的基础上，将从德国接收来的7艘潜艇用来探索潜艇新型战法和试验潜艇新技术，成为研制出世界上最先进的潜艇之一的"海大3A"型和"巡潜1型"潜艇的先声。日本海军在"一战"末期和"一战"刚刚结束时，对潜艇和航母等新型海上作战装备的敏感使日本海军在华盛顿体系建立后，尽管受到条约限制，但仍然成为发展速度最快的大国海军。

日本对把握新型舰艇的作战能力具有一支先进舰队即有的敏感，在美国压力下，其造舰步伐很大。但是，陈旧的作战思想制约了日本更好、更快地发展航母编队作战能力。主要原因是日本海军没有对历史上的成功经验进行创新，有了新的战舰并认识到了其作战功能，但并没有围绕新型海上作战能力来形成新的作战理论。日本海军在甲午战争和日俄战争期间都是因为引诱

---

① 举一个例子：华盛顿会议上，美国向日本提出，如果不同意美日海军总吨位的比例维持在5∶3，那么日本每建造1艘军舰，美国就用建造4艘来回应。

对方舰队至有利位置后，再利用战舰的机动速度和火炮射击、射速优势，选择有利海区，以逸待劳，寻机决战，从而取得海战胜利。"日本海军像其他海军大国一样，几乎到了迷信舰炮制胜的地步，认为战列舰的火炮和防护能力、航速仍然是未来海上作战的决定性因素。"① 直到太平洋战争爆发后，因为航母编队巨大的作战效能体现出来后，日本才开始将海军作战思想转变为航母编队制胜。

从太平洋的天然环境、美国海军舰队在太平洋上的部署看，日本要与美国进行海上战争，有上中下三策：上策是在太平洋中部，甚至东部海面上实施主动进攻，歼灭部署于本土或者东部或者中部太平洋岛屿基地的美国海军舰队；中策是先占领在西太平洋和西南太平洋诸多岛屿，并构筑舰队部署与机动的基地网，依托它们以逸待劳，寻机歼灭向西太平洋开进和驰援的美国海军舰队；下策是与依托日本本岛、朝鲜半岛、中国大陆和台湾、东南亚等欧亚大陆东端陆地和近海岛屿抵抗美国海军舰队的进攻，并在局部海域实施主动进攻，逐步消灭之，迫使美国最终承认日本的势力范围。从日本经济与科技资源、海军战术与训练水平等因素看，实施上策的难度最大，但是对美国海军舰队的伤害最大；中策难度较小并且可行，但花费时间较长，日本能否获得足够的经济、科技和能源等支撑战争的必备资源是很大的疑问；下策最为稳妥，但是日本会丧失海军舰队机动进攻机遇，并且存在一个风险：依照美国发展海军舰队的实力、日本对中国和东南亚人力资源和自然资源的利用效率，美国迟早会以绝对优势的海军舰队来实施大规模海上进攻。综合三策略，日本海军既然决心使美国海军在太平洋失去行动能力，那么在距离西太平洋越远处歼灭之，越有利于日本达成战略目标。日本海军需要能够在广阔海域内灵活机动地实施远程打击的舰队。而先进的战列舰和巡洋舰即使拥有强大的火力、防护力和机动能力，但只适用于日本与俄罗斯（苏联）、中国这样的海上邻国在较为狭小的海域内实施交战。

和平时期的作战思想决定了军队武器装备、战备训练和军官培训选拔等众多因素将如何发展。日本陈旧的作战思想使日本虽然认识到了航母的威胁，但却无法集中力量发展新型的海上作战能力，导致许多资源投入到用处不大的战列舰和巡洋舰建造上，比如日本海军最先进的战列舰"大和"号，一艘该舰的建造经费可以建造两艘日本海军大型航母或者1000架飞机，或者组建两支潜艇突击队。

---

① 1941年出台的第5次造舰补充计划，日本海军仍然将建造战列舰、重型巡洋舰列置于优先地位。

如果日本海军的作战思想是根据航母的巨大威胁而发展以航母编队作战为核心的，那么日本海军将有更多的航母编队，虽然改变不了失败的结局，但可以在太平洋战争中苦力支撑更久，不至于最后失败时依然保留那么多毫无用处的造成资源浪费的战列舰。

华盛顿会议签订《关于限制海军军备条约》后不久，日本海军仅将"加贺"号和"赤诚"号两艘战列舰改装为航空母舰，其目的并不是试验性组建航母编队，而是根据《关于限制海军军备条约》的限制使它们避免被拆毁的命运。日本海军的主要精力仍然是尽量绕开条约限制来发展传统战舰。比如《关于限制海军军备条约》规定区分巡洋舰级别的标准是主炮口径，因此，日本便在 4 艘"最上"级重型巡洋舰上安装轻型巡洋舰的 155 毫米口径主炮。再比如"不增加吨位但提升战舰攻击能力的改造战舰"①。尽管日本海军各种精明的努力，但因为没有将航母编队作为重点，仅仅是利用条约的漏洞和部分技术的突破，却并没有获得自己所期望的针对美国海军的优势。

对日本航母编队快速发展最大的制约是分散的资源和不立足于战略资源统筹实际而过于庞大的航母发展规划。1931 年日本海军造舰计划首次提出建设一支航母机动舰队，并计划建造 5 艘排水量达 13500 吨级航母，还计划预支 1933 年部分预算建造 1 艘大鲸级潜水航母，一年后，甚至提出要建设一支完整的航母舰队：其中包括预想中的大鲸级潜水航母，排水量达到 13500 吨级的"苍龙"号和"飞龙"号航母。如此庞大的计划要在 5 年之内完成，又处于战略资源分散情况下，可想而知，航母编队建设不可能达成预期速度与质量。

巨大的压力和差距之下，日本选择冒险退出国际裁军条约，导致"日本海军大力推动大规模造舰计划"②。虽然重点仍然是战列舰，但是航母编队和潜艇建设开始加速，不仅是航母和舰载机的数量增加，性能也显著提升，航母的续航能力的搭载能力更强，而最关键的是日本海军装备有侦察机和新型舰载机。侦察机使航母编队有了千里眼和顺风耳，令航母编队可以实施视越目视距离进行远程奔袭作战，以达成作战突然性。太平洋战争爆发

---

① 日本海军按照 1000 吨级的驱逐舰性能要求设计排水量不足 600 吨的鱼雷艇，使它的航速达到 30 节，续航能力达到 3000 英里，装备 3 门 5 英寸口径火炮、4 座鱼雷发射管。

② 华盛顿海军会议后，日本海军出台第一次和第二次造舰计划。1936 年至 1941 年，日本先后出台第三次至第五次造舰补充计划和战时紧急造舰计划。

前,当日本战列舰总吨位 30.14 万吨只占美国的 56% 时,航空母舰总吨位 15.3 万吨达到美国的 94%。航母的快速建造注定了航母编队作战能力的快速生成,从而使日本海军在远程打击能力和快速反应能力方面甚至高出美国海军,可以先于美国海军开火掌握作战主动权。

日本在退出条约限制时期,新型海上作战能力之所以开始凸显,主要原因有两个:直接原因是日本海军针对美国海军进行充分的战争准备,按照 70% 的大比例来建造战舰;根本原因是美国在 20 世纪 30 年代没有倾注应有的精力于军队,当然也无法快速发展海军舰队,而是按照保持对日本海军 50% 优势的标准来建造战舰,而且美国海军与日本一样信奉战列舰的航速与射速决胜的理念,以舰载机为主要突击力量的航母编队作战尚处于海军内部的争论当中,航母并没有成为美国海军的发展重点。

使美日之间海军逐步缩小差距的不仅是美日之间建造战舰的速度标准,更重要的是不同的作战需求与日本有利的先期部署。美国海军与日本海军作战需要跨越至少 5000 海里进入西太平洋海域甚至亚洲大陆近海海域后才能完成作战部署,日本海军不需要长距离海上机动,可以更快地集结战舰完成作战部署。而且,由于日本在第一次世界大战结束后,以国际联盟"托管"的名义占领了扼住夏威夷和菲律宾海上航线咽喉之处的马里亚纳、马绍尔和加罗林 3 个群岛,可以对海上开进中的美国海军舰队实施突击。战场距离优势使日本不需要追求战舰总吨位的平衡便可以减弱美国海军的总体力量优势。然而,利弊却总是互相转换的。美国海军认识到需要长距离海上机动的迫切需求时,为了开始重视航母编队作战,并探索将水面战舰、航母编队和海军陆战队三种作战力量组建为"联合陆海远征部队",力求在海域广阔和岛屿分散的战场上获取时间和力量优势。

◆ 速决:唯一的优势如此脆弱

日本海军精于战术层面的作战行动准备与实施而疏于系统的战争设计。日本海军的作战传统有四个:一是讲究先发制人;二是集中优势兵力;三是即使处于不利条件下,也要积极创造有利条件实施决战;四是注重战前侦察。这四个作战传统淋漓尽致地体现在日本海军制定的对美国海军的战争准备当中。日本不会等到美国对日本发动战争时再去实施情报侦察和被动应战,即使处于总体力量弱势,也非常有可能采取冒险行动,并于交战过程中力争在局部海域里形成战舰和其他海上作战手段优势,以坚决行动实施决战。这样的作战传统是日本缺乏持久战争能力和民族文化的必然反映,有利于实施局部的速决性海上作战，还有利于达成战役战术突然性的作战行动，但是，也意味着速决和突然性这两大战术性优势一旦失去，日本海军便会走向失败。

作战能力失衡起始于主战装备性能失衡。日本海军为使战舰具有强大的攻击能力，并能够在恶劣天气下作战，要求战列舰和巡洋舰装备巨大杀伤力的远程巨炮和高射速鱼雷，从舰首到舰尾的干舷需同等高度；要求潜艇能够对美国海军舰队实施跟踪、监视、袭扰。单个战舰和潜艇进攻能力的提高均牺牲了防护力和续航能力。为减少燃料消耗，日本海军战舰将人员居住空间和防御武器缩小到极限，潜艇的机动速度快，但噪音大、下潜慢，难以隐蔽。

这样的作战传统决定了"日本海军偏重于研制和生产战舰和舰载机等直接用于作战行动，尤其是进攻行动的装备，相对忽略用于护航、警戒、扫雷、运输、维修、补给等防御性和辅助性行动的装备"①。日本海军能力结构失衡，甚至没有专业化的海军后勤分队，不成完整体系，从而使之实施海上作战，正如一名没有盾牌、盔甲防护和持久体力的武士，全凭瞬间爆发之力，一旦一击而不胜则必将面临败局。当然，以日本所能够获得的战争资源，也难以支撑日本海军发展如此全面均衡的作战能力。资源的稀缺使日本只能偏重于短促进攻能力而失之于全面与系统行动能力。

◆ 军政难分：舰队派与条约派

资源稀缺的程度与资源争夺的程度总是成正比，所有生物性组织与系统概莫能外。日本陆军与海军自从明治维新以来便开始争夺资源分配和军队统帅权对外交政策的决定性影响，使日本军队走向了一个比较特殊的统帅体系：陆海军各自有自己的军政与军令系统。

历史经验告诉人们，战争指挥部门权力过大，往往会造成军队建设朝着战争方向没有任何制约的穷兵黩武式的发展。日本海军军政军令二元制的标志是海军军令部独立于海军军政系统之外，使海军发展的决策权独立于海军军政系统之外，又因为海军军令部主管战略和作战计划，因此，当与美国海上竞争趋向激烈导致海军军令部的地位作用凸显而变得日益强势之时，便是

---

① 1941年12月，当美国对日本开始无限制海上作战后，日本海军只能派出100艘鱼雷艇、12艘老旧的驱逐舰和一些改装的船只为日本规模排名世界第三的商业运输船队护航。日本海军拥有飞机3208架，其中仅有38架运输机。

海军向战争轨道上发展取得加速度之时。

华盛顿会议和伦敦海军会议签订的海军条约尽管最后均获得日本政府认可,但是已经独立于海军军政系统之外的海军军令部表示强烈反对,他们被称之为"舰队派",与他们对应的是被称之为"条约派"的海军军政系统。由于舰队派的旗手型人物是战功卓著的海军元帅东乡平八郎,其中成员包括"诸多身经百战的海军高级将领"①,更为重要的是日本皇室成员伏见宫博恭王也是舰队派成员。条约派的领军人物是同样具有重要影响力的加藤友三郎,但他不久去世后,条约派便再无重量级人物。在军国主义思潮浓厚的日本军界和政界,影响力孰轻孰重便一目了然。

当 1932 年陆军总参谋长由皇室成员担任时,出于争夺战略资源的需要,同年海军决定其军令部部长由坚定的舰队派的皇室成员伏见宫博恭王担任,次年他利用皇室成员影响力,在海军会议上通过并颁布《军令海第五号令》,还修改了《大本营关系规程》《军令部编制》《省部事务互涉规程》等章程,将本属于海军军政系统的统帅权中的核心——国防用兵计划大权转而纳入海军军令部。至此,日本海军统帅体系内部,舰队派彻底压倒条约派。

◆ 一时之快:珍珠港

1940 年 4 月,美国总统罗斯福为增加对日本的心理压力,命令海军将太平洋舰队驻地由加利福尼亚调往太平洋中部的夏威夷群岛。夏威夷群岛中的"瓦胡岛南部拥有成为军港最良好的天然条件"② 而成为太平洋舰队常驻基地,又因为形似珍珠,故称之为珍珠港。同年 7 ~ 9 月,日本先提出建立"大东亚共荣圈",再出兵占领印度支那北部。美国立即宣布对日本进行钢铁禁运,并增强驻扎在关岛、菲律宾、夏威夷的军事力量,日本以缔结日德意三国同盟条约作为回应。之后,有两件事情促使日本决心使美日之间只剩下"揭开底牌":一是《日苏中立条约》;二是苏德战争爆发。

1941 年 4 月 13 日,在苏德战争的传言喧嚣尘上时,《日苏中立条约》使日本同时面临美苏两大国的压力骤减。苏联被德国威胁牵制无法主动威胁

---

① 他们包括:加藤宽治海军大将、末次信正大将、大角岑生海军大将、高桥三吉中将、小林省三郎中将等。

② 瓦胡岛南部水区达到面积 32 平方千米,平均水深 15 米,可以容纳各种舰艇 500 艘。

日本，如果日本实施"南下"战略，不需要顾忌苏联在"后背捅刀"。当苏德战争爆发时，日本对苏联的顾忌彻底消除，而且，随着苏联威胁的消失，日本对经济和资源以支撑它庞大的军事机器的诉求却日益强烈，如果与德国协同攻击苏联，那么苏联境内远在高加索的石油也难以解日本之"近渴"，因此，苏德战争爆发第二天，日本天皇参加的御前会议便做出不惜向美国开战也要建立"大东亚共荣圈"的决议。于是，日本加快对东南亚入侵。

1941 年 7 月 24 日，日军攻占印度尼西亚南部时，美国要求日军必须撤出印度支那并承认印度支那为中立区，但是可以在印度支那取得粮食和军用物资。决心已定的日本自然置之不理。7 月 26 日，美国开始冻结日本在美资产，英国宣布废除《英日商约》。这导致的情况是除非双方有一方退让，否则经贸关系全部断绝的美日只能付诸一战。

尽管从《日苏中立条约》签订前，美日便存在秘密谈判，但形势发展似乎均使双方无法掌控。受纳粹德军在苏德战争初期进展异常顺利的"鼓舞"和日益严重的资源短缺危机的双重作用，日本于 9 月 6 日决定预定于 11 月上旬对美国开战。因为对美国开战存在分歧，近卫内阁 10 月 16 日总辞职。10 月 18 日，原陆军大臣东条英机组成新内阁，开始了直接的作战准备，经过权衡与讨论后，将开战日期定为 12 月 8 日。

对美国开战，其意图并不是入侵美国本土，而是使美国难以对日本建立"大东亚共荣圈"进行实质性干预。所以，要么束手退让，要么冒险开战的日本必须首先摧毁驻扎在珍珠港的美国海军太平洋舰队。

战术优势能够弥补战略劣势，但绝对不可能取代战略优势。处于战略劣势的日本只能依赖于战术优势。通常而言，战术优势有三个方面：一是预告对作战行动进行细致的谋划和充分的准备；二是达成行动的坚决性与突然性；三是战场实时的力量优势。珍珠港偷袭作战是战争史上谋求战术优势的杰作。因为战术优势完全被日本获得。

从作战力量的预置层面看：一是需要使用续航能力强和打击威力大的海军武器对太平洋舰队的港口设施和战舰产生最大损伤；二是尽量倾日本海军全力于一击，使太平洋舰队一蹶不振，甚至全军覆灭。显然传统的战列舰和和巡洋舰不仅航行速度慢、续航能力差，而且舰炮和鱼雷难以在经过 5000 海里的长时机动后再产生足够的摧毁效能。以续航能力强的航母为海上运输平台、以飞机为主要打击力量的航母编队比由战列舰和巡洋舰组成的传统舰队更加适合于远程偷袭作战。

山本对袭击太平洋舰队的设想是"开战之初，就猛攻猛打，摧毁美国太平洋舰队主力舰，使美国海军与美国人民的士气沮丧到不可挽回的地步，必须在敌之主力舰大部分停泊于珍珠港内时，用飞机进行袭击"①。很自然，为对太平洋舰队造成最大限度的毁灭性打击，他提出以集中日本海军全部6艘航母组成联合舰队于一役为总指导的Z计划。面对太平洋舰队在总吨位上不占据优势，再加上需要进行远程海上机动，特别容易暴露意图，因此，包括海军军令部部长永野修身、海军第1航空舰队司令南云忠一等在内的许多高级将领反对。反对理由是认为Z计划过于冒险：孤注一掷的偷袭作战万一失败，即使损失联合舰队一半力量，那么日本海军必将在强大的美国海军的报复下崩溃，何况6艘航母全部出动可能全部损失。然而，山本五十六并不为之所动，相反以辞职为威胁要求海军军令部批准Z计划。同样冒险的东条英机成为首相的第二天，Z计划获得批准，之后，山本五十六不断组织海军高层参加极度保密的图上演习、沙盘演习和对抗演习来不断检验和修正Z计划。最终，内容详尽得达40页之多的Z计划被纳入高度保密的《帝国海军作战方针概要》《机动部队攻击计划》中。

执行具体的作战行动，不仅需要建立在科学和细致预想的基础上的作战计划，还需要解决具体、可行的技战术矛盾。以航母编队作战为核心的Z计划解决了兵力使用与组建的指挥协同、后勤保障、机动、突击等问题，但是如何针对停泊于基地中或者在基地附近海域内的目标实施打击却是关键。攻击珍珠港，首要目标是需花大量时间重新建造的战舰，而不是相对较容易建造的港口设施和容易重新恢复的指挥机构。

攻击停泊或者移动中的战舰仅仅依靠以人工瞄准的空中投掷炸弹不够，还要着眼于提高摧毁的概率而使用水下攻击武器。日本海军将旧式鱼雷改装为新型的可以在浅水区实施攻击的鱼雷。因为日本海军装备的可以搭乘航母的鱼雷机飞行高度通常为100米左右，距目标1000~1500米时发射鱼雷，鱼雷入水后由于巨大的下落惯性会降到水面下15米以后再上浮至水面以下4~5米高度冲向目标，而珍珠港海域内最浅水深只有12米，为解决这一问题，一方面，日本海军组织鱼雷机飞行员进行低空（最低达20米）特技飞行训练，以减小鱼雷发射后的下降惯性，另一方面，在鱼雷加装稳定翼，使鱼雷获得更大的浮力。这两个方面的努力使日本鱼雷机发射的鱼雷即使落入珍珠港海区最浅处也不会受水深的影响而提前爆炸。

另外，日本海军在远离媒体视野的九州岛附近选择了一些与珍珠港地形和水文相似之处作为联合舰队进行飞行员俯冲轰炸和水平轰炸、识别主要战舰任务的训练，并在日本海靠近苏联和中国海域里进行航母编队加油续航训

---

① 摘自山本五十六1941年1月7日致海军大臣及川古志郎的函。

练。完善和对细节的注重使日本海军对偷袭珍珠港的作战力量预置非常充分。

从行动筹划来看，联合舰队在长达 3000 多海里的海上航行中，必须保持无线电静默，到达攻击发起海域后，飞机从距离瓦胡岛 200 海里的航母上起飞至珍珠港上空，这一过程不能被太平洋舰队侦察机和雷达发现。从集结开进，一旦被美国察觉，整个舰队将被实力更加强大的太平洋舰队摧毁。因此，日本海军偷袭行动必须追求绝对的突然性，容不得太平洋舰队有丝毫的警觉。

战略性作战行动的欺骗行为通常不是由军队单独实施，而是由外交、军队、民事等部门在国家层面实施。1941 年 7 月初，东条英机致函罗斯福，表示："两国间并无不可用谈判方式解决的问题。"准备偷袭珍珠港的一支拥有 27 艘潜艇的先遣队于 1941 年 11 月 18 日从佐伯湾及横须贺港出发前往瓦胡岛附近监视美舰之前，1941 年 11 月 5 日，为了释放和平烟雾，日本内阁故意派出经验丰富的知名亲美派外交官来栖三郎前往美国协助野村外相进行美日谈判，在登机前向报界表示："日本政府不放弃最后一线和平希望，决心尽最大努力，调整美日关系，为了避免战争，日本不惜作出最大的让步。"在偷袭作战的所有 6 支航母编队于 11 月 22 日在千岛群岛的择捉岛单冠湾集结完毕之后，日本外务省于 12 月 2 日故意安排万吨级"龙田丸"号油轮从横滨出发前往洛杉矶撤侨，意在告诉全世界，美日战争即使爆发也不会在近期。为了掩盖发动战争意图，日本谈判代表直到偷袭开始前 35 分钟才递交停止美日谈判的最后通牒。

日本军方更是不遗余力地示假：1941 年 10 月，日本军部宣布将关东军由 11 个师增加至 22 个师，做出要撕毁《日苏中立条约》而与德国协同进攻苏联的举动；当联合舰队在九州岛进行最后一次临战演习时，故意邀请所有驻日武官参观日本海军学校；在 12 月 5 日至 7 日，也就是偷袭作战的前三天，故意组织三千名横须贺海军学校学员游览东京；在九州岛有规律地进行发射无线电，使侦听者认为日本海军主力仍然在九州岛进行例行训练。

欺骗者不可能不暴露蛛丝马迹，然而战争中的欺骗者拥有一个优势就是只要使对方在开战的瞬间麻痹即可。大量的欺骗之举的确麻痹了美国政府，也使始终保持对日警觉的太平洋舰队在 12 月 8 日处于正常的"周日状态"。

日本用于偷袭珍珠港的联合舰队中的主要打击力量包括"6艘航空母舰"① 及其舰载360架攻击型飞机和4架水上侦察机、3艘潜艇、9艘驱逐舰、2艘高速战列舰、2艘重巡洋舰、1艘轻巡洋舰，由南云中将指挥。保障力量包括8艘油料运输舰和其他2艘补给舰。这样一支规模庞大的联合舰队集结后向作战海域开进航线的选择成为能否达成突然性的关键。

航线的选择标准：首先必须满足于隐蔽开进能够不被所有国家情报系统，尤其是美国、苏联和中国的情报系统发现；其次是选择被人认为对舰队最难开进的航线；最后是能够符合舰队续航与机动能力，能够按照发起攻击的时间要求达到作战海域的航线。经过再三权衡，日本海军决定从北、中、南三条航线中选择先绕过阿留申群岛再实施南下的北航线。因为这条航线长达3500海里，并在开进途中需要经过气候恶劣的海区，最容易被忽视，最重要的是，航线所经海区均是同等距离内美军最难实施警戒的海区。虽然是最困难的航线，但是经过海上途中加油与补给，舰队装备和人员状况也可以克服恶劣气候，舰队能够按照作战计划准时达到进攻发起海区。

日本联合舰队于1941年12月8日（夏威夷时间为12月7日）早晨6时至9时30分经过两轮航空兵突击（实际作战时间只持续两个小时），对反抗行动几乎可以忽略不计的太平洋舰队造成巨大伤害。作战过程和损失数据已经无须多言。对于日本海军而言，偷袭珍珠港最大的成功之处不在于以相当小的代价获得巨大成果，而在于指挥。因为从联合舰队临战训练与准备直到集结开进，再到使用航空兵对珍珠港内战舰实施突击，中间连贯着周密的不间断的情报侦察与准备，"几乎所有的作战行动均精确地按照预定作战计划进行"②，就连联合舰队返航时的海上开进队形与向珍珠港开进时的队形都完全一样。

偷袭珍珠港对于日本海军是成功的，但却反映了日本的战略性失败。

日本海军开创大规模航母编队作战的先河便取得成功，使日美之间尽管综合国力存在极大悬殊，但是战术优势却使日本掌握战争初期的主动权。然而，伤害强者却使强者警醒，甚至无法妥协是危险的。日本海军的战术优势

---

① 它们分别是赤城号、加贺号、苍龙号、飞龙号、翔鹤号、瑞鹤号，其中赤城号是旗舰。

② 日本海军军令部预定的《帝国海军作战方针概要》中规定："以航空母舰6艘为骨干的机动部队空袭停泊在夏威夷的美主力舰队。该机动部队在千岛接受补给后，在作战开始十几天之前，自日本国内起航，由夏威夷北面接近，于日出前一两小时，在瓦胡岛北面约200海里附近，集合所有400架舰载机起飞，以停泊中的敌航空母舰、战舰和左近飞机为目标进行奇袭。该机动部队进行奇袭后，立即退出战场。"

受到广阔的太平洋战场制约，一旦战线过长并导致战争久拖不决，日本的优势必将受到削弱，而美国战略优势显现的同时，战术劣势同样会得到弥补，甚至反超。

珍珠港事件之后，"首先发觉作战主力已从战列舰转移到航空兵的，倒是挨了打的美国海军"①。从客观上看，美国海军太平洋舰队的两艘航母在日本偷袭时并没有在港口停泊，而依托逃过一劫的两艘航母发展航母编队作战能力成为太平洋舰队遭受毁灭性打击后美国重建太平洋海上力量唯一可行之举。主观上看，美国海军已经从20世纪30年代初期便开始试验以航母为核心的特混编队作战，舰载机在珍珠港事件中的突出打击能力使支持航母编队成为主要海上作战力量的呼声高涨，由此美国海军信奉航母制胜，不仅将大部分战列舰改装为航母，还开始全力动员国家机器，开始大规模建造航母。珍珠港事件结束时，美国仅有3艘可用航母，"但珍珠港事件后的两年内，航空母舰的数量便猛增到50艘"②。然而，日本海军在享受偷袭成功的喜悦之后，仍然将战列舰和巡洋舰作为海上的主要作战力量，因为按照日本海军的作战设想，他们等着在美国海军前来复仇时伺机在有利海域内决战，而不是主动再利用航母编队打击美国海上力量。日本在美国海军充实之前，仍然具有战场优势，而随着美国海军在航母制胜的作战思想支配下，全力开动战争机器时，日本丧失优势只是时间问题。对美日之间巨大的实力差距了然于心的山本在战前预言，日本即使占得先机而获得优势，但只能维持一年半左右。然而，历史证明，即使是日本海军中少有的理智派也过于乐观了。

◆ 表面强势：珊瑚海和中途岛的逆转

初战告捷后总是难以抵制进一步获取战争主动权的诱惑。偷袭珍珠港成功之后，占据主动的日本面临着两个方向的选择：一是向东发展，威胁甚至攻占夏威夷，迫使美国即使在太平洋上存在海上力量也将被迫退回到美国本土的太平洋港口上；二是向南发展，除已经占领菲律宾等极具战略价值的岛屿之外，再攻占澳大利亚，彻底使美国在太平洋上找不到盟友作为可靠的西进基地。日本军队内部从高层直到直接执行海上作战任务的联合舰队都有着各自坚决的主张。

---

① 渊田美津雄. 袭击珍珠港［M］. 许秋明，译. 北京：商务印书馆，1979.

② 斯塔夫里阿诺斯. 全球通史——1500年以后的世界［M］. 吴象婴、梁赤民，译. 上海：上海社会科学院出版社，1999.

陆军部和海军部坚持继续南下，直到攻占澳大利亚，理由是：美国海军一时难以恢复，应当赶在美国太平洋舰队恢复之前，便巩固整个西太平洋。当美国海军太平洋舰队实力恢复时，则形成日美平分太平洋既定局面。这种局面下美国不敢妄动，日本不需要投入过多军力资源便能够维持"大东亚共荣圈"。而且如果继续东进，则导致联合舰队战线过长，消耗资源过多，导致日本难以持续进行战争。

直接执行作战任务的日本联合舰队则认为，日本航母编队作战能力远强于刚刚开始重建的太平洋舰队，日本海军装备的零式战斗机性能远强于美国海军装备的舰载机"水牛"战斗机性能，与美国海军最新的"野猫"战斗机相比与互有长短。同时，基于美国强大的战争潜力，不应当使美国有喘息之机，应当乘胜而进，威逼甚至攻占夏威夷以对美国实施震慑，使美国在太平洋上彻底丧失力量存在。而且如果不对美国尽早震慑，美国终将以强大国力恢复海军实行报复，届时日本将时刻处于美国巨大压力之下。

站在日本角度看，两种意见各有利弊，但存在共同的致命缺陷：对美国主观臆断。陆军部和海军部看似较为稳妥，以阿留申向南延伸到澳大利亚为界，日美平分太平洋；日本联合舰队看似积极，将美国海军逼至本土，以夏威夷为其前线，保持对美国预防性的强大压力。美国在太平洋战争爆发前，国内战争潜力尚未开发时都不愿意日本独享亚洲，何况遭受偷袭之辱并将战争潜力极力开发之后？各个强势势力的分歧通常会选择折中。日本对太平洋战争的战略方向也最后折中：东进和南下同时并举。这个决策产生以下两个致命错误：

一是时机过晚。偷袭珍珠港成功之后，日本军队内部便出现东进与南下之争，争论直到 1941 年 4 月在"大和"号战列舰上举办的作战研讨会上最终以折中而结束。近半年的时间里，虽然日本海军以航母编队为主要作战力量主动发起了一系列的闪击性的进攻，其中前三个月便在马来海战中击沉英国引以为傲的新锐战舰"威尔士亲王"号、在珊瑚海海战中击沉美军 42000 吨的航母"列克星敦"号，攻占了威克岛、马绍尔群岛、印度尼西亚、菲律宾、马来半岛、安达曼和尼科巴各岛、俾斯麦群岛，3000 多万平方海里的海域成为日本的"内海"，从而占据着战争的主动权。

但是，也正是这半年当中，在广阔的太平洋上，咄咄逼人的日本也出现越来越多易被忽略的软肋：首先，战略速决无法实现导致战略摇摆。尽管战术性胜利的捷报频传，但是连续作战导致了难以及时补充的巨大消耗。山本认为基于美日两国的实力对比，日本的最佳战略是通过速决性作战，一战而使美国失去与日本开战的勇气。这代表着偷袭珍珠港的真实意图是"以战保和"，而不是追求以战促胜。而当珍珠港事件爆发后，美国不仅没有被日本震慑，反而立即向日本宣战，并表示只有赢得战争才会考虑结束战争。日本海军意图通过坚决、突然的进攻迫使美国没有能力和意志进入西太平洋的速决战略破产，转而只能采取立足于战略持久和战术速决来达成战争目标。日本战争资源无法与美国相提并论，仅从战略摇摆便看出日本在战争爆发前的设想完全落空，之后的日本海军尽管继续主动作战，但从战略上看，只是仓促应对而已。其次，日本防线强弱明显。1942 年 4 月 18 日，美海军"大黄蜂"号航母搭载 16 架 B－25 轰炸机对日本本土实施轰炸，此前日军曾向天皇和国民保证说本国绝不会遭到攻击，虽然此次轰炸几乎没有对日本造成实质性损害，但是政治意义和心理意义不言而喻。同时，也说明了美国海军尽管处于弱势，但仍然有能力实施日本海军拿手的远程突袭作战。日本在太平洋初期掌握主动权时，规模受限的日本海军在广阔的太平洋上的力量部署是严重失衡的，面对太平洋彼岸的美国，力量配置外线强而内线弱。这种力量部署的态势，对于美国而言，只要将配置于远离日本本土的海域内的日本海上军力消灭，战争结局便将注定；对于日本而言，占据西太平洋的日本海军战线越长，力量顶点越早到来，过之则必衰。最后，日本联合舰队无法得到国家情报力量支撑，并由于海军内部情报工作的低效导致作战行动无法保密。日本海军情报系统单一，为航母编队提供情报的只有联合舰队自身的通信单位。由于缺乏先进的通信技术，日本联合舰队发出的密码电报中的 90% 都被美国海军情报机构截获并破译。尽管日本试图使用新的密码，但由于日本海军情报机构与日本外交等情报力量无法有效协调，日本海军的联合舰队仍然采用的是被美国破译的老密码，使美国海军情报部门通过破译日军密码电报获悉其攻占莫尔兹比港的作战计划，而且还"获悉日本海军决定向中途岛进攻的情报"[①]。这意味着日本航母编队实施进攻已经无法达成突然性，当日本海军军令部向联合舰队下达的作战命令也被美国海军情报部门截获后，预示着日本航母编队只能在单向透明的战场上作战，这对于必须通过加快作战节奏来减少作战消耗的日本海军无疑带来了灾难。

　　二是力量分散。东进和南下并举的战略使日本海军必须将以 8 艘航母

---

　　① 从 1942 年 4 月初开始，美国海军情报部门截获的日军海军电报中有一个代号为"AF"的地点反复出现，美军起初只是怀疑代表中途岛。为了确认，美国海军情报部门指示中途岛基地发出一份电报称："岛上淡水蒸馏设备发生故障。"三天后，美国海军情报部门侦听到日本联合舰队发给海军军令的一份密码电报称"AF 缺乏淡水"，推测终于被证实。

（珍珠港事件后日本海军得到 2 艘航母的补充）为核心的海军力量分散使用。日本海军高级将领均有深厚的战术素养，深知分散使用后不利于日本必须达成的速决。但是，日本航母编队经过偷袭珍珠港作战和同时进行的闪击东南亚的胜利，心态已经由开战前的冒险变成了对能力的自负，日本海军鉴于当时遭受重创后的美国海军太平洋舰队的实际，乐观地认为如果分配好航母编队的力量也可以取得双线的同时胜利。然而，后来的历史证明这只是一厢情愿。日本海军由于分散使用航母力量，不仅没有达成双线胜利，还在中途岛遭到美国海军的逆转，战争主动权拱手相让。日本似乎忘记了一个事实，美国之所以在半年内处于困难的守势，并不仅仅是因为太平洋舰队遭受重创，更主要的原因是重新评估自身的全球战略。美国在加入世界大战之后，陷入确定全球战略重点的犹豫当中。美国在"二战"爆发前，将欧洲作为全球战略重点，并提出欧洲第一的战略思想。当珍珠港事件爆发后，面对来自日本的直接威胁，美国国内形成了首先要报珍珠港一箭之仇的强大民意。美国政界和军界也有许多重量级人物向政府施加压力，要求政府将全球战略重心先转向太平洋。虽然最终罗斯福从美国全球战略大局出发坚持选择欧洲第一，但是，全球战略重点的争论影响了对太平洋战争的资源投入，而且欧洲第一的思想的最终确立，也使美国不可能将主要资源倾注于太平洋海上力量重建。

旨在为攻占莫尔兹比港赢得制海权和制空权的珊瑚海海战和旨在为攻占中途岛赢得制海权和制空权的中途岛海战就是在这种背景下爆发的。

莫尔兹比港和中途岛对日美双方均有重大的战略价值。莫尔兹比港是巴布亚新几内亚群岛最南端的港口，与澳大利亚隔海相望。如果日本攻占该港，日本可以随时对澳大利亚实施登陆作战，进而输送大规模陆军部队攻占地广人稀的澳大利亚。珊瑚海是莫尔兹比港南部的狭长海域，其制海权和制空权归属对莫尔兹比港和澳大利亚均极为重要。

中途岛面积不到 5 平方千米，但是它位于旧金山与横滨的中间位置，距离夏威夷只有 2200 千米，美国海军在中途岛上部署有针对日本海军的警戒与侦察器材，它不仅是美国海军在太平洋上的前哨，更是夏威夷的最后一道门户，如果被日本掌控，那么日本海军既可以将中途岛作为用于先期侦察和警戒的前进基地，还可以威逼夏威夷，从而增加多种作战行动的选择：或者引诱美国海军出港作战，或者直接攻击夏威夷甚至攻占夏威夷。

地理距离决定了分兵之后的日本海军在两个战略方向先后的开战时间。莫尔兹比港本身便属于西南太平洋，距离更近，因此，虽然分兵两处的日本海军同时开始准备，但是珊瑚海海战开始更早。

日本海军参加珊瑚海海战的兵力包括 1 艘轻型航空母舰、2 艘重型航空母舰、6 艘重巡洋舰、7 艘驱逐舰，美国海军参加兵力包括 2 艘航空母舰、8 艘巡洋舰、11 艘驱逐舰。从力量对比、参加人员尤其是飞行员作战技能、指挥水平上看，日本参战的航母编队具有美国海军太平洋舰队难以逾越的优势。

但是，日军作战计划被美国海军获悉，美国海军主动攻击掩护莫尔兹比港登陆部队的日本舰队，迫使日军取消原定登陆计划，转而与美国海军开始了珊瑚海海战。由于美国海军"列克星敦"号起飞的舰载机首先发起攻击，开战不久，日本海军第一次出海作战的"祥凤"号航母就遭到美军两艘航母派出的各种飞机的围攻，身中 11 枚炸弹和 7 颗鱼雷后沉没，而美军只损失了 3 架飞机。随后的海战，双方均以航空兵为主要力量展开对攻。海战结束时，美国海军的损失包括："列克星敦"号重型航空母舰沉没、"约克城"号重伤，损失 1 艘油轮、1 艘驱逐舰、69 架飞机，阵亡 543 人。日军舰队的损失包括："祥凤"号轻型航空母舰沉没、"翔鹤"号航空母舰重伤、损失 40 架飞机（有的资料记载为 77 架），阵亡 1074 人。

海战结束后双方损失的数据没有代表双方作战能力的差距，却反映了日本航母编队分散使用的后果。然而，能力强弱不是单纯体现在数据上，而是体现在意图的实现上。珊瑚海海战是日本在偷袭珍珠港成功之后气势正盛时对美国海军的首次大规模进攻，其意图为攻占莫尔兹比港夺取制海权，进而攻占新喀里多尼亚和斐济，切断美国与澳大利亚之间海上航线。然而，珊瑚海海战的结局是日美海军参加兵力几乎同时脱离交战，这意味着日本没有达成意图，而且还为此损失了两艘航母，影响了攻占中途岛的兵力使用。

珊瑚海海战已经暴露出日本航母编队规模性能力短板。日本海军为了弥补航母数量不足，居然将从 1922 年下水以来一直被用作训练舰使用的"祥凤"号轻型航空母舰编入舰队当中，并且，没有对美国海军态势由被动变主动进攻这一反常现象做出应有的警惕与解读，说明还没有认识到自己在美国海军面前已经无秘密可言的现实。

在这种情况下，缺乏对战争形势深入和冷静分析的日本联合舰队尽管士气高涨，但盲目乐观。强盛的表面下，存在各种致命弱点，中途岛作战也就不可能如其所愿。

日本的中途岛作战计划是首先进攻中途岛北部的阿留申群岛，并在其中部分岛屿上实施登陆，从而诱使美国海军驰援。日本海军联合舰队主力便乘机夺取中途岛海域制海权和制空权，并支援登陆部队攻占中途岛。对于已经知道日本具体作战计划的美军而言，为了避免中途岛落入日本之手，最核心

的因素是如何打击日本海军联合舰队主力，以防止中途岛海域制海权与制空
权操之于日本海军。

中途岛海战之前，日本处于主动进攻态势，美国处于被动应对态势。参
加中途岛海战的日美海军的力量对比是悬殊的。基于战术速决的需要，日本
海军联合舰队又一次几乎全部出动，主要战舰包括日本海军所有能出动的 8
艘航母、11 艘战列舰、23 艘巡洋舰、65 艘驱逐舰和 21 艘潜艇，总共达 200
多艘，飞机近 700 架。而美国海军太平洋舰队在遭受重创后无法在半年内补
充能够遏制日本进攻的足够的新战舰，特别是航母，只能派出的主要战舰包
括 3 艘航空母舰、8 艘巡洋舰和 6 艘战列舰在内的 76 艘军舰，而且，各个
岗位的操作手和飞行员没有进行足够的训练，作战技能明显弱于日本海军。
偷袭珍珠港时，日本联合舰队航空兵发射鱼雷命中率达 90%，俯冲轰炸命
中率为 88%，中途岛海战后统计，美国海军的数据分别是 0 和 11%。

然而，最终的结果却是美国以弱胜强。中途岛海战对于太平洋战争的意
义已经无须赘述，对其过程的描述也早已汗牛充栋。日本的失败固然出于偶
然的"运气"，但从本质上看，日本航母编队体系内在的能力失衡导致的脆
弱性使之遭受中途岛失败。

一是行动力量与情报力量配置失衡。广阔的海空战场上，航母编队作战
对情报的依赖程度决定着航母编队能够在多大程度发挥能力，航母编队必须
在战时拥有自己独立的侦察手段与能力，以应对瞬息万变的战场。日本联合
舰队不仅在战前泄露作战计划而不知，在作战过程中亦不重视战场侦察。偷
袭珍珠港成功的重要因素之一便是周密的情报准备。开战前，日本对太平洋
舰队的情报搜集基本上是在可隐蔽条件相对充分的条件下进行；开战后，当
美国以战时状态来防止日本侦察并且积极侦察日本海军情报时，日本低效的
情报技术与体系立即在美国情报力量面前相形见绌。在广阔的海面上作战，
航母编队的高机动性和强大的空中火力对于情报的依赖如同猎人在空旷地中
捕猎依赖于视力一样，尤其对战争资源稀缺而特别倚重既定舰队兵力的日本
海军而言，情报的准确性与实时性决定着它们以多大的消耗来实施作战，因
为作战消耗决定着日本海军能够支撑多久。奉行进攻的日本海军特别重视战
前侦察情报，但却不重视战时侦察情报。日本海军为将更多的资源投入遂行
攻击任务的战斗机上，极力压缩对侦察机的投入。作为中途岛海战中的主要
打击力量，南云中将指挥的舰队为了不分散进攻力量，居然没有组建专门的
侦察机分队，侦察任务通常由编队中战列舰和巡洋舰上的老式水上飞机担
任。按照作战计划，南云指挥的舰队于 1942 年 6 月 3 日抵达中途岛西北 240

海里时，应"派出7架侦察机"① 对中途岛附近海域实施扇面搜索，然而，其中1架因弹射器故障未能起飞侦察，1架引擎又发生故障，不得不中途返航。相反，美国海军尽管掌握日军作战计划，但依然派出了占总数三分之一的飞机实施侦察和警戒。

二是指挥官结构配备失衡。以山本、南云、山口多闻等为代表的日本联合舰队指挥军官，均是指挥才干非常杰出的将领。山本是日本航母编队作战的首倡者，是日本发动太平洋战争作战的设计者；南云海军中将是日本海军中著名的鱼雷战专家；山口多闻是日本海军中著名的航空兵专家。然而，航空兵作战运用并非其所长的南云从偷袭珍珠港开始，一直指挥以舰载机突击为主要作战行动的机动舰队。也许是出于所有国家军队中固有的论资排辈的原因，也许是南云的谨慎与沉稳赢得了包括山本在内的海军统帅层的最大信任，也许是其他将领并不如南云能够统率舰队，总之，作为日本联合舰队中承担主要打击任务的力量并没有选择最擅长的将领。作为一支新型的、专业技术含量非常高的作战力量，其指挥员必须具备精深的专业性作战指挥技能，而且从指挥员的性格取向上，尤其要重视选择那些富有锐气和坚毅果断的年轻将领，而不是过于沉稳的将领。中途岛海战过程中，美国海军已经在战前便掌握了日本计划，使日本难以像偷袭珍珠港那样一切只要贯彻作战计划即可。本身便不重视战时侦察，开战后当遇到多变和模糊的美国海军战舰和飞机的情报后，南云先命令飞机"鱼雷换炸弹"，再命令飞机"炸弹换鱼雷"，导致在紧张激烈的战斗中，战舰甲板堆满了从飞机上卸下的以及从武器库中搬出的鱼雷和炸弹，从而使已经招架不住的美国海军航空兵偶然地利用强大的联合舰队一瞬间出现的脆弱而逆转战局。

三是主要作战人员配备失衡。航母编队作战，舰载机是主要突击力量，飞行员自然是主要作战人员。如果说，航母编队是日本在太平洋战争时与美国对抗的基石，那么海军飞行员就是基石上的支柱。为了保证每战速决，日本海军将战前几乎是"万里挑一"的优秀飞行员派往最前线。当中途岛失败后，日本后续补充的海军飞行员已经不可能与作战经验日益丰富的美国飞行员相抗衡。军队中的精英质量可以通过军队内部的严格选拔和训练而得以保证，但是，可持续性出现的速度与规模却取决于国家整体的经济、科技和教育水平。工业化程度和市场化程度远高于日本的美国，在"一战"后便

---

① "赤城"号和"加贺"号航母各派出1架（侦察半径300千米），"利根"号和"筑摩"号巡洋舰各派2架（侦察半径300千米），"榛名"号战列舰派1架水上飞机（侦察半径150千米）。

出现了民间创办的航空学校,甚至有些运输公司还将业务拓展至航空运输,美国潜在的飞行员数量众多,如果需要,只要稍加培训便可以投入战争。反观日本,比起美国,只能算是半个工业化国家,航空技术的普及程度远不及美国,飞行员队伍的可持续性极弱。所以,中途岛海战对日本海军最大的灾难不是被击沉的4艘主力航母(它们分别是"苍龙"号、"加贺"号、"赤诚"号、"飞龙"号),而是损失了久经沙场的飞行员,使日本海军再无主动进攻能力。莱特湾海战时,日本海军中能够熟练地在飞行甲板上起降的飞行员已经所剩无几,不得不组建"神风特攻队"实施自杀式攻击,与目标明显的美国海军战舰迎头相撞,命中率也仅有14.7%。

四是进攻能力与防御能力失衡。航母编队的主要作战能力来自舰载机的空中进攻,但是,舰载机严重依赖于作为其起降平台的航母。所以,航母的安全是航母编队能否具备足够的作战能力的基础。海空作战,当对方主动进攻时,对方亦对己方实施主动进攻。攻防对抗紧密交织之时,尤其在情报无法实时与准确保障的情况下,面对突如其来的攻击,日本海军联合舰队显然忽略了对航母的防护。当主力航母被击沉后,舰载机便没有起降平台,它们的命运要么在中途岛海域内飞行至油料耗光而落入大海,要么被美国海军击落。

钢铁等资源匮乏,日本尽管拥有世界上最先进的造船技术,但是无法及时补充消耗。所以,中途岛海战之后至战争结束,日本海军已经不可能发起大规模航母编队作战,而且,日本联合舰队在中途岛海战之后,主要指挥员山本被美国海军猎杀,即使在部分海战中仍然有主动攻势,但仅仅是强弩之末的余勇。美国却加快了航母编队的发展,至战争结束时,美国海军共拥有各种航母达100余艘,而且美国海军航母编队均是以12艘航空母舰、6艘战列舰以及相当数量的巡洋舰和驱逐舰为主要的特混舰队。日本在太平洋战争期间,总共只有25艘航母。

日本发展航母编队在战略层面的最大教训就是当对手也可能发展相应的新型作战能力时,战争的胜负便取决于新型作战能力的规模及其围绕新型作战能力的动员速度,而不是既定的新型作战能力的质量。

"一战"之后的英国空军与"二战"

自己的胜利别人无法拿走。

"一战"末期，英国成立了首支独立于陆军、海军之外的空军。新型军队发展总是与国势起落相随的，"一战"之后的英国，疲惫地维持着霸权地位，尽管面临政府重心的偏移、紧缩的财政投入、和平主义盛行的社会思潮、基于有限资源的军种争夺等，但强大的英国空军也在艰难中起步，仍然是欧洲乃至世界上首屈一指的空中力量。当纳粹德国军力迅速膨胀时，英国空军根据国家整体战略、统筹国家和军队资源，按照一强原则发展威慑性空军，并且根据纳粹空军的威胁程度，适时调整发展的进程与重点，尤其重要的是，积极地利用科技成果，形成了攻防兼备、体系完整、指挥高效的空军。尽管由于种种原因，在"二战"爆发之初陷入困境，但在事关存亡的不列颠空战中，使德国遭受首次挫败，并在随后的反攻欧洲大陆中，将战略轰炸、陆空协同等能力发挥至极限。可以说，英国空军是英国危急时的柱石，在主动进攻时成为英国的利剑。英国在"二战"时期的空军奠定了现代空军的基础。

◆ 国势决定军势：艰难但正确的起步

纵观英国称霸历史，它面临的挑战均可以归结为一点：如何维持欧洲大陆均势，即反对任何一个国家或强势集团单独地控制欧洲大陆。作为大陆边缘岛国，如果整个欧洲大陆被一个国家或强势集团控制，那么它便会利用欧洲大陆充足的资源，形成巨大的经济、军事实力，必然使英国的生存与安全受到威胁。英国的均势战略主要有两点：一是建立一支无可匹敌的强大海军，牢牢地控制广袤的海洋，尤其是英吉利海峡，以抵御大陆强国的入侵；二是在欧洲大陆上进行制衡，重点是防止敌对国家控制低地国家（比利时、荷兰和卢森堡的统称）及沿海港口，从而直接威胁英国的海岸线。为此，英国奉行"光荣孤立"政策，不轻易地加入或组建某个战略同盟，总是站在力量较弱或受威胁较大的一方，加入任何反对欧洲霸权国家的行列。这种传统的均势政策，决定了英国政府与军方在决定军事战略时"决不在多少还不确定的未来承诺任何事情，而是等待事件发生时再决定采取什么方针"①。所以政府在和平时期不愿意制定针对某个特订国家的战争计划，而是在确切的危险临近时再有针对性地出台相应的作战计划，用以指导将要发生的战争。

然而，"一战"之后的欧洲使英国再也不可能在和平时期对欧洲事务置之不理而专心于欧洲大陆之外的全球霸权和贸易。"一战"与七年战争、拿破仑战争、克里米亚战争最大的区别就是战争之后秩序的混乱。原因就是七年战争、拿破仑战争、克里米亚战争之后，英国均成为战场胜利者的同时，也成为战后秩序的最大受益者，因为它们的战后安排基本使每次战争爆发的直接因素得以解决。但是，"一战"与七年战争、拿破仑战争、克里米亚战争的本质是相同的，它们是欧洲乃至世界历史上连续的过程。每一次战争之后，战后的均势体系所受到的威胁比前一次战争之后的均势体系受到的威胁更大。更致命的是，每一次战争之后，民族主义思潮便高涨一次。"一战"结束时，德国衰败、俄罗斯成为苏联、法国受到战争削弱，仅从严重失衡的力量分配格局看，均势已经难以为继，更何况，民族主义思潮和战后的社会思潮结合在一起，无法使任何一个大国理性地看待未来的欧洲。

对于英国而言，因为航空技术的发展和空权论对各国的影响，以往仅仅依赖于强大的海军掌控海洋和精干的陆军与欧洲大陆盟国协同反对欧洲大陆称霸国，既难以满足安全，也难以维持欧洲大陆均势。飞机的出现，使英吉利海峡再也不可能成为英国的安全屏障，而飞机的轰炸能力可以使任何一个没有防空力量和空中进攻力量的国家成为一堆废墟。英国必须发展自己独立的空中进攻力量与防空力量。

当空军必须成为英国保证安全和维持欧洲大陆均势的有力战略力量时，英国发展空军必须坚持海军建设的"两强标准"：英国空军要强于欧洲大陆上前两大空军力量的总和。只有坚持同时能够压倒欧洲大陆上前两大空军，才会使欧洲大陆不可能出现利用优势空军联合起来威胁英国。因为只要有一个大国认识到英国可以轻松压倒自己的空中力量并难以得到其他大国的支援，欧洲大陆就不可能形成共同孤立英国的大国同盟。

然而，英国发展空军却受到巨大的拖累：战争后遗症。英国自从七年战

---

① A. J. P. 泰勒. 争夺欧洲霸权的斗争 1848 – 1918 ［M］. 沈苏儒，译. 北京：商务印书馆，1987.

争以来，每次战争结束都成为经济和社会发展的黄金时期，而在"一战"结束之后，英国却首次遭遇了战争伤害的后遗症的影响。英国是第一次世界大战的战胜国，帝国的版图也因为大战的胜利而扩至最大，同时也因为巨大的战争消耗，国力日益衰落。英国在"一战"中死亡约 75 万人，商船损失40%。英国的战争花费为 90 亿英镑，并欠下 13.4 亿英镑的巨额债务，是战前债务的 14 倍多，由于经济实力的大幅减弱，世界金融中心由伦敦转为纽约，英国工业生产混乱，出口锐减，由于大量军人复员所造成巨大的就业压力，失业率一直居高不下，两次大战间失业人数从没有低于过 10 万。这样的社会背景，促使英国全国性的反战思潮涌动，这势必影响到军事战略，以至于"反战的反作用力量使 20 年代一切军备计划都成了可笑的事，而且在30 年代末期仍然阻碍全面重整军备"①。

军力的发展必须需要有经济强有力的支撑，否则便是"空中楼阁"，包括空军在内的所有军种的发展都需要英国的经济和财政支持。英国的决策者不可能不考虑到英国经济与财政的支持能力，并主张在经济与发展军力之间保持稳定的平衡。英国空军的发展受到了英国财政的制约，使英国的工业生产和人力资源负担加剧，许多企业的生产能力已经饱和，缺乏足够的技术工人，而这些因素又不可能在短时间内得到弥补，因此，从实际效果来看，这一系列计划有些华而不实便在所难免了，以至于政府内部有人称之为"商店橱窗布景"，陆军大臣黑尔什姆勋爵甚至指责其为"骗人的把戏"。

英国空军艰难发展的根源不是空军建设本身的制约，而是来自英国在"一战"之后沉重的全球负担导致的军事战略的困境。战后的历任首相、财政大臣、外交大臣及各军种大臣构成了英国国家和军事战略制定的主体，他们为了确保英国在世界的优势领导地位，依据国际、国内形势，不断调整和完善战略政策。但是整体看待两次世界大战之间的 20 年，会发现英国军事战略的困境在于实力与目标之间、手段与责任之间有着无法回避的落差与矛盾。这样，导致了两次大战间的英国在面对欧亚战争策源地威胁不断扩大而国内综合实力又不能为其军事战略提供坚强后盾时，无论是在远东，还是在欧洲都显得力不从心。出于维护《凡尔赛条约》以及承担在国际联盟中的义务的考虑，使英国不可能像美国那样对于国际事务采取超然的"孤立主义"立场。"在两次世界大战之间的时期，英国几任首相从未逃脱一般人的

---

① W. N. 梅德利科特. 英国现代史 1914—1964 ［M］. 张毓文等，译. 北京：商务印书馆，1990.

看法，即他们肩负着在世界各地保护侵略行动受害者的主要责任。"① 然而，尽管英国在战后势力范围呈全球性质，但全球的势力并不意味着全球的实力，自治领地需要更多的军队驻守，从而增加了英国的财政负担，而且由于美国在全球经济、贸易中的竞争力的加强，英国对全球市场的主导能力也在急剧下降。由于希特勒的上台，英国又于 1936 年首次对军费作了实质性的增加，但全面扩充军备直到 1938 年才开始实施。正是英国军事战略的政治背景的真实写照，致使在贯彻军事战略时，各军种为了在有限的国家资源内最大限度地获得本身发展所需的资源而展开了激烈的竞争，各自为政缺乏整体的战略协调。

英国空军是"一战"后期为阻止德国的空中入侵和从空中对德国进行报复性打击而组建的，投入作战后不久，战争就结束，使英国空军并没有多少"表现机会"，但空军的作战潜力却显现出来，获得了政治家和军方的认可，他们并不满足于将空军置于边缘地位，而是积极地争取对空军的领导权。战后海军部和陆军部分别争夺原属于它们管辖范围外的空军部分，甚至丘吉尔一度身兼陆军大臣和空军大臣两职，足以说明空军战略地位已经开始凸显。

但战争结束后，由于财政支持力度下降，"空军受到较为严重的裁减，英国空军的总体兵力非常薄弱"②，而且由于经费的限制，战斗机和轰炸机的发展遭到严重削弱，造成空军的整体力量严重萎缩，与英国当时的全球战略地位极不相称。因此，当时空军的主要职责只能和陆军一样，充当国内的"警察"，甚至于出现了取消空军作为一支独立军种的主张。面对空军的窘境，空军参谋长特伦查德做了巨大的努力来试图保证空军的独立的军种地位。他认为空军将在未来战争中发挥重要作用，可以承担陆军和海军无法承担的战略轰炸任务，不必经过残酷无情、消耗巨大的地面战争和海上战争来迫使敌人投降，这是空军应当成为独立军种的根本因素，而且，如果和平时期维持一支空军以及让空军去完成一些原来由其他军种完成的任务，做到"控制但不占领"，这样的战争花费更少。

---

① A. J. P. 泰勒. 争夺欧洲霸权的斗争 1848 – 1918 [M]. 沈苏儒，译. 北京：商务印书馆，1987.

② 1919 年 3 月，空军由 22000 架飞机和 240000 人裁减至约 200 架飞机和不足 30000 人，几乎与此同时，空军的预算也被削减到了 1500 万镑，空军为了保证正常的飞行人员的训练，只能将飞行中队的数量减到最小，节约下剩余的资源，当时英国空军在海外的中队只有 18 个，除去配合海军和陆军的 6 ~ 7 个中队，本土只有不超过 4 个飞行中队，而且其中 3 个要到 1921 年才能建立。

当时意大利军事理论家杜黑的《制空权》一书出版后，战略轰炸理论非常盛行，军方很多有识之士认为利用飞机对敌国的工业目标和军事目标，甚至是平民进行轰炸，能够有效地削弱敌方国家和军队的战争能力，摧毁敌国政府、军队、民众的战争意志，从而取得战争的胜利；而且，从空中进行进攻是难以预防的，只能采取报复性空中进攻和轰炸作为反击手段。因此，空军在战时能够沉重地打击敌人，在和平时期也是有效的威慑力量，这些观点被英国政府和军方接受，受到英国政府的特别重视：如外交大臣贝尔福认为只有空军才能抵御来自空中的攻击，即使防空炮火再多、再准确也难以阻止敌人的空中进攻。这些位高权重人士的观点获得了多数内阁成员的肯定，其中国家支出特别委员会主席格迪斯在一份报告中指出，空军的出现将导致老的军种厉行更多的节约，空军不但在某些方面可以替代老的军种，而且将带来作战方式的革命。终于在1922年3月，内阁明确了空军的独立军种地位，并且明确将英国本土空中防御的责任由陆军部转交给空军部。

明确空军作为独立军种的地位，以加强空军力量的建设，除去英国本土防御任务的需要之外，就是维持英法同盟中的主导地位，并最终维持欧洲的均势，为英国的国家利益服务。"一战"的胜利，由于美国和苏联出于各种原因抽身于国际事务之外，意大利左右摇摆不定，德国作为战败国，已经失去了对国际事务的影响力，因此，主导世界事务的是英法两国。1921年10月，当时的外交大臣贝尔福根据情报分析比较了英国和法国两国空军实力，得出结论并向帝国国防委员会指出：法国拥有独立的飞行中队47个，而英国只有3个，法国在空军方面具有压倒性的优势。这些情报和结论被通报给英国的帝国国防委员会后，帝国国防委员会立即成立了"大陆空中威胁小组委员会"，专门调查英国本土在空中打击下的防御问题，并提出解决的方案。经过调查研究后，小组委员会建议增加本土空军中队的数量和地面防御能力。面对英法两国空军实力的对比，尽管英国领导者不相信会与法国发生战争，但是他们注意到了自己空军的力量下滑得如此之快，而且他们开始意识到任由其发展将会引发其他严重的后果：法国可能据此战略优势，在与英国的战略合作中取得主导地位，并且成为迫使英国在外交上让步的武器。1923年，法国与比利时联合出兵鲁尔区后，英国政府更加重视与法国的空军实力差距问题，专门成立一个委员会就英国和整个帝国的防御问题展开广泛的调查，其中一项任务就是确定防御本土和帝国所需空军力量的标准，在6月中旬得出的调查报告中，首先阐述了英法两国空军实力的差距，然后建议英国政府"除了满足海军、陆军、印度和海外义务对空中力量的基本需要外，英空中力量必须包括一支本土的防御空军，它足以保护美国本土免受最强大的空军在这个国家所能遭到打击的范围之内进行的空中攻击"①。调查报告结论得到内阁赞成，6月下旬便宣布英国将尽快建立一支拥有52个中队的本土空军，其中轰炸机中队35个，首先生产用于一线的战斗机204架，轰炸机394架，空军部预期在五年内完成整个计划，这个计划史称"五十二中队计划"。姑且不论此项计划的贯彻效果，但通过此项计划，英国空军也像海军建设提出"双强标准"一样，开始真正成为一个独立军种，并有一个明确的建设标准。

◆ 德国崛起后的压力："追上"假想敌

"一战"期间，德国的"齐柏林"飞艇和飞机对伦敦等地的轰炸造成了英国1300人死亡、3000人受伤及大量财物损失，这些痛苦的经历导致了英国民众和政府的恐慌，心理上的影响是巨大的，并持续了二十多年。大部分英国公众对德国空中威胁的担忧也使英国扩充空军有了强大的民意基础。希特勒的上台，使德国走上了重整军备的道路，这引起了英国政界和军界的警觉，1934年2月，国防需要委员会在一份"弥补国防缺陷"报告中认为：德国一直在秘密建设和发展空军力量，这使德国空军将最有可能成为威胁英国本土的军事力量，因此，建议英国空军将德国作为假想敌。由于把德国作为最终的假想敌，并且将"五十二中队计划"的建设主要用于防御德国空中的攻击，所以计划只用最少数量的战斗机和轰炸机应对法国的攻击。3月，英国空军部根据情报得知，德国正秘密开展空军的"莱茵兰计划"，即到1935年10月组建空军一个师，拥有一线飞机500架，最终目标是建立3~4个空军师。时任英国空军参谋长的埃林顿据此预计，至1935年末，德国将有500架一线飞机，1939年可达到1000架，1942年则可达到1500架，1945年能够拥有2000架，国防需要委员会认为，"五十二中队计划"实际只能保护伦敦、英格兰南部和大部分中南部地区，如果空中防御要扩大到英国北部，则再需要25个中队及相应的地面防空部队。这样便意味着面对纳粹德国空军的快速膨胀，英国必须使自己的空军能够在欧洲大陆上空行动。

于是内阁决定1939年3月前将英国空军由52个中队扩大到75个中队，这个扩大的计划被称为空军"A计划"：轰炸机为500架，战斗机为336架，加上其他的飞机总数为一线飞机1252架。根据最新通过的"弥补国防缺陷计划"，空军是三军种当中唯一力量得以增加的军种，其背后的原因是德国

---

① N. H. Gibbs, Grand Strategy Vol. 1, p. 48.

也在加强空军力量的建设，使英国的空中本土防御任务更加艰巨，"因为空军的诞生，原有的边界已经消失，当你考虑英国的国防时，考虑的不再是多佛尔百里的峭壁，应该是莱茵"①。

到 1934 年 10 月，英国空军部又得到最新情报，预计到 1936 年 10 月德国飞机总数就将达到 1300 架。这使内阁成员认为英国空军如果继续执行"A 计划"将会彻底失去对德国的空中优势，并在 11 月 28 日宣布："英国政府决不接受未来英国空军落后于德国的状况"②，即使承受财政困难压力也要扩充空军力量，未来两年里将完成用于本土防御的空军中队 2 个，海军航空兵中队 3 个，并且于 1935 年 3 月 4 日英国政府发表了战后第一份国防白皮书。其中关于空军的描述是：在地面防御的配合下，保护本土尤其是伦敦免受来自空中的攻击。

1935 年 3 月中旬，希特勒公开宣布德国重新实行普遍义务兵役制并且已经开始了重建空军。3 月 25 日英外交大臣西蒙和掌玺大臣艾登访问柏林，希特勒在会见两位大臣时宣称"德国的空军实力已和英国相等，并将很快赶上法国"③ 这番议论让英国政府大受刺激。尽管空军参谋部认为希特勒的说法有夸大其词之嫌，但国防需要大臣委员会专门设立空军对等专门委员会，要求其在空军部的帮助下，研究如何使英国的空军力量不弱于任何一国，7 月，该委员会提出空军发展的新方案，主要是在 1937 年 3 月前，在现有本土空军中队的基础上再增加 39 个中队，使全部中队数量达到 123 个，一线飞机达到 1512 架。新的发展方案得到内阁认可，并在提交下院后获得通过，并被称之为"C 计划"。

但是，此计划一出台，便受到空军参谋部的质疑，空军参谋部预计德国发动战争最早的时间也要到 1942 年，因此，将期限定在 1937 年完成过于匆忙，将会牺牲空军作战飞机的质量，而且空军参谋长埃林顿指出，按"C 计划"没有足够地重视后备力量的建设，没有考虑到战争状态下飞机的战损问题和预备力量问题。

于是，英国内阁经过反复商讨和论证，于 1936 年 2 月以国防白皮书的形式宣布空军新的扩军计划：将 19 个轻型轰炸机中队升级为中型，11 个非正规中队也升为中型，并将所有每个中队 12 架飞机的建制变为 18 架，本土

---

① 鲍德温 1934 年 7 月 30 日在下院对空军扩军计划的解释说明。

② 张伯伦 1934 年 11 月 28 日在议会下院的发言。

③ 安东尼·艾登. 艾登回忆录——面对独裁者：上卷 [M]. 瞿同祖，赵曾玖，译. 北京：商务印书馆，1977.

飞机的总数达到 1736 架，其中轰炸机 1022 架。此外，向海外基地增加 10
个中队，其中 6 个派往远东，向海军航空兵增加飞机 50 架，并且到 1941 年
达到 225% 的预备水平，该计划被称为"F 计划"，预期 1939 年 3 月前完
成。"F 计划"较之"C 计划"更重视提高飞行中队的质量，也扩充了预备
力量，更加符合实战的要求。忽视预备力量等方面的缺陷，更多的是着眼于
实战。

然而，"德国空军的高速发展显示英国空军与德国空军的差距正在快速
增大"①。如果英国继续执行"F 计划"，届时，一线作战飞机将只有 1736
架，其中轰炸机只有 1022 架，而且 1941 年以前，英国不可能拥有完善的地
面防空力量体系，难以满足本土的安全需要。因此，斯温顿提出被空军称作
的"J 计划"，即在"F 计划"基础上增加轰炸机 2 个中队，战斗机 8 个中
队，另外，再次扩大中队建制，海外中队在满足本土需要后进行增加，至
1939 年，英国本土空军一线飞机达到 2330 架，其中轰炸机 1442 架，共 154
个中队。

慕尼黑绥靖事件之前，英国空军经历了从"A 计划"到"J 计划"的发
展，反映了英国政府针对德国空军迅速发展而在空中安全方面的急切心理，
从计划调整变化的内容上看，英国遵循的是"数量对等"原则，即为满足
本土空中的安全，英国发展作战飞机的数量应当与德国作战飞机的数量所反
映出来的空中作战能力相对平衡，这说明，英国政府大部分决策者简化了空
中作战能力，只考虑到了作战飞机特别是一线作战飞机数量对空军作战能力
的作用，并没有考虑到以飞机的数量为基础的质量、编制的科学性、飞行员
的培训等对于空中作战能力的重要作用，把对德国的空中防范建立在作战飞
机的数量与德国作战飞机数量"旗鼓相当"的标准上。一方面，英国的决
策者希望通过快速地增加作战飞机数量来震慑德国的快速扩军，维持战略平
衡，从而在裁军谈判中争取有利的地位。另一方面，通过快速增加作战飞机
的数量来缓解民众对来自德国的空中威胁的恐惧，从而可以减少国内民意的
压力，提高政府的支持度。

英国发展空军将缓解德国威胁的希望置于对等威胁的威慑的基础上，而
不是实战的基础上，所以导致英国总是跟随德国纳粹发展空军的节奏而亦步
亦趋，最终导致丧失战争和战略主动权。军队发展的亦步亦趋无异于刺激对

---

① 空军大臣斯温顿于 1937 年 10 月又向帝国国防委员会通报，德国空军将在 1939
年底拥有一线飞机 3240 架，其中轰炸机 1458 架，共 300 个中队，并有相当的预备队和
工业生产予以支持。

方野心，使对方用战争解决问题的心态得以强化。

◆ 智慧与权力：思想家、实干家、政治家

任何新型军力，如果仅仅依赖于军队自己独力发展，那么只能是将新型军力变成战术手段。而如果成为独立军种，便需要在国家层面，获取政治权力支配下的经济、科技与人才资源的支撑。英国空军成为独立军种之后，起先并没有获得应有的地位，因为空军作为独立军种而成为战略型军力的前景并没有被大多数权力拥有者认可。在民众决定政府存续的国家里，政治领导人更难避免受到社会思潮的支配。

"一战"刚刚结束，人心思和的英国已经没有坚实的社会基础来筹划新型军力。建立在"10年内无大战"判断基础上的《十年规划》更是令新型军力建设处于困难时期。英国认为安全利益的需要按照轻重缓急来分应当是：最优先是英伦三岛的本土安全，其次是全球各个重要的海上航线，再次是大英帝国领地安全，最后是盟国安全。这样的战略设想说明英国回到光荣孤立的老路上。如果"一战"像七年战争、拿破仑战争和克里米亚战争一样，欧洲大陆在战后总能回到均势，那么英国如此设想算是战略佳作。然而，"一战"之后，这样的战略设想只是代表着英国维持欧洲大陆均势已经力不从心。

按照《十年规划》，英国仍然将海军置于最优先地位。这一规划的实施一直延续到20世纪30年代初。如果英国能够在实施《十年规划》中将空军置于更加重要的地位，那么英国也不可能在后来与德国进行空军竞赛时如此吃力。

然而，在30年代中，英国空军发展迅速，除去与德国进行空军竞赛的外在压力之外，有两个原因不可忽视：一是英国军事理论的深厚储备；二是政治家的前瞻。

对英国空军发展提供前沿理论支撑和动力有两个精英：富勒和特伦查德。富勒提出"装甲战思想"[①]，即在未来战场上，以坦克和装甲车辆为主战兵器的部队在飞机空中打击的支援下进行协同突击将成为主要作战方式。富勒的装甲战思想将坦克作为未来战争的决胜性兵器，将遂行空中打击的飞

---

① 富勒个人专著《装甲战》虽然直到1932年在英国首次出版，但是，早在第一次世界大战刚刚结束之时，富勒便开始在英国和欧洲大陆上的军界和政界推广装甲战思想。

机作为战术层面的辅助性兵器。坦克和装甲车辆可以无视堑壕内机关枪的杀伤作用，对对方防线具有强大的冲击作用，飞机对地俯冲射击可以消灭坦克冲击时躲避在障碍物后侧的目标。富勒的装甲战思想是建立在对"一战"中堑壕、机关枪的否定的基础上，同时富勒也认识到飞机的巨大作用，但是富勒仅仅认为飞机是可以飞行于空中的火炮，对于飞机的作战功能停留于战术层面。

特伦查德是"一战末期飞机加入实战的参与者"[①]，对飞机作战功能具有切身体会。英国皇家海军和皇家陆军均有自己分管的飞行部队，当它们执行相同的作战任务时，分属不同指挥系统的飞机很难形成空中作战的合力。当在"战争局面僵持不下的情况下，英国首都伦敦遭到一次来自德国的小规模空中轰炸后"[②]，特伦查德被英国战时内阁从法国召回，借此机会，他向英国内阁提出，防御来自德国的空中威胁的方式就是对英国海军和陆军的飞行部队重新整合并统一指挥。1918年4月1日开始，英国空军成为一个独立于海军、陆军的并行作战力量。"一战"末期的堑壕战陷入僵局时，特伦查德的参谋长赛克斯提出应当派出一支轰炸机部队轰炸德军后方交通线、后勤基地，甚至应当轰炸德国工业城市，摧毁德国战争潜力。这个策略在战争结束后，特伦查德将其抽象为"战略轰炸理论"：下次欧洲大国之间的战争仍然会出现阵地消耗战的僵局，打破这种僵局最有效的方式就是进行独立的空中作战，轰炸敌方的军工生产基地与战时交通线、沿海港口和机场，甚至直接轰炸人口密集的工业化程度高的城市，直接摧毁敌国民众的战争意志。很明显，特伦查德将空军决胜地位与海陆军置于并行。

富勒主张从战术层面上强化空军，而特伦查德主张从战略层面上建设空军。这两种主张虽然对空军的地位和功能定位不同，但一个从战争经验的批判，另一个则从战争经验的延续，通过两个不同的角度，改变英国战略决策者的观念。在建设新型军队之前完成思想的转变，使新型能力的建设的功能超越"适应"战争的努力，提升为主导未来的战争。

新型军事思想必须获得在军事层面之上的政治认可才能转化为成功的军事实践。富勒和特伦查德的思想经历了"一战"结束后10余年的提炼和宣扬，在20世纪30年代开始产生实质性的政治效应。其重要影响之一就是英

---

① 第一次世界大战期间，特伦查德指挥英国驻法国的全部空军参与对德作战。

② 1917年6月13日，德国飞机在白天对伦敦进行了轰炸，虽然造成的人员伤亡和财产损失并不大，但在战争僵持的局面下，对英国民众和军队士气打击很大，并引起英国战时内阁恐慌。

国战略决策者对空军和国家威胁的重新认识。首相鲍德温认识到：英国的安全前沿不再是本土英吉利海峡对岸的低地国家，而是莱茵河东岸。因为欧洲大陆大国的飞机最大作战半径与莱茵河东岸与伦敦之间的直接距离相等，而德国快速发展空军时，丘吉尔更是直言不讳地指出英国海军不再是安全盾牌，英国空军必须拥有能够摧毁德国空军的能力。政治高层认识到未来战争胜负取决于空军，为英国集中力量发展空军提供了最大的推力。政治对军队建设的最大推力的最明显标志就是军工生产。丘吉尔开创性地在空军部之外成立飞机生产部，专门任命一名内阁大臣主管飞机及其有关附属品的生产，英国国内飞机生产一直以 2 倍的速度增长，最终在战时生产上超过了德国。1940 年，英国全年生产了战斗机 4283 架，而同年，德国所生产的单引擎和双引擎战斗机总数刚刚超过 3000 架。

◆ 能力的体现：战术革新

　　战时经验是一把"双刃剑"。德国作为战败国，较少地受到"一战"有限的空战经验的束缚，在纳粹狂妄野心驱使下，成为欧洲空军发展最快的大国，但是，在发展空军时却很少对"一战"时的空中作战经验进行总结，更多的是将王牌飞行员戈林的经验简单地移植于空军的训练当中，德国空军并未形成新型的、更加符合未来需要的战略战术。英国是"一战"的战胜国，容易受到"一战"时成功经验的影响，当然也容易受到成功经验的束缚。英国在"一战"结束之后的空军建设上，借鉴了"一战"后期的战术并进行了创新。如果英国在"一战"之后没有对战术进行创新，那么发展新型飞机的成果无法迸发出应有的作战效率，战胜德国便无从谈起。

　　英国飞行部队在 1915 年时主要进行侦察和对地面目标实施空中突击任务，面对德国飞机时胜少负多。特伦查德成为指挥员后，推行编队战术，即实施空中侦察时，至少有 3 架战斗机护航，战斗机实施对地面突击任务时，必须以 3 ~ 6 架编为一个小组，每次实施空中突击任务时，以若干小组为单位行动。这样的战术不仅提高了空中侦察和空中突击的持续性，还使英国空军受到启发，编队战术不仅运用于空中侦察和空中突击等支援陆军作战的行动中，并在"一战"之后的英国空军训练时，以编队为单位，分别划分若干战斗小组，形成非常成熟的战术体系。而德国空军仍然秉持着"一战"时期讲究单个飞行员驾机战斗技能训练，疏于编队战术训练。所以，英国空军在不列颠空战时，总数虽少，但能够在局部空域内形成优势，逐一对德国飞机实施以多打少的围攻。

战时的战术水平反映平时军队发展的质量。不列颠空战英国空军以少胜多根源在于战前对新型战术的创新。

新型武器装备的能力得以发挥极致的基本途径是创新战术。飞机的机动性能远远超过坦克和其他轮式车辆。如果将飞机作为运输兵力的输送工具，那么可以比地面机动更加快速地完成战场形势所需的作战部署。英国空军在1921年进行了一项大胆的尝试：当英国殖民地伊拉克爆发暴乱时，英国战时内阁决定将所在地区所有陆军部队置于英国空军指挥权之下，由英国空军将他们运输到暴乱所在地区实施镇压。最后发现，镇压暴乱的所需兵力少于以前所需兵力，而且空中运输陆军部队来镇压暴乱所花费的军费只有以前的20%。虽然在不列颠空战时，运输陆军部队的空中机动战术没有获得使用，但是，由于平时积极大胆地创新战术，所以不仅使空军不断出现新的作战效能，更使英国空军可以在战争威胁面前，保持比对手更多的战术行动选择。

◆ 预想与预算：建设重点的转移

对未来战争的预想决定了军队发展的重点与步骤。英国空军的战略任务依次是英国本土及其殖民地的空中防御、协助海军保卫海上贸易航线、对欧洲盟国的空中支援。因此，空军的使用不能指望通过致命一击来建设主要目标，赢得战争，必须考虑一场持久战。英国对纳粹德国的战争预想是首先挺过德国的猛烈的空中进攻，而后再对德国进行空中轰炸以配合对德国的全面封锁，打击德国重要的政治、经济、军事工业目标，消耗德国的战争实力。英国空军需要一支战斗机部队进行空中防御作战，一支强大的轰炸机部队进行战略轰炸，因此，英国空军的发展走"战斗机与轰炸机并重"的道路。

军事领域内，对未来战争的预想也许是难度最大的事情。不列颠空战前，英国对德国的战争预想并不预示着英德战争必定会如英国预想的那样。英国对德国的战争预想却是建立在对英德双方实际军事投入与潜力、纳粹德国领导人个性特点、德国面临的战略态势和其他大国可能态度等关乎战争胜负的重要因素的预判的基础上。

德国虽然在"一战"成为战败国，但是，战场主要是在德国国土之外，德国遭受的损失并不如法国和英国大。德国的军事潜力仍然在欧洲首屈一指：德国拥有欧洲大国中最多的人口数量、最先进的工业技术；在军官团基础上并于"一战"时期快速扩大的军事精英队伍；最重要的是，战争时期被激发出来的强烈的民族主义思潮在《凡尔赛条约》对德国过分苛刻的惩罚下日益变得狂热。因为经济危机和纳粹极具煽动性的民族主义政策，纳粹德国开始突破《凡尔赛条约》后，扩军步伐日益加快。

　　纳粹德国的空军成为纳粹德国军事机器中发展最快的军力，主要原因有三个：一是作为纳粹党第二号人物的戈林成为空军司令。戈林是"一战"时期德国的王牌飞行员，成为纳粹政权重要人物后，自然要执掌纳粹德国空军，他可以利用政治地位和影响力集中纳粹德国的经济、军事和科技资源来发展空军。二是德国雄厚的科技资源。在 30 年代之前，德国是获得诺贝尔物理、化学奖科学家最多的国家。德国的军工企业，如克虏伯、西门子等，也是全欧洲科技创新与生产能力最强的企业。雄厚的科技与生产资源使"德国的航空技术也位于欧洲前列"①。三是从苏联获得了丰富的工业原料。苏联和德国建立正式外交关系并签订贸易协定之后，在纳粹掌权之前，"德国便通过出口先进技术来换取苏联的工业原料"②。德国有技术、苏联有原料和人力，双方均有"以对方之有补己之所无"的迫切需求。

　　经历了 1929 年经济危机的英国，不可能像纳粹一样将国家的大部分资源用于军事开支，这势必也影响到英国空军获得的经济与科技支持。更加重要的是，德国在与英国签订《英德海军协定》后，没有外交包袱地发展军队。英国不仅在财政上困难，而且在外交方面也受到来自美国和法国的影响。美国虽然与英国保持友好关系，但是，美国在全世界与英国展开贸易与金融竞争使英国在贸易、金融方面的压力巨大，英国政府并不像纳粹领导那样集中精力于军事方面。法国自从普法战争之后，一直依赖英国来应对德国威胁，"一战"结束后，法国基于世仇总是希望将德国惩罚得难以再次威胁法国。当纳粹上台后，德国军力迅速重新崛起，法国感到无能为力阻止时，便处处依赖英国。英国在考虑与法国关系的同时，必然影响到对德国的战略运作。"一战"后，英国的社会思潮的主流就是和平主义，希望裁军和避免战争，在英国的大学校园内，甚至出现了"绝不为国王打仗"的标语。英国的和平主义思潮和裁军愿望，使英国发展空军时丧失了战略主动。英国发展空军缺乏主动有力的进攻主义，自然也将战争预想制定为先防后攻。这一错误在慕尼黑危机出现后，便难以纠正。

----

　　① 德国空军在"二战"前后装备的主要战机包括：有"空中之王"之称的麦施比特 – 109、荣克 – 87、荣克 – 88 等战斗机，容克 – 52 运输机、麦施比特 – 110 重型歼击机、亨克尔 – 111 和道尔尼 – 217 轰炸机等，均处于全欧洲领先水平。

　　② 苏联出口到德国的货物主要是没有经过深加工的生产原料，如农业饲料、亚麻油、木材、石蜡、石棉、锰矿石、汽油、柴油等，而苏联从德国进口的主要是各式机床、吊车、煤炭工业装备、电器设备、光学仪器等重工业和军事工业急需的工业产品。

由于技术复杂和资源投入巨大，新型军队建设一旦开始便像一艘巨轮一样，难以在航行过程中调整航向。英国空军在纳粹刚刚上台时，以对德国威胁为主，所以，将发展轰炸机作为空军发展重点。这一重点显然忽略了当时的客观现实。英国空军以发展轰炸机为主，出于"强大的战略轰炸能力能使德国望而却步"的考虑。但是，只有掌握可靠的制空权，规模巨大的轰炸机部队才可以实施强力轰炸以威慑德国。此时的纳粹德国一直以发展战斗机为主，因为纳粹德国继承了德国军队的传统，即以地面装甲突击为主要作战方式，空军的主要作用是配合和辅助陆军装甲部队实施突击。闪击战的思想仍然是以地面机动突击为主体行动，况且，王牌飞行员出身的戈林更加注重战斗机飞行员选拔与训练，所以，英国空军如果要对德国产生具有实效的战略威慑，就必须拥有摧毁德国战斗机部队的规模与能力。而英国空军将重点置于轰炸机上，使进行空战的战斗机部队能力明显偏弱，无法对强大的德国战斗机部队形成真正的威慑效应，况且，在德国拥有强大的战斗机部队的情况下，对德国实施战略轰炸，也需要大规模的战斗机部队进行护航。

如果德国也将轰炸机发展作为重点，那么英国发展战略轰炸机的战略威慑效应可能会有所提高，然而，英国以削弱争夺制空权能力为代价发展空军势必难以取得期望中的效果。大国之间建设同一新型作战能力之时，经济资源、人才和科技资源相差无几，它们对未来战争胜负的决定性影响需要通过各自的战略设计来达成，从某种意义上看，英国之所以对德国战略威慑失效，导致战争初期的危险，根源在于发展空军时的起步战略。

和平幻想的丢失直接提高军队备战的针对性。当纳粹德国在慕尼黑危机之后又吞并捷克斯洛伐克，英国认识到以发展轰炸机为重点的空军在未来与德国可能的战争中必将会处于下风。

在经济拮据时，不是战略决定预算，而是预算决定战略。德国空军日益强大，英国三大军种根据自己的任务而不断提出增加开支的需求，显然已经超出了英国财政支出许可能力范围之外。当尼维尔·张伯伦于1937年5月28日成为英国首相后，安全威胁紧迫和财政压力促使其必须兼顾各个军种建设、备战开支与国家经济承受能力，因此提出"三军定额分配"的经费使用原则，即要求三军制定预算时，必须根据国家总体财政情况由内阁规定数额上限。因此，以轰炸机为重点的最贵的战略转变为相对廉价的以战斗机为重点来发展空军。这意味着英国空军对德国进行战略威慑能力的削弱，英国空军以应对德国为主的"一强标准"由威慑变成了防御。被称为英国空军之父的特伦查特于1916年提出的"以炸弹对付炸弹"的轰炸机反击战略，其目的是以重创敌国经济和政治、军事力量来迫使敌人不断发动进攻，如果发动进攻，也会因为遭到重创而屈服。以发展战斗机为重点，虽然对德国的战略威慑效应受到削弱，但是却提高了空战能力。

◆ 技术与体系：力量优势的根本

军队技术构成的复杂必将导致军事力量体系出现。军事力量体系的价值就是使作战行动的"目标—行动—评估"更加高效。因此，先敌出手是所有战场制胜的基本原则，而毫无地理遮挡的空中战场，比对方更快地发现目标更是制胜关键。建立在航空技术基础上的空军，不仅需要飞行性能先进的飞机，还需要以尖端的科技帮助飞行员尽早地发现威胁和目标，尽可能全面和准确地掌握战场变化。

英国空军积极运用先进技术使之成为一整套空中力量体系，是赢得不列颠空战的关键。英国空军的军事体系是当时世界上最为完善的空战体系，包括：信息体系、攻防体系、指挥体系。这三大体系使英国空军成为世界上空中作战功能最完善、行动最高效的空军。

信息体系是攻防体系和指挥体系的基础，使攻防行动可以获得更加快速和准确的情报支援。英国空军信息体系的关键是率先将雷达技术运用于战争当中。当德国、法国、意大利、苏联等国家的空军飞行员依赖目视来发现目标时，英国飞行员便开始利用雷达技术在超出目视距离的范围外发现目标从而更加准确和快速地完成作战行动。英国在不列颠空战之前，便在"多佛尔海峡位于英国一侧部署了50多座防空警戒雷达站，而且在泰晤士河地区部署有保卫伦敦的防空警戒的雷达"[1]。大量的对空警戒雷达构成完整的防空雷达警戒网，这个雷达警戒网结合各种通信设备具有信息系统的萌芽性特征，有一定的远程信息获取、传输功能，内部具有一定的体系结构特征。英国空军能够利用雷达网，快速获取空中战场的信息，并通过通信网络将空袭信息传输至空中指挥部，使英国空军可以在敌方尚未进入自己的作战范围内便知道敌方的数量与飞行空域，从而做好充分而正确的迎战准备。英国空军不仅拥有完整的防空警戒雷达网络，1935年成立的帝国防空研究委员会积极推动科技民转军，将英国科学家发明的电子识别系统、高频无线电话、战斗机电子定位装置直接加装于先进的"飓风式"和"喷火式"战斗机上，破译了德国轰炸机的控制系统并找到了干扰的办法，使英国空军提高了整体反应速度，为最终取得对德空战的胜利发挥了巨大的作用。

---

① 这些雷达对飞机的探测距离为250千米，而德国和其他国家仍然没有雷达。

指挥体系决定着先进的雷达技术和电子技术等先进技术构成的信息体系能否发挥应有的功能。英国空军与英国海军、英国陆军一样，被置于英国内阁统一指挥下，但是基于空军的特殊性，空军成立以道丁元帅为司令的空中作战指挥部，统一指挥英国空军的飞行部队，指挥部直接指挥到遂行作战任务的飞行中队。同时，英国内阁又成立涉及民事和科技部门的防空指挥中心，将空战与国家防空作战区分对待的指挥体系，既照顾到了空军飞行部队的专业性与战场反应的时效性，也兼顾了防空作战需要动用军队权力之外的诸多民事部门与科技资源的实际。关系顺畅、职能区分清晰的空中作战与防空作战的指挥体系使英国实施空中作战时将军民协同的效率最大化。

空军的攻防体系是英国结合受到的实际威胁，对《制空权》理论的拓展。《制空权》理论认为空军力量包括轰炸力量和空中格斗力量两大部分。英国将空军扩展为两支高度结合的进攻力量和防御力量。英国空军编为三支相得益彰的轰炸机部队、战斗机部队和防空部队。轰炸机部队主要是在战斗机部队的掩护下实施轰炸任务，战斗机部队在防空火炮的支援下进行空战。防空部队帮助轰炸机和战斗机实施作战清除空中威胁。轰炸机部队、战斗机部队、防空部队能够高效协同，原因有三个：一是共同的对空警戒雷达网。对空警戒雷达网将空中目标告知空军指挥部，空军指挥部又将目标信息同时向轰炸机部队和战斗机部队、防空部队分发，使它们可以同时感知空中威胁。二是编队战术。英国空军早在"一战"时期就实验战斗机与轰炸机的编队战术，在"一战"结束后，便没有停止创新编队战术，长期的训练使轰炸机部队与战斗机部队彼此熟悉，并熟练掌握了协同"套路"。三是1940年，英国空军部里成立防空部，统一指挥高射炮、雷达部队。英国空军攻防体系是继海军之后，又一个能够保卫领土安全的"铁闸"。

◆ 不列颠之战：意志与能力的完美体现

德国横扫西欧，尤其是号称拥有欧洲最强大陆军的法国。面对纳粹德国的主动进攻，法国6周便宣布投降。法兰西战役中，英法联军的溃败使英国士气低落。敦克尔刻撤退的成功仅仅是大败中给英国以丝毫的安慰。

然而，英国没有理会希特勒的"和谈"提议，因为在这种情况下接受"和谈"即为投降认输。英国面临的选择就是首先确保英国本土安全，其次才是确保英国在全球领地的安全。

在所有描述英国面临的境遇中，丘吉尔的描述是最全面的："1940年夏法国沦陷后，我们就陷于孤立无援的境地。英国各自治领、印度或各殖民地都不能给予我们有力的支援或及时的供应。得胜的德国军队，装备十分完备，后方还有许多缴获的武器和兵工厂，现在正在大批集结，准备对我们作最后一击。拥有强大军队的意大利已经向我们宣战，一心要在地中海和埃及把我们打垮。在远东，日本心怀叵测地瞪着眼睛瞧我们，并且直截了当地要求封锁滇缅公路，断绝对中国的物资供应。苏俄对纳粹德国负有条约义务，并且在原料方面大力支持希特勒。西班牙已经占领了丹吉尔国际共管区，可能随时与我为敌，并且要求取得直布罗陀，或者请德军协助它进攻直布罗陀，或者架设大炮封锁直布罗陀海峡的通道。在贝当和波尔多政府统治下的法国新近迁至维希，随时有可能被迫向我们宣战。土伦残余的法国舰队看来行将落入德国人之手。的确，我们的敌人真不少。"①

　　英国面临的境遇中，最困难的其实不是德国在西欧的得势和日本在远东的野心，而是英国需要单独对抗德国。此时的美国，因为国内孤立主义盛行，尽管有明显偏向于英国的《中立法》，但不仅无法对英国提供最急切需要的军事援助，还在经济和金融领域动摇英国的霸权根基。苏联已经于法国投降前一年与德国签订《苏德互不侵犯条约》，苏联与日本爆发过诺门坎事件和张鼓峰事件，但是苏联出于担心日德两线受敌，苏联不可能支援英国，何况还有意识形态对立的因素渗透到大国关系中。

　　英国海军仍然比德国强大，然而，狭窄的海峡因为德国具有强大的空军，使英国的安全问题暴露在英国和欧洲大陆之间的天空中。一旦德国掌握了英国和欧洲大陆之间的制空权，便可以利用众多的战斗机对英国港口和战舰实施歼灭性轰炸，届时英国强大的海军将会在空中打击下遭到灭顶之灾，德国便可以对英国实施登陆作战。有一点是幸运的，英国空军没有因为法兰西溃败而遭受巨大损失，因为当德军向巴黎侧后机动企图实施包围时，英国政府认为败局已定拒绝派出国内最精锐的 25 个飞行中队参战，否则，英国很可能将损失最精锐的空战力量。

　　英德双方的心态、态势、"总体空军实力对比"② 决定了当英国不愿意屈服时，德国必定会从空中发动攻击迫使英国就范。处于被动弱势的英国遏制德国的空中威胁，面临着三种行动选择：一是在空战中实施攻势防御。在有利于己的空域中尽量打击来袭的德国轰炸机和战斗机。二是通过防空作战来保持机场、空军军工生产设施的安全。三是派出轰炸机从空中对德国的机

―――――――――――

　　①　摘自丘吉尔《第二次世界大战回忆录》中的《绝境》一章。
　　②　德国空军主力为 3 个航空队和 2669 架飞机，战斗机和轰炸机各占一半，而英国只有 700 架战斗机和 500 架轰炸机，德国占有 2∶1 的优势。

场、空军军工生产设施，甚至政治、工业目标实施打击。

这三种行动均是英国使德国空军难以得到及时补充而获取制空权的必须。但是，鉴于德国已经占领了西欧许多机场，这些机场分散于西欧各地，英国轰炸机部队需要轰炸的目标过多，实施轰炸便不可能成为主要的作战。因此，在临近英国本土实施攻势防御的空战作战和加强防空行动是英国能否确保安全的基础。

实施攻势防御的关键在于能够尽早、尽远发现敌情，从而尽量争取多的时间进行准备与部署。英国在英吉利海峡近岸和北海海岸上部署的雷达可以使英国空军指挥部在德国来袭飞机进入自己的攻击范围之外便掌握德军飞机编队的飞行情况。单纯的雷达技术并不能提高英国空军战斗机执行空战任务的效率，以雷达技术为主体的战斗体系才是英国空军在不列颠空战中的决胜因素。雷达是第一次世界大战后的一种新型侦察技术手段，它的原理是发射脉冲，通过遇到目标后被反射回来的脉冲来判定目标的距离与方位。雷达发挥巨大作用，不仅是因为英国构建的完善的雷达网，还因为单个雷达符合了实战要求，在没有获得可靠的对空保护的情况下，没有将致命元件置于外部容易受损的位置。英国技术人员设计雷达时，将指挥系统设置在内部，只留天线在外部。天线虽然容易遭到破坏，但可以及时得到修复，甚至重新补充。英国成立的雷达部队中，专门配置有雷达观测员，他们能够熟练操作雷达，尤其是可以利用雷达侦测到英德双方的飞机各自的确切位置与飞行路线。英国飞行员可以根据雷达观测员的引导，掌握德国飞机的位置与速度，从而选择最佳的方式作战，而且，英国情报部门破译了德国空军的无线电密码信件。

完善的雷达网在德国飞机还未到达英国上空，甚至刚刚飞跃法国海岸上空时，就可以探测到它们的速度、方向、高度以及大小，英国空军就可以派相应防区的战斗机队进行迎击，这样既可以弥补飞机数量劣势，还可以减少作战资源的浪费，每次作战以相应力量投入，避免在作战过程中的盲目。如果没有雷达，那么英国则需要超过实际拥有的飞机和飞行员的空军力量来防御。英国的空战指挥体系层次非常简明，它由道丁元帅担任空军司令，由于伦敦距离英吉利海峡较近。所以，指挥部与雷达站直接联通，避免了预警信息的多层传递。指挥部直接指挥战斗机中队，控制其从起飞到降落的所有作战行动，而且，道丁元帅根据英国的地理环境成立了空战的"四个战区，根据前重后轻的原则，每个战区配置1个战斗机群，每个战斗机群包括8～

12 个战斗机中队"①。主要是有利于尽早地投入空战当中，力争在德国空军编队展开战斗前打乱其部署。

高效的指挥、合理的部署与先进的雷达技术带来的情报和速度优势对于必须以少打多的英国空军来说能够获取战术性主动。每次战术性主动对英国空军的作用是使德国空军难以弥补战损。

另外，不能忽视的是英国空军来自三个方面的情报优势：一是在国家层面，英国取得了与德国情报对抗的胜利。不列颠空战之前，英国军情五局反间谍处便掌握几乎所有德国间谍情况，不列颠空战开始不久，便利用双重间谍将其一网打尽。1941 年 1 月 2 日，英国成立双十委员会，统一领导和组织情报工作。在整个战争期间，双十委员会几乎掌握了纳粹德国派往英国的所有间谍，并利用他们从事间谍与反间谍活动。二是英国空军得到了英国国家情报力量的支援。英国秘密情报局在斯坦莫尔地下空军指挥部专职设立联络小组，直接将破译的德军情报传递到皇家空军司令部，英国空军可以通过破译的情报推断出德国空军的作战意图并做好相应的防御准备。三是英国空军的直接情报优势来自破译了"超级机密"的密码。通过破译"超级机密"的密码，英国空军掌握了德国空军在欧洲大陆的部署，甚至开战时机和计划，以及空战中的损耗与作战重点调整等极为重要的信息：1940 年 6 月 23 日，英国通过截获的"超级机密"情报获悉，德国空军的部分战机正在法国西北部和低地国家的机场进行休整，为轰炸英国做准备。英国秘密情报局从破译的德国空军元帅戈林的密电中得知，德国空军的第二和第三航空队正部署在英吉利海峡，其指挥官分别是凯塞林元帅和施佩勒元帅，前者以法国东北部和荷兰、比利时为基地，计划攻击英国东南海岸地区；后者主要驻扎在法国北部和西北部，预定攻击英国南海岸的西半部。第五航空队力量较小，由施通普夫将军指挥，分别驻守在丹麦和挪威，预计进攻英国东北海岸。同年 8 月 2 日，秘密情报局很快就截获了戈林的秘密电报，了解到戈林以"鹰日"为行动代号，定于 8 月 10 日对英国发起第一次大规模的空袭。后来由于天气原因，空袭改到了 13 日。

---

① 英国把本土分成了四个空军战区边界：10 战斗机群，负责普利茅斯，艾克塞特，布里斯拖尔，加的夫，斯万斯，伯明翰及其周边地区；11 战斗机群，负责巴斯，南安普顿，扑次矛斯，坎特博雷，伦敦，布里斯拖尔，伊普斯维奇及其周边地区；12 战斗机群，负责伯明翰，考文垂，伊普斯维奇，诺里奇，诺丁汉，利物浦，曼彻斯特及其周边地区；13 战斗机群，负责利物浦，曼彻斯特，桑德兰，纽卡斯尔，格拉斯哥，贝尔法斯特及其周边地区。

英德空战的每一个阶段，双方都有损失，然而，对英国有利的是，由于在靠近英国本土上空作战，英国空军掉下一架飞机，飞行员如果没有阵亡，可以获得救助，重新参与作战。德国空军掉下一架飞机，飞行员不是落入大海生还希望渺茫，便是直接阵亡。飞行员队伍的迅速缩小是不可弥补的战时损耗。德国空军的战损比英国空军战损更高，持续下去，便是德国空军日衰而英国空军日盛。其中，最著名的空战发生于1941年9月15日，英国空军先后出动了19个中队300余架战斗机，与德军200架轰炸机和600架战斗机组成的庞大机群交战。持续一整天的战斗中，德国34架轰炸机和22架战斗机被击落、12架战斗机返航和着陆途中伤重坠毁，80架战斗机遭到重创。英军损失20架"飓风"和6架"喷火"战斗机，7架"飓风"式战斗机。这天的空战使希特勒认识到德国空军不可能掌握英吉利海峡的制空权。这一天对于英国，正如斯大林格勒战役之于苏联。

英国防空已经超出了英国空军作战范畴而成为国家性作战能力。英国陆军要地均装有高空探照灯，并建立机动力量随机地升起拦阻气球；英国政府的民事部门推广使用家庭防空掩体，并对遭到轰炸的家庭提供补偿。其中对空战最关键的是建立飞行员救援机制。

战前，德国空军司令戈林曾夸口说，只要凭借空军力量德国就能攻克英伦三岛。戈林敢如此夸下海口，并非没有依据。根据统计，战前德国共有1361架轰炸机，1308架战斗机，而英国皇家空军能够与之对抗的至多不过646架轰炸机和704架战斗机。从数据看德国空军实力几乎是英国空军的两倍，但是作战能力不仅体现于静态的数据上，更重要的是如何体现在动态的作战运用中。德国空军能够执行作战任务的飞机数量只占整个编制数的60%左右，如果在战争中损失的数量超过补给的数量，那么这个百分比还会继续缩减。

制空权来自空战能力、战略轰炸能力和国家层面的防空能力的综合，而不仅是单纯的空中进攻能力。显然，英国在空中力量的体系层面比德国更加完善。英国空军是世界上首支通过大规模空战获取制空权的空军。英国空军在不列颠空战中的勇气和技战术水平使英国能够单独面对强大的纳粹德国，使纳粹德国横扫欧洲大陆的胜势化为乌有，不列颠空战结束时，德国空军损失1733架飞机和6000名飞行员，英国空军只损失了915架飞机和414名飞行员，迫使希特勒开始陷入两线作战的泥潭，最终走向失败。

◆ 战略轰炸：坚持与争议

不列颠空战结束不到两个月，苏德战争爆发，此时的英国暂时脱离了纳粹德国的威胁。但是，德国在苏德战争初期令人咋舌的顺利仍然使英国不能对欧洲大陆发生的事情袖手旁观。早在不列颠空战尚未结束之时，英国空军已经开始对德国的经济和军事设施实施轰炸，但效果不甚理想，主要是在自己上空受到威胁的情况下，反击只能非常有限。首先，昼间轰炸时，数量本就有限的轰炸机会处于德国空军和防空炮火的威胁之下，晚上对石油生产设施、航空发动机生产厂、鲁尔工业区等重要而特殊的目标实施轰炸，效果难以测定，而且目标也难以摧毁性命中。其次，战略轰炸的作战计划也超出了能力允许的范围。当英国在决定性的 9 月 15 日取得胜利之后，便开始考虑轰炸德国的计划。经过 1 个月的研究，英国决定集中轰炸德国石油工业和城市，希望在 1941 年 2 月之前将德国在欧洲大陆控制的 17 个主要的合成油料厂和炼油厂炸毁，并且选择了德国境内最重要的、大部分人口在 10 万人以上的 43 个城市进行轰炸。实际上，仅就轰炸 43 个城市，便需要出动 4000 架轰炸机，而当时英国仅拥有 506 架轰炸机。

然而，珍珠港事件爆发后，英国为使已经被卷入战争的美国将主要力量集中于欧洲，开始加大了对德国的战略轰炸的力度。英国空军不仅轰炸了德国的经济和军工设施，还开始对城市实施轰炸，主要目的是消灭德国民众进行战争的能力和意志。其中，在美国同意加入英国轰炸德国军事行动后，英国空军在 1942 年 5 月 30 日至 6 月 1 日夜，出动全部兵力，以 1046 架次飞机空袭科隆，其根本意图是使美国尽快加入对德战争中来。当 1942 年 8 月 17 日美国空军正式投入欧洲战场后，英国空军开始集中轰炸鲁尔地区和柏林。可以说，在美国加入欧洲战场之前，英国的战略轰炸的直接目的是使德国遭受损失，但本质上是想吸引和影响美国尽快加入欧洲战场。

1943 年卡萨布兰卡会议，美英正式决定联军作战，其中重要的内容是加强对德国的战略轰炸，主要目标包括：潜艇制造厂和基地、飞机制造业、交通运输系统、石油工业等直接与战争实力相关的经济和军工目标。英国空军独立执行的战略轰炸任务是 1943 年 3 月至 7 月的连续性空中攻势，包括三个连续的战役：鲁尔战役、汉堡战役和柏林战役。鲁尔战役总共有 43 次重大空中突击，出动轰炸机 18506 架次，被击落 872 架，负伤 2126 架，对杜伊斯堡、埃森、科隆、杜塞尔多夫、多特蒙德、波鸿等城市和鲁尔区的工厂造成严重破坏。汉堡战役总共出动轰炸机 17021 架次，被击落 695 架，负伤 1123 架。其中，英国首次将箔条干扰技术用于空袭中，减少了战损；而且最著名的作战行动是 8 月 17～18 日夜间，英国空军轰炸了位于佩内明德岛的德国 V 型飞弹研究机构。柏林战役似乎遭到了失败，主要是出动轰炸机达到了 20224 架次，但被击落 1047 架，击伤 1682 架。虽然战损率不低，但是，这样的主动进攻行为，增强了依赖于美国的英国对美国的影响力。在接下来的盟军内部争吵中，弱势的英国不仅有经验，还有底气。

任何联盟都存在互相抱怨，美英同盟也不例外。美国强大的军工生产机器开动以后，盟军战略轰炸实力显著增强。随着战略轰炸的进行，虽然由于各种原因，轰炸效果不如预期那样明显，但是压倒性的优势使盟军获得了欧洲大陆上空的制空权。此时，关于如何更好地实施战略轰炸便成为美英之间重要争论的话题。

当 1943 年 12 月初的美、英、苏德黑兰首脑会议做出 1944 开辟第二战场的决定后，盟军成立最高统帅部，由艾森豪威尔担任最高统帅，英国空军上将阿瑟·特德担任最高副统帅。这说明盟军已经认识并承认了空军在战胜德国中的极为重要的作用。

然而，关于空军的使用却在两个方面出现争论：一是战略空军，即轰炸机部队是否由最高统帅部指挥；二是战略空军轰炸目标的优先顺序。这两个问题的争论不仅关系到盟军联合作战的指挥效率，更加关系到战争的进程。

在盟军成立最高统帅部前，美英首脑协商成立的盟国参谋长联合委员会，管辖由卡尔·斯帕茨空军中将指挥的美国战略空军和由阿瑟·哈里斯空军上将指挥的英国战略空军。当盟军最高统帅部成立后，美英两国独立的战略空军并没有划归最高统帅部建制，而是继续进行独立的对德"战略轰炸"。

艾森豪威尔认为，霸王行动规模空前，军兵种构成复杂多样，必须将每一支参战的部队置于统一指挥之下，以形成整体合力，战略轰炸部队作为对欧洲大陆纵深战场上轰炸的"利刃"，自然要置于最高统帅部指挥之下，以保障登陆部队尽快地在登陆场站稳脚跟。从统一指挥重要性和登陆作战对于第二战场的重要性来看，这样的观点再正常不过。然而，任何时候，联军内部都容易出现强调自身的独立性的力量。

当艾森豪威尔提出战略空军也应当由最高统帅部统一指挥时，英国空军轰炸部队司令阿瑟·哈里斯和美国战略空军司令斯帕茨不愿意变更战略空军的指挥权，不愿把轰炸机部队置于与战术空军同样层次上而只进行战术性的作战，而且当时英国轰炸机部队和美国轰炸机部队正在根据盟国参谋长联合委员会在卡萨布兰卡会议时做出的决定，各自根据选定目标和制订的计划，对欧洲大陆纵深目标进行轰炸。因此，他们几乎同时反对战略空军置于盟军最高统帅部之下。

每个军种部队都容易倾向于自身的决胜性地位，出现这种情况有两个原因：

一是作战思想的差异。英国战略空军和美国战略空军均认为战略轰炸才是最重要的对德作战行动，主张在登陆作战开始前两个月内，战略空军独立执行战略轰炸，直到登陆日前夕，再轰炸登陆场周边目标直接支援登陆部队作战。有些战略空军的将领甚至认为，只要有 20～30 天的晴朗天气，轰炸机部队就能获得战争胜利，登陆作战实属多余。

二是地位之争。坚持"空军制胜"的作战思想会导致自我地位的高估，英国和美国战略空军指挥员反对仅有战术空军指挥经验的英国空军上将利·马洛里指挥战略空军。

战略空军的独立派甚至得到了许多英国军政要员的支持，然而在艾森豪威尔以辞职相要挟的情况下，丘吉尔出于盟军作战大局考虑，在提出折中方案之后，最终偏向了艾森豪威尔的主张。当然，在措辞上也考虑了战略空军将领的心理感受。决定指挥权的命令中是这样规定的：霸王行动关键时期，授予艾森豪威尔对战略空军的"指导权"，可以"指导"大型轰炸机去执行他所确定的任务。

有权力之争，就有行动之争。伴随着指挥权争论的出现，而后解决的是战略空军的目标优先顺序之争。有的认为应当优先轰炸铁路系统，因为德军机动严重依赖铁路，如果在登陆作战前后，摧毁铁路系统，德军部署将处于瘫痪状态，不可能对登陆场实施增援；有的认为应当优先轰炸城市，因为轰炸铁路的效果有限，而且会造成占领国大量平民伤亡，轰炸德国城市可以最大限度地瓦解德国战争意志和抵抗能力；有的认为应当优先轰炸油田和油料加工厂，因为德国的军工生产依赖于石油，如果无石油生产能力，德国的战争机器便会停滞。从常理看，轰炸城市和石油目标，可以减少地面进攻和战术性空军作战的风险，但出于两个原因，必须选择以铁路系统为优先轰炸目标。

一是美英的战略目标。美英同意在 1944 年开辟第二战场的重要用意是不能使苏联独占欧洲大陆。如果不快速登陆只会拖延战争，而要尽快登陆，空军的直接作战目的就是攻击坦克部队前方目标从而为坦克部队突击开道和对可能从纵深地带实施增援的德国装甲部队予以阻击。因此，轰炸铁路系统，使德军增援的装甲部队无法机动的紧迫性高于对城市和石油目标的轰炸。

二是艾森豪威尔作为最高统帅的坚持。艾森豪威尔是典型的陆军将领，虽然他对三军联合作战的重视远远超越了其他陆军将领，但是，作为传统的陆军将领，他始终坚持赢得对德战争的胜利，最终需要依靠规模庞大的地面作战。所以，包括战略轰炸在内的一切行动，必须围绕登陆和后续的地面进攻服务。轰炸铁路系统比起轰炸其他目标对地面进攻有着更加直接的支援作用。

最终，战略轰炸的指挥权和目标优先顺序得到基本认同，为霸王行动的成功奠定了坚实基础。

◆ 霸王行动：强力行动制造假象

英国空军参与盟军战略轰炸的最高潮是霸王行动，既然盟军决定只有进攻欧洲大陆才能最终打败纳粹德国，那么英国空军参与盟军的行动就是一切为登陆部队作战的需要。

所以，在已经取得对德国在欧洲大陆上空的制空权的基础上，战略轰炸主要有两个方面的目标：一是参与旨在确保希特勒判断盟军登陆地点错误的战略性佯动计划。二是利用战略轰炸使德军无法向登陆地点增援。

盟军选择登陆地点首先满足的条件不是近海水文和地形最便于登陆舰艇和登陆坦克发起进攻之处，而是只要在符合登陆舰艇输送和登陆坦克上陆的框架条件内，最便于达成登陆突然性之处。所以，对于盟军而言，只要近海水深、潮汐不会使登陆后的登陆舰艇搁浅或者不能正常驾驶以及岸滩坡度、近岸地形不会对盟军登陆坦克和车辆造成无法行驶的障碍，这两个条件的最低限度达到，最关键的是如何达成突然性。因为最便于登陆的地点和比较适合登陆的地点，同样也是德军的防御重点。由于登陆作战稍遇抵抗便伤亡极大，即使地形和水文气象条件非常有利，一旦遇到强力抵抗，盟军登陆部队将会处于非常危险的境地。

在法国西部从北到南的海岸线上，盟军的登陆舰艇和登陆坦克能够最低限度通过的地点有两个：加来和诺曼底。其中加来是法国与英国之间多佛尔海峡之间最近的渡口，是距离巴黎最近的适合登陆地点，近海水文条件和岸滩的地形条件也比诺曼底更加适合。但是登陆地点的军事价值取决于攻防双方的心态，而不是本身的天然条件。虽然加来对于盟军的军事价值和政治价值都极为显著，但是，德军部署于加来的防御兵力最强和希特勒心理特点这两个因素，决定了加来也是最适合于吸引希特勒和德军高级将领注意力的地点。

1943年的库尔斯克战役之后，纳粹德国出现败退迹象。盟军对德国的工业实力和人力等战争实力的优势不可超越。因此，当盟军决定进攻欧洲大陆时，最优先的考虑是如何在最大限度地避免伤亡的基础上，向欧洲大陆尽快地源源不断地输送地面部队，而不是将一次登陆作战作为最终的战略目标。所以，盟军选择诺曼底作为登陆地点，不仅可以利用加来地区的天然条件吸引纳粹德国的注意力，还能够为欧洲大陆上的地面进攻作战占领稳固的基地。

为使希特勒和德军高级将领认为盟军如果要进攻欧洲大陆，将会选择加来作为登陆地点，盟军专门制订了一项涵盖政治、军事、经济、新闻媒体等各个领域内的战略性欺骗计划，其中一项是利用优势的空中力量。逼真才能实现"虚张声势"的佯动效果。盟军规定向加来的投弹量应当为向诺曼底投弹量的两倍。从这个角度看，霸王行动开始前的战略轰炸，其效果是心理性的，而不是军事性的。从某种角度看，战争史就是故意制造假象的历史。但是，任何以前的战略欺骗都没有像霸王行动前的欺骗那样有效。

首先，强大的军事实力使得在诺曼底的投弹量即使只有加来的投弹量的一半，也足以在登陆前对德军在诺曼底的防御工事和其他设施予以决定性的摧毁，有的毁伤甚至是不可逆的。依照双方的综合实力，即使登陆作战失败，对于纳粹德国而言，仅仅是"逃过一劫"，给它以暂时吹嘘的虚假"资本"，对于战争结局不会有任何影响，只是拖延了战争进程。盟军即使不出兵，凭借援助苏联，纳粹德国也必将覆灭。只是纳粹德国覆灭后的欧洲局势在多大程度上可以被盟军接受。

其次，对加来地区实施战略轰炸造成的逼真假象，使希特勒与德军高级将领在判断上出现了分歧。希特勒起初认为盟军会在诺曼底地区登陆，原因是加来地区几乎拥有所有对盟军有利的条件，是最理想的登陆地点。希特勒认为盟军会做出与自己同样的判断，会选择诺曼底作为登陆地点来达成突然性，况且诺曼底具有良好的岸滩，便于盟军建立滩头阵地。德军高级将领中对于盟军的可能登陆地点众说纷纭，有的认为是加来，有的认为是诺曼底，德军统帅部与前线将领之间、前线高级指挥将领之间的观点均不一致。但是，执任何观点的人都没有充足的情报来证明自己的判断，只能通过盟军的实际举措来判断。战略轰炸对加来地区的"照顾"成为最有力的"证据"。德军统帅部最终深信不疑地认为盟军真正的登陆地点是加来，将西线绝大部分精锐装甲师部署于加来区域，直到霸王行动开始后，都认为诺曼底只是辅助性的牵制性行动。

最后，对加来地区的战略轰炸即使只是佯动，但是也影响到了战争各方的士气。德国军民在巨大的轰炸声音中，心态受到震慑；在欧洲大陆抵抗纳粹的组织受到鼓舞。最重要的是，对欧洲大陆的战略轰炸，即使是对登陆地点并不知情的苏联，看到了极为迫切的"第二战场"的前景，尽管美英苏屡有争吵，但是，对加来地区的超强强度的战略轰炸的实际举措却成为维护大同盟最有力的行动支持。

当霸王行动开始后，盟军战略轰炸不需要欺骗希特勒和德军高级将领，而是具有两种目的的同时行动：一是将继续削弱德国在欧洲大陆上的战争潜力，对纳粹德国控制的军工厂、油田、机场等设施进行轰炸；二是对盟军的上陆部队予以支援，既轰炸直接德军部队，又对德军部队赖于机动的铁路枢纽轰炸，使德军难以阻挡和增援。

霸王行动刚刚开始的几天，盟军虽然成功开辟并巩固了登陆场，但是由于仅仅只能依赖一个登陆场，后续登陆兵力尚在登陆过程中，这导致盟军仍然立足不稳，此时的战略轰炸显然成为盟军登陆争取时间的保障。德军需要从法国其他地区，甚至需要从东线调动陆军主力来阻击不断西进的盟军。因为，铁路是德军作战的生命线，所以，战略轰炸的直接目标就是诺曼底周边的铁路站和铁路线，以及距离盟军越来越近的德军增援部队。丘吉尔要求盟军战略轰炸部队把诺曼底周边制造成一个"铁路废弃场"。对铁路站、铁路线和枢纽以及对德军增援部队的轰炸，不仅使法国北部的铁路系统陷入瘫痪，铁路运输变得困难或不可能，影响了增援行动，而且，战略轰炸产生了心理震慑效应。随着战略轰炸的目标不断向巴黎延伸，加快了盟军地面部队由诺曼底冲向巴黎的速度。盟军地面部队不断向德军主力攻击，不仅是战役级或者战术级军事行动，从本质看，解放巴黎后，盟军地面部队在战略轰炸支援下向德国境内的攻击是一次典型的地缘政治行动，对战争结束后的欧洲局势产生了重要影响。

霸王行动之后，战略轰炸为地面行动提供了强有力的支撑。如果没有强大的空中实力，美英地面部队不可能快速地寻击德军主力部队，因为德军在西线的机动突击能力和高效的指挥是盟军难以比拟的。随着地面行动的进展，战略轰炸虽然没有直接的战略性，但是，战略轰炸成为打击德军士气和作战意志的重要组成部分，尤其是阿登反击战之后，战略轰炸的间接性后果非常明显，甚至出现了1944年7月德军高级将领参与的密谋刺杀希特勒的事件。尽管战略轰炸与之并无直接关联，但是刺杀希特勒事件却反映了德国抵抗意志的严重弱化。

　　然而也有不足之处，盟军战略轰炸效果对德国战争力量的破坏程度却是事倍功半。这主要有两个原因：一是轰炸机的投弹准确率不高；二是轰炸机每次均需要从英国境内的机场飞越半个欧洲的上空实施轰炸，随着战线的延长，轰炸机的飞行距离越来越长，影响了携弹量。

越南战争至"9·11"前的美军与海湾战争

弱者总是提着匕首躲在黑暗的角落。

一提起肯尼迪时代的美军，印象最深的总是它开始介入最后令其痛苦的越南战争，但总忽略一个非常重要的事实：肯尼迪时代也是美军在"二战"之后改变和完善各种作战能力的起点。从提出因批判大规模报复战略而存在的灵活反应战略开始，直到里根时代的新灵活反应战略，美国在经历痛苦的越南战争时，也开始了漫长艰苦但却积极地发展以新型常规作战能力和外层空间作战能力为核心的联合作战能力的历程，最终在海湾战争中以其革命性程度超越所有战争历史的作战方式获得了胜利。美军在"二战"结束后相当长的时期内，虽然具有最强大的核力量、最先进的常规武器和部队，但是其单一的能力结构和落后于实际的指挥能力却引起军政高层的关注，尤其是在越南战争中吃尽苦头后，美军便史无前例地塑造诸多新型作战能力，在这个过程中，美军发展新型作战能力的模式由被动反思教训日益转变为主动自我否定，由此美军的优势已经由先进的技术装备、军官教育、部队战备训练等具体军事业务层面提升至通过主动创新引起其他大国军队模仿的思维方式和行为方式层面。

◆ 超越"战"略的战略："抵消战略"

越南战争结束的历史时期是美军在冷战时期形成摆脱"二战"、朝鲜战争、越南战争作战模式的新型作战能力的高潮期。其起点是美国国防部在20世纪70年代发起的"抵消战略"运动。抵消战略运动是美军专门规划未来作战能力的国家型的国防创新运动：一是从冷战态势看，苏联不仅利用20世纪六七十年代的快速发展，且在军备竞赛的过程中，已经与美国达成核军力平衡，当双方战略摧毁与威慑能力基本相当时，谁能抢先发展新型作战能力，谁便能把握行动与心理上的主动权；二是越南战争的深刻教训在美国完成撤军之前便已经在美国政府、军队、社会等各个层面达成共识，解决美军能力缺项的呼声已经响彻整个国家，美军面临着沉重的能力变革压力；三是"二战"结束后相当一段时期内，美国科技进入快速发展的黄金时期，新兴技术群的涌现，使美军更新作战能力具有强大的技术支撑。

基于核武器巨大的摧毁能力，且和苏联同时具备互相摧毁能力，僵化地继续发展传统的核威慑能力已经难以改变美国在越南战争之后的战略窘境。因此，作为集中资源发展新型作战能力的"抵消战略"必须将新兴技术群所体现出的作战能力作为主要方向。计算机技术、卫星、航天技术、电子技术等信息化技术的快速发展使美军以发展远程精确打击能力为龙头，构建新型指挥控制设施与机构，研发可以对战场全纵深范围实施侦察、监视和打击的太空设备，并且发展可以规避苏联雷达的新型作战手段，尤其是远程精确打击能力和太空作战能力在新型指挥能力的支撑下，成为美军联合作战能力的先导，也成为美军重新领先世界的标志。

"抵消战略"的核心是利用前沿科技群，然而科技的价值需要通过思想和组织来承载。美军对信息技术群的吸纳使"抵消战略"成为涉及作战理论、军队组织结构、民众国防观念的广泛的军事创新运动。经历了近20年的"抵消战略"运动，美军新型作战能力在海湾战争中彻底显现出巨大的战略价值。"抵消战略"为美军群体化地形成新型作战能力提供了巨大的国家层面动力，使孜孜追求军事技术优势的美军在作战理论和军队组织结构方面也开始出现变革。更加重要的是，"抵消战略"在国家层面上塑造了新型作战能力的生成系统。

"抵消战略"建立在国家政治投入和市场、商业开发的强大优势的基础之上。因此，在先进技术迸发出巨大的商业利益和政治效应之时，也是军队将其遍及化的开端。越南战争结束后，美军的联合作战能力之所以超前于其他国家，不仅是因为技术起步早和引起了军队的敏感，其根本在于美国出现了推动更加完善和更具创新精神的作战能力生成系统。美军能力生成系统涵盖了军队、商业力量、科研资源和媒体大众。军队不仅积极吸收新技术，而且还围绕新技术导致的新的作战方式研究新的作战理论，为充分发挥优势联合作战手段效能而优化军队结构以及对军官和士兵进行培训、选拔等，并不断利用实战、演习和试验来比对和校正作战理论，甚至提出改进和创新的方向与内容。军队的需求产生巨大的市场利益，促进各个商业力量（尤其是军工集团）围绕军队利益这一巨型蛋糕展开市场化竞争，美军可以选择最适用于未来任务和满足军队现实需要的装备器材。美军在海外的每一次重大作战行动和重大演习以及重要的军官任命，都暴露于国会和发达的媒体面前；专家乐意在学术媒体中发表专业性军事评论和监督军队如何用人、用钱。国会和媒体实际上不仅成为衡量和评判军队能力的裁判，还提供了军队体系之外的智力资源，更重要的是，美国军队处于透明的权力体系和公开的社会之中，激发其内在必须频繁地寻找能力和成就来体现军队价值的精神动力。

国家和社会参与监督军队发展并讨论军事问题最大的好处就是当面对没有先例可以遵循的情况或者军事法没有清晰界定的行为时，总是可以充分调动各方面的智力资源，还可以推动各个有关的机构，包括军队内部、大学和政府等各种机构来参与处置新的情况，从而推动问题的解决，也使多方的智力交流与机制协调的方式更加多样，形成有利于发现新情况和解决新问题的变革性的体制机制。

美国作战能力已经完全嵌入美国政府、企业和社会的各层次体系当中。伊拉克战争时期，从事后勤给养和技术维修保障的承包商人员与作战人员的数量基本相等。国家对外军事行动的需求拉动了商业市场的竞争效率。

国会里除去预算、法律和战略咨询等针对军队的机构外，还设有跨政府部门的国防技术转移委员会，有利于将最前沿的民用技术快速地转化为军用。政府、大学和商业力量的共同参与成为催生美国军队不断生成新型作战能力的根本土壤。

◆ 威慑与实战并重：层次分明的作战能力体系

美军能力体系区分并不是始自越南战争之后，而是始自美国卷入越南战争之前的肯尼迪时代。旨在修正大规模报复战略的灵活反应战略提出之后，美国军事力量开始区分为核力量与常规力量两个层次分明的能力体系。能力体系区分的原因有两个：

一是大规模报复战略的缺陷。按照大规模报复战略来构建美军能力会导致过分注重核力量扩充，忽略常规力量，在极易形成僵局的冷战对抗中，当美国陷入类似于柏林危机的情势时，要么只能使用核力量，发动导致双方毁灭的核战争，要么因为缺乏足够的常规作战力量而被迫妥协退让。

二是美国在"二战"之后面临的威胁日益多样。美国自从"二战"结束，在欧洲平原上既面临与苏联进行苏德战争式的威胁又面临可能的其他危机，在朝鲜半岛和东亚海域内与中国军事对峙，在中南半岛的丛林里又面临着介入越南战争的危险。

美国仅仅依赖根据"二战"需要建立起来的庞大的传统陆海空力量和对苏联实施核威慑的力量，已经难以应对多样化的威胁。美军需要根据不同的威胁，使用不同的军事力量。美军成立特种作战部队也是基于越南丛林中的作战需要。

灵活反应战略提倡以核力量为盾，以常规力量为剑，确保美国在冷战中对苏联的主动和优势。很明显，"盾与剑"的提出不是简单在作战行动层面的进攻力量与防御力量之分，而是国家政策层面的威慑与实战力量之分。随着卷入越南战争，美国日益感到常规力量的不足将成为对外政策的牵绊。

在肯尼迪时代美国的核力量建设开始走向三位一体，即陆海空三大军种均装备能够发射核弹头的平台，可以从陆海空三个战场上实施核威慑。常规作战力量建设有三个方面：一是根据越南战争的需要，开始注重研发远程精确打击手段、组建"小快灵"的特种作战部队，以及开始运用直升机进行战场机动与运输；二是针对苏联在东欧不断增强常规作战力量的部署，美国希望以质取胜，开始研发并部署新型坦克、反坦克武器、新型战斗机和中远程导弹；三是根据西欧盟国的安全诉求，为保持优势和主导地位，美国不断协调和调整北约内部新型指挥关系，并且与盟国（尤其是英国）共享重要武器研发资源，开始协作性的部署。

肯尼迪时代、约翰逊时代、尼克松时代的美国，越南战争的泥潭掩盖了美军能力走向全面化和更加科学化的光芒。首先，肯尼迪时代的国防部长麦克纳马拉将商务管理的模式引入国防部，开始将国防资源进行统筹，使各个军种不顾资源整体使用效率的争夺经费、重叠武器项目投资、教育训练各自为政等诸多弊端急剧减少。统一集约式的管理与运作国防资源使美军能力体系结构更加合理，针对各种不同威胁而使用的战略、作战力量区分更加科学，使得资源投入中天然的整体统一与专业、分散矛盾担心得以缓解。高效集约的国防资源统筹机制成为军队新型能力建设更加高效的统揽与土壤。其次，尼克松结束越南战争所持的"疯人理论"导致了美军开始实施低伤亡和远距离的轰炸作战。美军在轰炸作战中逐步认识到在敌人威胁范围外发起进攻和使用命中率更高的弹药对于达成政治目标具有传统作战方式和作战手段难以比拟的作用。因此，发展以空军为主体的远程精确打击能力便在越南战争之后进入美军高层的视野。最后，越南战争暴露出美军的两大能力缺项。一是美军统一指挥问题。统一指挥应该是最高指挥权集中于一名前线指挥员手中。越南战争中的美军缺乏统一指挥，不仅表现为各个军种各自为政，而且战略领导与前线指挥职权混乱。约翰逊总统本人甚至直接指挥轰炸机驾驶员确定轰炸目标。二是美军战争战略设计过分依赖于技术优势。美军在越南的泥潭代表着美军仍然采用"二战"时的作战模式，过度依赖先进武器装备导致的战略僵化使美军无法使用更加灵活的战术应对复杂的丛林战场。越南战争之后，美国政界和美军开始着手解决这两大能力缺项。

当美国进入卡特时代后，因为指挥协同混乱而导致营救驻伊朗大使馆人员失败后，美军彻底进入反省时代。里根成为总统使美军的反省迸发出巨大的能量。旨在"重振国威"的里根或许是"二战"结束之后对待苏联是立场最坚定、方式最灵活的总统。

里根的意图非常明确，正处于越南战争后遗症中的美国，因为"水门事件"、"驻伊朗使馆营救事件"、经济萧条和苏联不断咄咄逼人的冷战攻势，同样处于第二次世界大战以来最低迷的时期，此时重新唤起美国信心的基本途径就是在使经济重新繁荣的基础上，利用科技和经济优势重新获得冷战的主动权。

里根在第一任期内频繁出现对苏联带有极强个人感情色彩的言语攻击，并且苏联因为不正常的领导制度频繁更换国家领导人，导致美国与苏联结束了尼克松时代的缓和而陷入古巴导弹危机以后的又一个僵局中。美国和苏联的军力对比是处于基本平衡当中：在战略威慑能力方面，美苏核武器的数量与质量几乎持平；在常规军力方面，苏联军队的规模和主战兵器数量处于优势，美军主要先进武器装备的性能在局部战争中表现得略胜一筹。然而，美国和苏联具有平衡的军力，却没有平衡的军力基础。苏联军费在国家财政收入与支出的地位中极不适当，苏联几乎所有的科技成果都在行政干预下直接为提升武器装备服务，说明苏联的庞大军力是建立在损失整体国家经济平衡与整体质量的基础上。美国军费在国家财政收入与支出的地位中保持适当比例，美国所有科技成果在完善的国家科研管理体制和商业竞争机制的作用下充分地激发美国军工活力，说明美国的庞大军力是以国家整体经济结构较为健康的发展为基础的。从表象看，苏联几乎倾全国之力后的军力与美国投入部分国家资源之后的军力持平，足以说明苏联已经疲惫不堪；从本质看，苏联高度集中的行政化的军事力量体系与美国追求行政化与市场化平衡的军事力量体系相比，最根本的差距是国家层面的军事活力，而不仅仅是军队层面的创新能力。

当里根连任后，苏联亦进入戈尔巴乔夫时代。当里根的新自由主义对经济和市场重新注入活力之后，美国进入了经济繁荣时期，苏联却因为体制僵化、经济乏力、战线超过了能力而背负着沉重的冷战包袱。

里根时代是美国继肯尼迪时代之后又一个新型作战能力的快速发展期。

首先，提出星球大战计划。当里根提出星球大战计划时，美苏正处于削减战略武器的密集谈判时期。戈尔巴乔夫希望将星球大战计划纳入谈判议题，遭到里根拒绝。星球大战计划的设想是在大气层外摧毁来袭的苏联导弹。从理论看，星球大战计划的推行将使苏联导弹失去战略威慑功能；从实践看，星球大战计划不可能完全消除苏联导弹的威胁。然而，星球大战计划必将令美苏军力由平衡变为失衡。星球大战计划的直接影响是苏联对美国的战略威慑效应将在太空防御体系面前锐减，产生的政治与心理影响将使苏联完全处于下风。星球大战最大的影响是美国通过发展星球大战计划，将会产生一大批前沿科技成果，对于美军而言，不仅是使太空作战能力实现跃升，对于其他战场的新型作战能力也将是极为强力的激励。届时，携带着老旧军事机器的苏联只能望美国项背兴叹。星球大战计划的意义超越了大气层外实施导弹防御作战能力的塑造，成为美国不断开辟与苏联对抗的新型战场使苏联疲于奔命的推力。美军太空作战能力的萌芽起始于肯尼迪时代在苏联发射人造卫星后的太空开发，而系统起步于里根时代发起的星球大战计划。

其次，里根政府根据新灵活反应战略塑造更加全面的常规作战能力。新灵活反应战略是对肯尼迪政府提出的灵活反应战略的超越。灵活反应战略使美国核军力与常规作战力量分布更加均衡，新灵活反应战略则突出强调美军常规作战能力更加多元：不仅能够应对与苏军各种不同规模与强度的作战，还能够应对与恐怖分子、极端组织、海盗的小规模非常规作战。从实施外科手术打击的"黄金峡谷行动"和"入侵格林纳达作战行动"可以看出，按照新灵活反应战略，美军作战能力更加多样。值得注意的是，里根提出旨在迫使苏联面临自己制造的"泥潭"的低烈度战争理论，带来了意想不到的结果，特种部队力量、情报力量得以充实到以苏军为主要对手的美军作战体系中，奠定了美军能力向全面化跃升的基础。领跑者之所以要领跑，是能够在能力上牵住对手的视线，而提升自己的能力。

纵观美军能力发展的历史，不断涌现的新型作战能力（如太空作战能力、特种作战能力、网络战能力等）均有战略威慑和实战行动的双重属性，但美军能力日益多样化的结果是将战略威慑能力与实战行动能力的层次日益细化和专业化。由于政治领导和军事将领不同，美军发展新型作战能力并不是主观性的一脉相承，然而为应对不同的国际情势和不同的威胁，美军一直稳定地走在发展新型作战能力的道路上。越南战争之后，稳定的军事创新能力使美军在不同时期，都有新鲜的思想与行动。

◆ 信息技术的支撑：联合作战能力

联合作战以信息技术为支撑。信息技术的作用就是使陆、海、空、天之

间的地理障碍无法阻碍信息的生成传输处理。信息技术使信息传输不受自然
空间限制,那么未来机动输送平台、火力打击工具等实体性装备的机动与部
署受自然空间的阻挡也会变小。气垫船突破海陆限制,航天飞机突破大气层
限制,直升机将空地相连等原理,将被放大成对整体空间限制的打破。联合
作战能力的本质是将陆海空天电行动聚合在一起的能力。

信息技术对作战能力最大的价值不是形成和提高特定的行动能力,而是
信息技术的发展比起传统科技的发展能够更快催生出新型作战能力。联合作
战能力并不是某种战场上的行动能力,而是代表着信息时代作战能力多样
化的趋势。美军在和平时期的战略威慑将实现常态化和常规化:新型作战能力
的催生对所有潜在对手和现实对手造成的心理震撼与模仿效应本身就是战略
威慑,而核武器的威慑作用在日益文明的国际社会中和在大规模杀伤性武器
扩散的风险中正在日益降低,代之而正在提升威慑效应的是新型的常规
力量。

能力的实质取决于技术的原理。任何新型作战能力的基础都是新型技
术。联合作战能力的基础有三大技术支撑:一是计算机技术,二是航天技
术,三是卫星通信技术。联合作战能力对传统作战能力的超越是在于将传统
作战能力进行组合与扩展,而不是颠覆。联合作战利用信息化网络技术将陆
海空的战场行动进行组合,利用航天技术和卫星通信技术将战场向太空扩
展,利用网络和卫星通信技术将陆海空战场与太空战场进行连接。联合作战
能力的机理仍然以自然空间内在机理为基础。普遍的战争原理仍然适用于联
合作战原理。

但是,联合作战能力对于传统作战能力的组合与扩展,其革命性意义在
于超越了单纯的军事意义。传统作战能力的发展是由国家战略需求决定其方
向与进程,是需求决定能力,而联合作战能力更新与跃升却成为推动国家战
略需求不断扩大的动力,能力决定需求。

联合作战能力的增长使美国出现了两股相向发展的新型需求:不留空白
地控制全球战场。这种需求的标志是"全球到达、全球打击"和"全球信
息栅格"两个理念的提出。前者虽由空军提出,但也在推动着美国发展陆
军和海军的作战能力、快速反应和进行全球部署,尤其是 X - 37 和 X - 47
空天打击飞机的出现,证明美军具备对地球上任何一个目标实施实时精确打
击的手段和能力。全球信息栅格理念的提出,说明美军力图掌握全球的地
形、人文、重要价值目标出现和变化等信息,从而使全球任何一处均可根据
自己的需要而成为有利战场。

联合作战能力区别于传统作战能力的价值不在于使作战行动精确高效,

而在于能力激发。传统作战能力成熟时难以更新和跃升，而联合作战能力生成之后，却能产生出推动作战能力更新的巨大动力。联合作战能力的"能力丛生"效应成为未来超越联合作战能力的根源。

◆ 《戈德华特——尼科尔斯法》：从体制到文化

《戈德华特——尼科尔斯法》通常被认为是形成诸军种联合作战指挥的权威之法。从表象看，它突出了在各个军种之上的联合指挥的权威，但是，这种认知与联合作战能力的指挥需求实际是偏离的。联合作战能力的发展有两个趋势：一是各个军种的专业化。每个军种可以自成体系在多个战场空间遂行作战任务，而其他军种指挥力量却很难进入本军种力量体系当中。二是各个军种横向联系日益紧密。每个军种在专业程度不断提高的同时，与其他军种进行融合的需求也在增大。

联合作战指挥的本质是信息时代军队的专业化指挥。所谓的军种指挥和联合指挥实质是信息化军队的专业化指挥的共同趋势。在充分尊重各个军种专项指挥的基础上，将各个军种专项指挥进行融合，成为联合作战能力的关键。作战平台融合需要与指挥力量融合同步，否则平台融合效果将难以融合。

《戈德华特——尼科尔斯法》使美军不断提高专业程度：令各个军种的专项指挥得以融合为联合作战能力要求的一体化指挥。联合作战的专业指挥体制的建立，使各个军种必须围绕联合作战能力的整体而进行建设与运用。

联合指挥体制的建立有两个直接原因：一是美军各军种随着技术，尤其是信息技术的嵌入，专项指挥日益独立，却没有与之相适应的将各军种专项指挥与专项作战行动进行融合的更大层面的专业化指挥。美军营救被伊朗扣压人质的行动失败将这一缺陷暴露无遗。四个军种的特种部队由各自独立的指挥系统指挥来协作从事同一项作战任务，因为协同混乱导致两架直升机相撞而取消。越南战争后遗症尚未根除，被视为四个军种的精英集聚的特种部队营救行动未战先败，这一国耻令缺乏对各军种统一指挥的美军，在国会、社会舆论和军属面前不仅感到难堪，而且还面临着巨大的反省弱点的心理压力。营救行动的失败标志着：能力缺陷早晚必将暴露，一旦暴露便是鲜血和荣誉的损失。二是处于少数派地位的将领和国会的支持。建立新型体制意味着将有许多原有体制下的人感到利益受损，所以，指望大多数人合力推动建立新型体制不现实。这就是为什么所有的变革都是少数精英或者铁腕人物的专利。建立权力地位均大于高于军种的联合指挥体制，意味着将削弱军种的权力和地位。

海湾战争的成功才使已经在国会徘徊了 6 年之久的《戈德华特——尼科尔斯法》得到心理上的认同。《戈德华特——尼科尔斯法》是经过长达十数年的艰苦努力，以前所未有的坚强决心、富有创造性的妥协艺术，几经失败之虞，才得以在国会中通过的。该法案弱化了军种权力地位，强化了国防部和参联会，它的最大贡献不是建立联合作战指挥体制，而是成功开创了打破旧权力体系和利益格局的努力探索，尽管其中的过程艰难得难以想象，但是自此以后，美军其他变革便以历史上从未有过的效率，几乎是势如破竹般地展开。其间，如何强化联合作战指挥体制地位和弱化军种在作战指挥中的地位成为焦点。美国军界和政界均感到，各个军种的权威地位可以确保那些作战能力不可或缺的荣誉感、士气和纪律、团队精神便可以毫无保留地得以传承，因此有必要保护它们的传统思想和传统体制。但这也带来了另外的弊端，过于强调本军种的不可替代，无形中会产生这样的担心，任何对军种指挥权力的削弱都会导致伤害军种的地位和能力，无疑，对于军种而言，不可接受。自高自大和排外倾向在不知不觉中养成。

体制的价值超越了行动。《戈德华特——尼科尔斯法》的价值对美军的影响不是建立了专业化的联合作战指挥机制，而是通过建立指挥机构，构建了美军联合作战的文化。联合作战文化氛围的形成，使美军各个军种即使存在很强的军种本位主义，也必须服从联合作战的整体需要。

《戈德华特——尼科尔斯法》规定了军种领导机制与联合作战指挥机制的关系，而联合作战文化的作用是使军种领导与各级军官自觉地将自己置于联合作战的背景下运作装备研发、教育训练、力量组合，由此各个军种在作战思想、战备演习、作战计划修订中实现协作。《戈德华特——尼科尔斯法》的作用就是通过体制规范联合指挥行为，而海湾战争的胜利，使联合指挥行为得到肯定，从而开始形成联合作战文化，为美军继续推动联合作战能力稳定了方向和确定了基调，最大限度地避免了军种本位主义对全军的伤害。

首先，联合作战文化的培育提出了超前的联合作战理论。美军在 20 世纪 70 年代后期提出了空地一体作战理论，显然是满足与苏联在欧洲平原展开对抗需要，其作战构想也是以陆海空三军的常规武器装备在机动、精确打击和电子战等方面的优势来遏制苏联坦克、空降兵、海空导弹对西欧的突击。空地一体作战理论成为联合作战理论的雏形。当海湾战争胜利后，空地一体战便上升为"系统的联合作战理论"①。将"全频谱优势""制敌机动"
"精确后勤"等超前的构想作为美军实施未来联合作战的指针，也成为统揽
各个军种建设与发展的指针。美军的联合作战文化并不是忽视军种的地位与
价值，更非压制军种发展，而是为满足联合作战需要，对各个军种的地位、
价值进行平衡，促成军种之间的良性竞争。联合作战体制直接促成联合作战
文化的形成，并开始对军种文化产生决定性影响，主要有三个方面：一是以
满足联合作战需要来提升自身地位，而不是有意忽略国防大局与其他军种竞
争资源；二是自身军种的成功依赖于联合作战的成功，从而改变了装备研发
和后勤保障、军官和士兵教育与训练等方面的传统观念；三是联合作战文化
使军种内部改变了兵种与各个力量组成部分争夺资源的混乱局面，由资源差
异决定地位差异转变为地位差异决定资源差异。

联合作战文化形成联合作战理论的意义不在于先进的理论层出不穷，其
核心意义不再仅仅是利用技术优势来形成能力优势，而是通过思想与技术的
全面领先优势，以超前的眼光来牵引装备、训练、编制体制等与军队作战能
力直接相关的行为。美军从此由战争的应对者变成未来战争的设计者。

其次，联合作战文化提升了美军军官素质。军官素质是军队能力的标
志。联合作战体制建立以前是以某个军种的专业能力来衡量军官素质，决定
其素质考核标准，当以联合作战体制为基础的联合训练与联合职业军事教育
开始转型后，军官在军种任职及任职教育的基础上必须经历联合指挥岗位的
培训。《戈德华特——尼科尔斯法》设立了"联合专业军官"，并对联合专
业军官的职能、选拔、培训、任命等做出明确规定，甚至在各个军种内部规
定没有联合专业军官岗位经历的军官将不予晋职。美军要求每名军官必须将
联合专业经历纳入职业发展路线，以拓宽视野克服狭隘的军种门户之见和自
利的职业观。军官教育与任职经历、职业规划将以联合为背景，也以联合为
导航标准，形成思维自觉和行为自觉，进一步使联合作战文化浓厚。联合专
业军官机制的设立迎合了美军强调联合作战思想，即21世纪不再是单个军
种包打天下的时代，当国家面临威胁时，投入战斗的不再只是海军，也不只
是陆军，而是整个国家。

----

① 美军联合作战理论集中反映在以下文件中：1991年，颁布被称为变革引擎的
《美国武装部队的联合作战》；1993年，颁布第一版《联合作战纲要》，明确提出"美军
所有的战役都是联合战役"；1996年，提出《2010联合构想》，1999年，提出《2020联
合构想》；2001年，颁布第二版《联合作战纲要》；2003年，推出"联合作战概念"；
2006年和2008年两度颁布新的《联合作战纲要》。

最后，联合作战文化促成了美军联合训练。训练是形成和检验作战能力的根本途径。联合训练是生成联合作战能力的直接举措。虽然直到2003年美国国防部才正式批准执行《2004年训练转型计划》，但是，自从海湾战争之后，旨在推动美军利用信息优势实施联合作战并促成美军由技术型向智能型、知识型转变的联合训练业已展开。"联合知识培养与分布能力""联合国家训练能力""联合评估与赋予能力"，三个因素构成了联合训练的主体。联合训练不仅提高的是联合作战能力，而且对军种作战能力有很大的推动，因为联合训练是在建立共享作战能力和作战思想的基础上，有利于军种部队之间互相取长补短。

联合作战文化的形成不是美军独立于美国社会的"试验品"，相反，它是美国社会与政治体制特色在军事领域内的延伸。美国社会中商业氛围和竞争氛围比较浓厚，政治体制中强调权力制衡，所以，防止权力垄断的法治意识、防止军队独裁的文官治军、三权分立、鼓励创新等理论性和制度性因素，对军队内部的文化氛围的影响是非常深远的。

联合作战文化的根源在于美国的创新与竞争文化所培育的重视职业素养的社会氛围。在20世纪八九十年代，美国商业形态与经济发展已经开始进入信息化社会，计算机、网络的发达，使美国社会各个层面开始联通，美国商业竞争与政治氛围走向了一个新的阶段。单个商业力量的零和竞争已经被各个行业之间的重新洗牌所取代。美国自从立国以来以极强的"实用"为文化底蕴，当海湾战争中的联合作战获得空前效应后，注重实用的美国对联合作战推崇的速度和力度是显而易见的。这些因素使自"二战"时期便开始的美军各军种之间旧式竞争画上句号，开始了联合作战背景下的新型竞争，这是追求力量和资源分布更加平衡与科学的竞争。

"新体制—新行动"的循环注入新文化后，变成了"新能力—新系统"的循环。最明显的就是使美军新型作战能力不再受到以某项技术为支撑的新型作战平台和手段的引领，而是受到以多项技术融合为支撑的新型作战体系的引领。美军对未来作战的设想，日益打破了传统的战场界限，甚至开始开拓新的战场，如空天一体飞机，可以在全球任何一个地点打击全球其他任何地点的目标，意味着这种作战平台在航天技术、航空技术、信息技术、新材料技术、动力技术等多项技术支撑下，如果运用于实战，那么就是将陆海空天电的多维战场重新拉回到自然空间的一维战场。技术与系统的发展成为美军联合作战能力文化的必然发展结果。

◆ 新型作战能力的总取向：远程精确打击能力

无论美军各个军种提出的新型武器装备如何更新，它们都朝向两个方向：一是在越来越远的距离开始打击敌人，比如打击苏联坦克的直升机比反坦克导弹的距离远。二是越来越重视目标的精确性，从飞机和战舰上发射的导弹和炸弹，在制导技术支撑下，对目标打击的精度越来越高，即使是传统的地面部队攻击要地时，对于机动路线和突击目标的信息要求也越来越精确。美军以灵活反应战略指导军队发展新型常规作战能力的总方向是远程精确打击能力。

技术条件决定战场空间价值。"远程"的标准因为技术的发展而不断发展。火药时期，超过人力和畜力支撑下的冷兵器的一次性战斗时的杀伤范围便称为远程。机械化时期，超过传统后击装枪支和后膛火炮的打击距离便称为远程。卫星、雷达、计算机和导弹大量装备的时代，远程便是指已经超越了传统飞机、坦克、火炮打击距离的空间。远程打击能力的发展不断颠覆原有的作战方式，原因是相对近程的传统武器的功能的局限性越来越清晰，尽管它们没有失去使用价值，甚至在某些时机和领域内价值不断增大。

美军远程精确打击的首次实践出现于越南战争。对战争伤亡极为敏感的国家，反而促使其为减少使用人力而积极探索技术制胜。当越南战争造成美军大量伤亡使美国政府和社会面临日益增大的压力时，以低消耗的作战方式来达成作战目标便成为最高、最直接的作战指导。在不能使用兼具高杀伤性和高风险性的核武器的基础上，美国只能依赖于既避免北越军队地空火力威胁又不需要重复打击行动的作战手段来"一击而胜"。

正如"一战"末期出现的航母和坦克引起富有开创精神的军政领导人的注意一样，越南战争后期对于精确空中轰炸的大量使用同样引起美国政府和美军高层的注意。1975 年，世人都在注意美国从越南撤军时，美国国防部出台了《远程研究与发展规划项目》，开始大力发展远程精确打击能力，"直到冷战即将结束的海湾战争才开始在实战中认识到远程精确打击的效果"①。远程精确打击能力正式获得承认。依照美国的科技创新能力和政府、

---

① 8% 的精确制导弹药完成超过80% 的轰炸任务。携带精确制导炸药的 F－117 隐形轰炸机在 40 天战斗中出动架次只占战机出动总架次的 2%，却打击了40% 的战略目标，命中率达到80% 的击中记录。美军战后分析发现："一吨精确制导弹药可替代12～20 吨非制导弹药，并且每投送一吨精确制导弹药时可节省 35～40 吨燃料。"

企业的组织管理效率，远程精确打击能力的发展不应当拖延至冷战末期。可见，发展远程精确打击能力的进程并不顺利，阻力主要来自两个方面：一是发展远程精确打击能力的关键在于研制和产生新型带有制导功能的弹药、发射装置和相应的新型海洋、空中、太空侦测系统，对于旧的弹药、发射装置和侦测系统"去库存"的压力巨大，涉及军队内部、军工企业和市场结构中剧烈的利益调整。二是远程精确打击能力对于原有作战理论、部队结构编制构成巨大颠覆。那时，美军关键岗位的将领，主要是"二战"时期的营连指挥员、飞行员、海军中低级军官，当他们凭借资历与战功成长为高级将领后，对于未来的设想仍然停留在"二战"、朝鲜战争和越南战争的消耗战经验上，对于旨在缩短作战进程、加快作战节奏、简化指挥程序并大量依赖于计算机和卫星的精确打击能力并没有系统和敏感的认知。

　　新型作战能力起步时的推动永远源自少数富有创造力和激情的精英。就在苏联于20世纪80年代末期陷入经济停滞，戈尔巴乔夫在里根和布什面前几乎是投降式地提议结束冷战时，美军大部分高级将领聚焦于冷战胜利后如何调整美国在欧洲军力部署，但是"美国国防部办公室主任安德鲁·W·马歇尔却组织了由一大批军事战略专家和技术专家组成的一个研究班子，评估军事技术革命对未来作战的影响"①。最终认为远程精确打击将成为冷战结束后应对日益增多的低密度、非常规战争的主要作战方式。

　　冷战结束时发展远程精确打击能力的远见使美国在科索沃战争、"9·11"之后的阿富汗战场和伊拉克战争中占据了极为明显的主动，尤其是在阿富汗的山地和伊拉克狭窄的街道当中，美军并没有陷入越南那样的窘境。

　　技术越复杂的新型能力越能够具有衍生能力。精确打击能力的核心并不在于"打击"而在于"精确"，如果能将目标进行精确定位并实施精确跟踪，打击手段的运行与控制只是"例行公事"般地完成最后一击。美军发展精确远程能力的最大价值在于使其拥有完善的、可以对越来越多的远程目标进行精确侦测的信息系统。不断完善和发展的信息系统使美军可以对现实和潜在对手的重要目标进行侦测和跟踪，从而使之在和平时期能够比对手更加高效和有针对性地进行作战准备。在海量信息容易导致社会无序、行为无序的信息化时代，未战而准备更加充分的军队无异于未战而先胜。

　　远程精确打击能力的初始意义是提高作战行动的效率并降低伤亡和损

---

① 五角大楼办公厅主任安德鲁·W. 马歇尔于1990年12月授意军事专家安德鲁·克雷皮内维奇着手研究未来军事技术发展趋势。1992年7月，克雷皮内维奇完成军事技术革命评估报告并在美军高层流传，随之便引发了美国推动军事领域革命的大辩论。

耗，然而，随着起步之后的快速发展，尤其是信息技术和信息系统功能日益强大，远程精确打击能力已经出现取代核武器成为新型战略威慑力量的趋势。使用核武器不仅遭到国际社会的道德压力和政治压力，而且容易遭到同样的核报复，既难以达到政治目标，也使自己处于巨大风险当中。当对于任何国家都非常重要的政治、经济、军事设施的日益增加时，不断发展的远程精确打击力量已经成为有效的威慑力量。

远程精确打击能力的趋势主要有三个：一是战场全球化；二是平台无人化；三是行动一体化。

战场全球化，是指远程精确打击可以从全球大多数地点发起攻击，打击全球范围内被信息系统侦测到的目标。

平台无人化，是指"越来越多的无人驾驶机、无人驾驶潜艇等无人化装备将携带制导装置和弹药参与作战，并成为主要的作战力量"①。

行动一体化，是指侦察、打击和评估等基本作战行动不需要通过复杂人力指挥控制作业而自主"一站式"完成。

远程精确打击能力对于军事史上的革命意义超过了火药、蒸汽机、雷达、火箭、卫星。其原因在于远程精确打击能力与它们相比，是能够适应各种地理空间的体系能力，而不是某一项能力。火药是杀伤能力、蒸汽机是机动能力、雷达是侦察能力、火箭和卫星只能适用于某种类的战场和战争。

远程精确打击能力使作战进程不是简单地变快、变短，而是更加令人难以捉摸，既可以使作战进程快速完结，也可以使作战进程按照需要得到控制。从海湾战争到伊拉克战争，精确远程打击手段越发多样和日益频繁地使用，预示着各大国军队发展远程打击能力将像"一战"之前的海军竞赛、"二战"之前的空军和装甲竞赛、冷战时期的核军备竞赛那样，虽然最终并不意味走向战争，但的确已经取代钢铁战舰、飞机、坦克和导弹，成为大国

---

① 早在越南战争之前，美国空军便开始秘密研发遥控驾驶飞行器。1975 年美国国防部出台的《远程研究与发展规划项目》中提出将遥控驾驶飞行器用于对敌方防空系统和经济设施等重要目标实施精确打击的可行性。20 世纪 90 年代，美国的第一个武装无人机 RQ‑1/MQ‑1 捕食者正式开始试验，它是首个通过卫星数据链实行指挥控制的无人作战飞机，并装备 AGM‑114 地狱火导弹。阿富汗战争中，美军正式将其投入使用。2007 年，美军装备更加先进的 MQ‑9 死神无人机，可以携带 14 枚地狱火导弹，或者携带 2 个 500 磅的 GBU‑12 铺路移动者 II 激光制导炸弹，或者 2 个 500 磅重的全球定位系统辅助的 GBU‑38 联合直接攻击弹药，外加 4 枚地狱火导弹。2013 年 1 月，美军成立首个装备 12 架全球鹰无人机的无人机分队，成为美军在阿富汗、巴基斯坦、中东等地区反恐作战中完成侦察—打击一体化行动的主要力量。

作战能力的象征。从越南战争之后便开始系统起步的美军走在世界各个大国军队的前面，其根本优势不在于远程精确打击的技术和系统，而在于使其他各个大国纷纷效仿于它，有的甚至完全按照美军远程打击手段和体系来"照葫芦画瓢"。效仿美军发展远程精确打击能力的大国军队，作战理论创新、武器装备研发、军官和技术人员培训、部队结构等各个方面，均难以发现和抓住远程精确打击的能力缺项，因此，自己的能力缺项与美军相比更加明显，从而使美军发展技术和系统的速度越来越快，远程精确打击的能力优势愈加增大。

任何新型作战能力最终会使科技与资本整合，科技发展使资本运作效率提高，从而使新型作战能力发展驶入快车道。美国的发达信息技术与信息技术发展带来的繁荣市场是美国发展远程精确打击能力的基础。

美国发展精确打击能力的优势是信息技术优势和资本优势的累积。虽然起步投入大，但是随着技术成熟而"价廉物美"①。然而，远程精确打击却出现了两个脆弱点：一是生产便捷和成本偏低使用于远程精确打击的弹药库存量很大，但是战争爆发后，却因为便宜和风险低导致"容易消耗过快"②。远程精确打击能力只能用于短、平、快的战斗，却很难作为达成战争政治目标的决胜性能力。对远程精确打击能力的依赖，难以从战争中收获应有的政治效应。二是远程精确打击能力所需的技术支撑分布于全球各个地域、海域、空域和外层空间中，其最终仍然依赖于地面设施，防护的"点线面"使美国在外交、经济，甚至在道德上都要付诸巨大努力才能确保其顺畅运行。远程精确打击能力的漏洞在全球任何地点都可能存在，而且即使最简单的手段也可能使系统崩溃。

目前的远程精确打击能力还没有改变传统的作战机理，原因有两个：一是发射平台功能受到限制，使远程精确打击行动仍然要遵循侦察—机动—火力等行动规律。美国最先进战机一次性战斗飞行不超过 1700 千米，航程最远的轰炸机也需要在完成空中加油的基础上才能完成全球范围内打击，它们机动所需的时间使目标可以有充分的时间机动与隐蔽。如何真正有效地捕捉高价值目标是远程精确打击能力的最大挑战。即使涂抹隐身材料的无人机也

---

① 发达的信息技术和繁荣的科技产品市场使美军获得一套精确制导组件价格只需花费约 3000 美元，一套精确制导组件可以使将非制导的空军导弹的误差由 350 米缩小至10 米。

② 以阿富汗战争为例，仅联合直接攻击弹药，战争前两月便消耗掉 5000 套，达当时总库存量的一半。

难以在先进的防空雷达和预警装置功能范围内长期行动，并且全球范围内并不是所有地区都拥有足够的技术资源和复杂的维护运行条件来支撑其行动。港口、机场、信息系统的关键设施对美国实施远程精确打击行动的制约仍然非常严重，美军必须在谨慎、平衡的外交战略、社会交流中学会如何果断行动，这在历史上所有强军中都没有成功的先例。

远程精确打击技术对世界所有国家和地区都具有至少是潜在的威胁，将精确制导功能的弹药贮存与运输，不仅受到技术装备与运输工具的制约，而且容易降低核化生等大规模杀伤性武器扩散的风险，尤其是降低了使用它们的道德"门槛"，使常规力量与核化生等力量的界限模糊时，远程精确打击能力急需获得各种力量才能行之有效。

◆ 控制太空：新威慑

事先便知能够互相摧毁的对抗，其极致就是缓和。越南战争后期的尼克松，推动全球缓和，开始了与苏联密集的军备控制谈判，意味着美苏双方巨大的核武器库存产生的战略威慑已经开始失效。随着科技普及，大规模杀伤性武器扩散日渐成为国际公害，管控传统核武器已经超越了军事议题的范畴，成为国际社会日益关注的政治和经济、科技议题。然而，冷战没有结束，缺乏互信的大国之间的对抗仍然存在于各个领域。即使在水门事件之后，美国面对苏联咄咄逼人的冷战攻势，仍然没有也不可能放弃战略威慑能力。

当旧式威慑失效开始，新型威慑的能力便成为制高点。当大国纠缠于陆地时，海上力量便是新型威慑；当大国纠缠于海洋与陆地时，空中力量便是新型威慑；当大国纠缠于各个互相都很熟悉的战场时，新型战场上的行动能力便是新型威慑。高边疆理论的历史价值注定超越海权论和空权论。科技的普及越来越快速但创新发展却越来越依赖于少数大国的领头作用。高边疆理论对海权论和空权论的超越是它并没有像海权论、空权论刺激海军竞赛和空军竞赛一样刺激出外层空间竞赛，而是导致了美国对太空的垄断。当富有想象力的里根及其军事顾问、高级将领们提出星球大战计划时，唯一可能与美国展开太空竞赛的苏联正"沉疴难治"。实施星球大战计划使美国成为冷战结束时唯一一个在太空具有实质性军事存在的国家。

对太空的军事垄断使美国具备了除"三位一体"的核打击能力之外的新型战略威慑能力。军事垄断太空能力刺激美军发展新型的常规作战能力。星球大战计划要求美国为提高对太空威胁的预警能力和侦察与通信能力，需要在太空中布满各种功能的卫星和传感器，还需要进行不同情势下的各种试验，部署与试验对能力与设备的校正与更新，使美国太空作战能力在其他大国缺乏或者停滞不前的情况下得以加速度发展。继承原苏联的俄罗斯只能依赖于原苏联时代的技术缓步前进，中国和欧洲尽管具备技术条件，但距离挑战美国的太空地位却是遥不可及。

进入21世纪后，尽管俄罗斯的太空作战能力有所回升，中国和欧洲开发太空取得快速发展，但小布什政府单方面退出《反弹道导弹条约》（ABM），开始加快推动和部署国家导弹防御系统和战区导弹防御系统（本书中统称导弹防御系统）。导弹防御系统对美军提升能力的作用不仅是应对导弹威胁的能力，更加重要的是提升美军主导盟友作战行动的能力，导弹防御系统使美军更加便捷地整合自己主导的同盟军队作战资源。导弹防御系统需要在欧亚大陆，尤其是东欧、东亚等重点地区部署雷达等关键部件与设备，甚至是先进发射工具。因此，"这些重点地区的国家也开始趁势加入到美国导弹防御当中，以加快强化自己的军力建设"①。美军利用导弹防御系统的全球性部署，将所在国军队纳入不断增大的作战体系，导致对美国的导弹威胁，同样会威胁所在国的利益。加入美国导弹防御系统使战时所在国军队的指挥、情报、通信系统与美国提升了兼容水平，使平时在制订作战计划、军队战备演习和训练、作战理论、军官教育培训受到美军越来越大的影响，从而成为美军主导的全球性的作战体系和军力部署体系的重要要素。美军主导同盟国军队作战由平时的作战计划制订和军队理论研究、战备训练等层面和战时的统一指挥协同层面延展到了基于技术和指挥系统的思维自觉层面。技术融合推动联军作战是人类军事史上的首创。

防御能力与进攻能力总是相辅相成的。导弹防御系统的本质不是使对方进攻手段失效的防御，而是与先发制人打击能力成为一整套新型作战能力。星球大战计划和导弹防御系统对于其他国家的最大威胁不是外层空间的防御，而是从外层空间发起攻击。无论进攻或者防御，都需要"对地球表面

---

① 英国、波兰、捷克、罗马尼亚等北约成员国和日本、以色列等重要盟国积极参与到美国构建的全球导弹防御系统的行列。美国在英国和东欧部署先进雷达推动所在国家军队指挥系统与美军进行链接；日本自卫队利用先进的科技成为由"宙斯盾"海基弹道导弹防御系统和"爱国者-3"弹道导弹防御系统构成的双层导弹防御系统主要要素；以色列构建了由"箭-3""箭-2""魔杖"（又称"大卫投石索"）以及"铁穹"防御系统等组成的综合防空和导弹防御系统。作为美国的非盟国的印度，也在积极引进美国导弹防御技术和研发能够覆盖其东北边境全域和东南海域的导弹防御系统。

目标和太空目标进行监控的信息系统"①。信息系统的发展和能力升级既使防御有了先期预警能力，也使进攻有了先期定位与侦测能力。所以，2004年，当美军提出建立"全球快速打击系统"② 时，新型的进攻能力自然也会利用太空信息系统的完善与升级而出现。美军目前正在试验全球快速打击的手段与系统。如果投入常态化的军事运作，那么将使目前世界各国的防空反导系统处于失效状态，迫使意图威胁美国的对手只能依赖传统的老旧核武器和处于危险的扩散状态中的其他大规模杀伤性武器。因为在这样的美国太空能力领先得无法预见差距的情况下，其他大国军队挑战美军太空能力无异于当年日本在太平洋挑战美国，结局已经注定，不确定的仅仅是过程。

◆ 海湾战争：终点和起点

1990 年 8 月 2 日，伊拉克入侵科威特，宣布科威特成为伊拉克的第 19个省。这一事件成为海湾战争的导火索。有四个因素决定了美国必须出兵：一是美国对中东石油的依赖。美国作为世界上最大的工业国，不仅需要石油来维护经济发展和经济首强地位，也是人均石油消费量最大的国家，美国人均石油消费量是同为西方发达国家的法国的两倍。二是中东石油对于美国主导的全球化市场具有支柱性意义。中东石油储量占世界石油总储量的 65%，如果中东石油被中东任何一个大国掌握，那么它便可以通过控制石油生产来操纵能源价格，从而影响全球化市场体系的稳定性。伊拉克和科威特在世界石油储量中分别是第二位和第四位。三是中东在冷战中的地位。中东作为美苏争夺重要地带，是美苏冷战对抗态势的试金石。20 世纪 80 年代后期开始，苏联在戈尔巴乔夫时代已经开始明显退让，美国应当利用苏联无法在中东制衡自己的良机以最终确定自己在中东的主导地位，并将苏联"逐出"中东。四是美国维护西方同盟的领导地位。美国的重要盟友西欧和日本，对中东石油的依赖甚至比美国更严重，如果坐看野心显露无遗的伊拉克成为世界上石油储量最大的国家，美国对西欧和日本的影响力会受到削弱。

---

① 美军在 2008 年在太空已经部署超过 200 多颗不同种类的军用卫星，并计划到2030 年，在轨卫星达到 800 颗。美国可以太空中各种卫星组成的高度发达的信息系统，窃听电话和拦截传真、电子邮件，通过全球定位系统可以获取重要政治、经济和军事等重要目标精确位置信息，高分辨率的成像卫星可以获取重要目标的施工、转移，甚至内在结构等图像。

② 美军希望能够在 45 分钟内对全球的任何目标实施毁灭性的打击。2011 年，美军成功试飞 X – 37B 空天飞机被认为是形成全球快速打击能力的里程碑事件。

当美国向萨达姆提出"四项要求"① 却遭到拒绝后,美国便开始进行了直接的战争准备。战争准备之初,因为伊拉克入侵科威特触犯国际社会众怒,美国很容易地便获得了"联合国授权指挥多国部队以武力解决科威特问题"②。美国获得了准备战争的最重要的政治成果,也决定了美军成为海湾战争中多国部队的"主角"。

由于美国总统布什担心对萨达姆惩戒过于严苛,或者直接将萨达姆政权推翻,甚至击毙萨达姆,将会使中东形势陷入混乱,不利于美国在中东,乃至世界的形象和主导地位。所以,美国的政治目标就是恢复科威特的主权独立。解放科威特而不是推翻萨达姆政权的政治目标使美国的战略目标有两个:一是打击伊拉克军事占领科威特的能力与意志,使萨达姆政权失去指挥军队的能力而无法领导和控制战局;二是击溃,甚至歼灭伊拉克军队中的精锐力量——共和国卫队,使萨达姆没有进行战争的本钱,最终迫使其接受联合国决议。

因此,美军获得战争主动权的前提是获取制空权,重点对伊拉克空军和防空力量体系予以摧毁。由于伊拉克空军和防空体系仅仅依赖于少数的边境雷达、围绕巴格达建设的空军机场和陆军机动防空部队,所以,当美军在开战前一天摧毁伊拉克边境两座雷达站和在规模小得可以忽略不计的空战中用中距空对空导弹击落伊拉克空军少数几架上天的战机后,美军便轻而易举地获得了制空权,这才开始真正意义的战略空袭。首先,美军为使萨达姆政权领导系统瘫痪,对重要政府机关大楼、重要信息和通信设施、电视台、广播电视塔等关键设施进行重点轰炸,之后,将重要经济目标置于优先打击位置,主要包括电力系统、交通枢纽、核生化武器的生产和研制设施、军工设施等,这一阶段的战略轰炸使萨达姆政权对战局的领导与指挥系统失效的同时,也削弱了其战争潜力。当基本目标达成后,美军转而将轰炸重点转向科威特境内的伊拉克军队驻地、指挥部、后勤补给设施以及对伊拉克共和国卫队机动作战具有重要价值的桥梁、公路、雷达站等目标。据美国国防部战后统计,在共计 38 天的空袭作战中,伊拉克绝大部分对领导和指挥战争极为重要的政治、军事目标被摧毁,伊拉克军队中主要作战武器(如飞机、坦

---

① 这四项要求分别是:伊拉克军队立即无条件地撤出科威特;恢复科威特合法政府的权力;保持沙特阿拉伯和整个海湾地区安全与稳定;保护在国外的美国人的生命安全。然而,萨达姆拒绝了其中至少三条。

② 联合国于 1990 年 11 月 29 日,通过了"678 号决议",授权联合国部队成员国,对伊拉克使用武力,规定了伊拉克撤军的最后期限为 1991 年 1 月 15 日。

克、装甲车、火炮等）的被摧毁率达 40%。萨达姆政权对战局失控、伊拉克军队失去基本机动能力，火力被严重削弱，无法获得正常的后勤补给能力，最关键的是前期入侵科威特成功后的高涨士气丧失。接下来的"左勾拳"，似乎变成了美军空地协同作战能力向全世界的展示，而非真正意义上的作战。

美军的作战套路是先利用空中优势获取绝对制空权，再实施地面机动，直击敌方主力，并在作战全过程中贯穿着心理、舆论、情报、电磁领域等各种领域的对抗。因此，从表象看，沙漠风暴与沙漠军刀并不是战争史上的新生事物，只是"二战"时霸王行动结束之后，美英联军从巴黎攻向柏林的"删节版"：将轰炸工业设施摧毁纳粹德国的战争潜力置于首位，对军事重镇和交通枢纽、主力部队在地面突击前开始空中打击，最后，用坦克、装甲车歼灭德军和攻占要地。然而，当我们深入挖掘那些被"删节"的内容并去了解它们为什么被删节后，便立即能够明白海湾战争中老形式所蕴藏的新内涵。

首先，空中战场上只有空袭而没有防空。美英对纳粹德国实施战略轰炸时均是由飞行员根据地图和目视来实施投弹空袭，纳粹德国尽管没有雷达，但可以根据飞机的轰鸣声或者炸弹爆炸声判断轰炸机所在空中位置，然后利用高射炮和机枪予以还击，甚至在局部空域内起飞战斗机与美英空军实施空战。而在海湾战争中，美军空袭是利用能够躲避雷达侦测的 F-117 隐形轰炸机投掷精确制导炸弹，以及能在伊拉克防空炮火射程范围之外的 F-16、F-18 等战机发展精确制导导弹。这些先进的空袭手段，使伊拉克防空力量基本失去用武之地。雷达要么被摧毁，要么遭到强烈的电磁干扰而失效，而未被摧毁或者未受干扰的雷达又发现不了来袭的空中目标，即使听到了空袭的爆炸声，也无法判断空袭兵器在哪个方位，更谈不上具体位置了。

其次，地面战场上只有防线而无防御。萨达姆卫队在科威特境内面向海洋的方向和伊拉克与科威特边境地区构筑所谓固若金汤的萨达姆防线，但却没有派上用场。原因是美军利用精锐海军陆战队在科威特近海进行登陆作战准备，甚至派出特种部队在岸滩实施排雷和先期侦察。登陆作战准备是美军为将伊拉克军队吸引至科威特近海方向而造成的假象。美军的真实意图是利用快速机动优势，地面部队主力穿越伊拉克与沙特边境，深入伊拉克境内达 300 千米，绕至伊拉克共和国卫队背后实施空地一体突击，地面作战仅持续 100 小时。遭受过 5 周空袭，伊拉克共和国卫队本来就比较落后的侦察和通信系统几乎全部被摧毁，指挥体系中，从军队统帅部向下延伸至营连都难以互相联络，根本不可能对美军以欺骗和高速的大范围机动为前提的"左勾拳"行动实时侦察。

这两个被"删节"的内容反映的是美军作战能力的革命性主要体现在远程打击、快速机动两大能力优势，而支撑这两大能力优势的支柱有三个：一是战场感知优势；二是指挥控制优势；三是能力补充优势。

美军的战场感知优势的基础是先进的侦察手段。沙漠盾牌计划刚一实施，美军便调集20多颗侦察卫星对伊拉克和科威特全境进行不间断侦察，由于中东地区的地形平坦开阔，侦察卫星功能完全发挥。它们和其他空中、地面和海基的先进侦察手段一起，通过电子侦察、照相、通信、导航、气象卫星及预警飞机获取有关伊军及各种军事目标的具体位置的情报。然而，由于侦察手段的多样化，海量的情报互相矛盾和重复，因此，建立完善的情报体系显得非常必要。所以，参联会建议国防部，立即依托国家军事情报中心成立专职联合情报中心。中央司令部相应地建立联合情报中心，并在其内部成立了联合侦察中心和战斗评估中心等。这两大举措把情报进行明确归类并科学地区分情报任务。战场感知优势并不是单方面的，而是建立在使对方失去战场感知的基础上。沙漠风暴行动开始前9小时，美军的F–4G、EA–6B等专用电子战飞机率先起飞，开始对伊拉克军队实施强烈的电磁干扰，反辐射导弹与其他空对地武器摧毁了伊军的防空雷达，使伊拉克军队的通信与雷达探测能力被摧毁，对战场情况几乎一无所知。完善的情报体系和主动的情报斗争使美军获得"单向透明"优势。美前参联会主席鲍威尔战后称："从来没有哪位作战指挥官能像我们的战场指挥官那样全面而完整地了解其敌手。"

美军的指挥控制优势来自三个方面：首先，平时富有战略远见的指挥准备。伊拉克入侵科威特后第4天，美军中央总部司令率领精干指挥机构抵达沙特研究部署军队事宜并开始制订"沙漠盾牌"计划，随后的2周内，中央总部全体1500名人员便展开指挥工作，着手研究制订"沙漠盾牌"计划，进行快速部署。此后的3周内，美军就在远离美国本土8000英里之外的海湾地区部署了3个航母战斗群、1个水面战斗舰艇编队、1个"爱国者"导弹连、1个轰炸机中队、14个战术战斗机中队、4个战术空运中队和7个陆军旅的庞大兵力。海湾战争开战前的军力部署之所以如此高效，得益于战略远见，战区享有充分的集中的作战指挥职权。在1988年，根据美军人事安排，中央司令部司令应当由海军或者空军将领安排，但是当时的参联会主席鲍威尔认为，两伊战争结束意味着美国可能要面对来自中东地区大国的挑战，中东地区大国均为陆军大国，因此，需要由一名陆军将领担任。所以，陆军上将施瓦茨科普夫走马上任，开始研究制订应对中东大国挑起危机后的行动计划。"沙漠盾牌与沙漠风暴、沙漠军刀计划其实只是平时计划体系根据实际情况的完善，而非仓促制定。"① 专心于研究行动计划，并且根据计划展开的指挥演练使危机出现时能够有条不紊。其次，高效的指挥手段。空军 F - 117 隐形轰炸机从美国本土和欧洲空军基地出发，飞行数千公里后，只在投掷精确制导炸弹的指定空域停留 3 分钟，然后返航；海军部署于波斯湾、红海、地中海的航母编队出动舰载机、战舰发射"战斧"式巡航导弹；地面作战开始，陆军和海军陆战队在直升机和空军歼击机、运输机的支援下采取"蛙跳"战术实施空地一体机动突击，3 天建立 2 个基地，进行了 4 次空降突击，推进了 200 多千米。这些战争史上最复杂的行动需要同时进行，其指挥协同难度超过任何一次战争。美国国防部在战后报告称，海湾战争中 90 天的信息交流量，超过了全欧洲 40 年信息交流量的总和。如此庞大的信息量如果仅仅依赖于传统的手工化指挥手段，指挥体系将无法正常运转，即使能够正常运转，面对如此庞大而又构成复杂兵力的低效指挥将使整个作战行动无法发挥出速度与合力的优势。指挥控制优势最大价值也就在于高效的作战行动令对手目不暇接。美军先进的指挥手段主要由大量的卫星和预警指挥机组成，它们在计算机的连接下协同行动。6 颗通信卫星负责提供美军与美国本土最高统帅部的通信联系，中央司令部主要通过 E - 2 型、E - 3 型及 E - 8 型空中预警指挥机全面控制空海军各型飞机。这些先进的指挥手段通过中央司令部的汇总，经过几分钟便形成作战指令。海湾战争中的美军出动飞机 10 万余架次，从全球数十个机场和多个航母上起飞，多批次、多层次、多方向、多目标轰炸，并且发射"爱国者"导弹成功拦截"飞毛腿"导弹，其间并未出现组织指挥、协同动作上的混乱，先进的指挥手段功不可没。最后，解决好联军指挥矛盾。对参加海湾战争的不同国籍、不同作战特点的近 30 个国家、70 多万军队实行统一指挥是美军面临的挑战。基

---

① 美军在 20 世纪 80 年代中后期制订了一系列以中东某个大国为假想敌的应急作战计划，1990 年初形成以"保卫阿拉伯半岛"为目标的作战计划，代号为"90 - 1002"。根据这一计划，美军中央司令部 1990 年 7 月下旬举行了代号为"内窥 90"的演习，对"90 - 1002"作战计划进行全面检验。伊拉克入侵科威特的当日，中央司令部司令施瓦茨科普夫便向国防部长切尼、参谋长联席会议主席鲍威尔和其他高级将领汇报了两套应对方案：第一方案是利用飞机对伊拉克军事目标进行空袭，震慑萨达姆，迫使其下令从科威特撤军；第二方案是按照"90 - 1002"应急计划，用约 17 周时间，向海湾地区运送 20~25 万部队，慑止伊拉克可能向沙特的进攻，并伺机展开攻势，将伊军赶出科威特。1990 年 8 月 4 日，美国总统布什决定采纳第二套作战方案，即后来的"沙漠盾牌"行动计划。

于微妙的政治关系，美军与阿拉伯联军属于平行关系，但由于主要还是美军作战，因此，实际上，美军负责联军作战主要的指挥与协调。联军指挥最大的挑战莫过于避免萨达姆利用阿以矛盾瓦解联军。萨达姆向以色列发射了35枚"飞毛腿"导弹，希望以色列报复，导致中东国家退出联军。然而，美军不仅成功拦截了"飞毛腿"导弹，而且还成功说服以色列"隐忍"。

纵观海湾战争，拥有5530辆坦克、装甲车和700余架战斗机的伊拉克军队几乎没有任何强力抵抗，根本原因是美军立足与苏联交战而煅造出来的多样化的作战能力使伊拉克传统的作战能力毫无用武之地。

海湾战争是在战争胜方拥有理想化的条件下进行的。对先进的侦察和通信装备、武器平台的战场适用性，以及指挥与后勤等各个方面的要求都无法准确界定，尤其是美军在海湾战争中拥有比越南战争更加可靠和有利的政治地位。但是海湾战争的胜利使美国全国而不仅是军队体验到了变革军队带来的"甜头"。海湾战争中所谓的令人耳目一新的作战方式，其实在以色列军队多次与阿拉伯军队交战中、英阿马岛战争和美国入侵格林纳达等军事行动中便已经出现。但是基于海湾战争所产生的国际影响力，美军令人"耳目一新"的作战方式取得了震撼性的效果。高效的指挥与机动、极小的伤亡、大量精确打击手段的运用和被打得完全失去了战场情报而狼狈不堪的伊拉克军队，这些景象在发达的国际媒体面前崭露无遗。美国军队感受到变革带来的能力跃升，军工产业及相关产业看到了巨大的军火市场，美国的政治领导层感受到了自信和国际社会（尤其是对手）的震撼，美国民众和社会彻底扫去了越南战争的阴霾而提升了国家自信。军队变革在海湾战争中释放的收益远远超出了军事和国防领域。军队继续推动变革有了举国之力的支持。

海湾战争是美军联合作战能力的首次亮相，也是美国主导冷战的见证。海湾战争使美国将战略重心由遏制苏联变成了构建国际新秩序。美军联合作战能力为美国角色转变的理由做了最好的说明。

沙漠地带使美军的侦察卫星可以几乎透明地掌握伊拉克共和国卫队的部署与调动，萨达姆落后的守土观念和堑壕防御思想，计算机和卫星支撑的先进指挥系统，精确制导的炸弹等等使海湾战争几乎成为美军联合作战能力的"秀场"；但其背后的空地一体战理论，《戈德华特——尼科尔斯法》，以洛克希德-马丁、波音、麦道等为首的大批充满竞争力的军工集团，职业兵役制，依托国民教育的军官教育的"功劳"等因素更加不可低估。

海湾战争后的美军之所以没有停止更新作战能力，是因为美国力图从冷战的胜利者变成全球秩序的构建者。因为，美军在索马里、波黑、海地、科索沃等矛盾激化地执行区别于冷战时期的任务时，发现自己尽管有着无可匹敌的先进装备和训练有素的官兵，但仍然具有容易被对手利用的明显的能力弱项。执行新型任务时暴露的能力弱项，是美军不断完善联合作战能力的直接原因。

海湾战争和科索沃战争反映了美军早在冷战时期就已经彻底摆脱了完全建立在与苏联进行直接大规模作战基础上的建设模式。力主形成"无可匹敌的压倒性军事优势"的小布什政府上台后，美军开始了自第二次世界大战之后规模最大、程度最深、范围最广的转型。小布什政府在星球大战计划的基础上积极推动战略导弹防御系统，"不惜单方面退出1972年与前苏联签订的《反弹道导弹条约》（ABM）"[①]。战略导弹防御系统对他国是防范大国导弹威胁的"盾牌"，对美国则是推行全球霸权的地缘政治武器、激发国内商业与科研资源的新活力的"强心剂"。国家和战区导弹防御系统在全球重点地区部署，强化了美国在冷战后对全球重点地区的影响；研发导弹防御系统不仅将星球大战计划的科研成果加以延续与扩充，而且对于信息技术、新材料技术、轨道技术等诸多前沿技术进行新的升级，使美军具有更加深厚的技术储备和能力更新基础；美军掌握导弹防御系统的操作技能，在作战行动层面可以针对导弹威胁获取更长的预警时间，在作战能力层面可以控制更大的战场。然而，导弹防御系统使其他大国相当一部分用于发展战略威慑的努力变成徒劳，最大的价值是使其他大国开始对美国发展战略威慑能力的模式进行模仿，结果按照美军的作战方式来设计自己的作战方式，永远处于落后者的地位。

小布什时代，美军的常规作战方式并没有产生质的飞跃。阿富汗战争和伊拉克战争中，美军的作战方式仍然是海湾战争时的延续。然而，小布什时代的国防部长拉姆斯菲尔德主导的美军转型对美军最大意义不在于具体的作战能力的跃升，而在于通过转型激发了美军创新作战能力的能力。这主要得益于两个原因：一是拉姆斯菲尔德的强力推进。拉姆斯菲尔德是美国历史上最年轻的国防部长，也是最年长的国防部长。他在福特总统时期便担任国防部长，这样的军队领导资历使他成为推动军队转型时最可能采取强力方式消除转型阻力的人。他自己在上任后不久便说："当布什总统在四分之一个世纪把我召回五角大楼时，他要求我与国防部和军队的高级领导人一起，制定新的防务战略，设计出一个思路。他知道我是一个老者，但我敢打赌，他绝没有设想我们会让骑兵重返战场。"这样的言辞无疑是转型决心的宣告。战

---

① 美国总统小布什于2001年12月13日宣布，美国将在6个月后退出《反弹道导弹条约》（ABM）。

争并不是军队变革的良机，因为军队变革导致的能力动荡足以使一支强大的军队成为泥足巨人。然而，正是拉姆斯菲尔德这样的强力变革领导人，一边从事阿富汗战争和伊拉克战争，一边推动军队转型。刚好借助两场战争来不断考查、检验和评估、校对转型的目标和进程、举措。二是富有变革精神的高级将领。从越南战争之后，美军许多年轻军官亲身感受到美军作战能力的短板与缺项及其原因，当他们成长为高级将领时，自然比成长时守旧军队的高级将领具有更大的变革精神和更强的变革意志、领导变革的能力。从参联会主席到各个军种的参谋长，均经历过越南战争之后美军痛苦的变革，在拉姆斯菲尔德担任国防部长时，尽管在领导方式方面与拉姆斯菲尔德存在芥蒂，但是对于推动美军转型的方向与能力目标、重点等关键问题高度一致。

从阿富汗战争和伊拉克战争后期来看，美军正在大量使用无人机对重要目标进行精确打击。低消耗和几乎人员零伤亡的作战方式正在成为未来主要的作战方式，但是，仍然没有脱离远程精确打击模式的特点和规律。无人机的频繁使用既有试验性和探索性目的，也有减少牵动美国国内神经的伤亡的考虑。然而，从技术角度看，无人机及其信息系统不可能代替人可以自主选择打击目标，它们往往造成对民事目标的误炸误打，使美军总是处于道德低谷当中。这说明，作为大势所趋的无人化作战仍然不能脱离人。人的主观意志与感情仍然对战争有着不可回避的影响，机器代替人的主观意志和感情仍然有相当长的道路。

对军队最大的"腐蚀剂"是胜利之后的和平所导致的拒绝变革。历史上所有霸权国家在取得霸权地位后，都容易失去称霸所需的尚武精神，最终在和平中变成了"温水中的青蛙"。然而，冷战之后的美军并没有因为最危险的苏联消失而放弃发展新型能力的意志。

霸权国家军队发展新型作战能力之难主要有三个方面：一是强大后的自信扼杀了变革意志。主要对手消失的军队最容易懈怠武备，罗马军团、蒙古骑兵和入关后的满清八旗都是这一规律的实践者。能力的自信使军队在潜意识中抵制自我变革。军队内部激活新型能力的因素遭到压制，甚至是扼杀。二是霸权代表着利益格局固化阻止变革性举动。成功获得霸权的国家军队都非常容易陷入一个怪圈：因为争霸过程中，需要稳定的军事体系，并延续到霸权争取之后，从而对新技术、新思想所产生的革命性的影响失之于敏感。苏联红军在"二战"后的持续强大，却惨败于阿富汗，就是因为寻求新型能力的举措受到"二战"经验的钝化。三是大部分战功卓著的将领将因为崇高的威望而在胜利之后的和平时期继续统领军队。他们容易自觉地沿袭胜利的经验和惯例，即使主观上不愿意，那么也可能在客观上产生对新鲜思想和技术的排斥。

然而，美国却并没有蹈袭覆辙。冷战后的美国军队并没有停止创新作战能力的步伐。除去美国的民族文化创新开拓色彩浓厚之外，还主要有三点原因：

一是冷战结束后美国面临的霸权威胁发生改变，促使军队发展新型作战能力有了新的战略需求。苏联解体使美国军队骤然间失去了对手，但冷战"后遗症"却使美国面临诸多困扰。尤其是苏联势力范围内的东欧、南欧和中亚地区的民族宗教矛盾开始凸显，恐怖主义势力成为新的直接威胁。美国介入波黑战争差点陷入泥潭和美国在索马里的撤出使美国军队看到了新的能力缺失。冷战时期的美军，面临的对手和威胁是确定的和显而易见的，而冷战之后，美国军队面临的对手和威胁是多样的和难以预见的。面对新的不确定的对手与威胁，美国发展新型作战能力有新的外部激励。

二是国防部长和军事将领的任职制度，有利于防止军队因循守旧。美国国防部长随着总统的更换可以定期更换，参联会主席、各个军种部长与参谋长都具有法定的任职年限。这样的人事任职制度，使美军在每一个阶段都有一个具有新鲜思想的领导人与军事将领在统领，他们可以较少地受惯例与历史经验的束缚，将新思想用于军队变革实践遇到的阻力也相比其他军队更小。从克林顿担任总统时期开始，历任国防部长都根据技术发展和战略需求提出自己的思想与举措。例如，佩里发动新军事变革，重用了一批主张军事变革的人才；前参联会副主席欧文斯提出了"系统集成"思想，在他任内开始推动将美军所有的侦察预警、战场监视、指挥控制系统与各军种的精确打击连为一体；陆军参谋长沙利文积极倡导美国陆军积极推进非接触作战理论，主持制定了《21 世纪部队》《后天的陆军》等陆军发展长远规划，而且创造性地提出了建设数字化陆军的新构想。在持保守主义立场、更加重视军队转型的小布什担任总统后，美国军队变革开始走向制度化和整体化。2001 年，美国国防部甚至成立了转型办公室，来集中规划和推动军队转型。

三是以信息技术为主体的新兴技术群被广泛运用于市场竞争。美军发展新型作战能力的根本支柱，是有利于产生新技术并打破旧利益格局的市场竞争，推动技术和商业方式的更新，最终使军队成为社会经济发展、科技进步和市场商业竞争激励的最先受益者。信息技术革命不是第三次浪潮的起始，而是第三次科技浪潮的结果。自从核技术和航天技术成为军事技术制高点后，将地球各个角落和天地之间进行连接的信息技术便成为必然。克林顿时期提出数字化地球和信息高速公路等经济发展新形态，社会和商业领域开始形成新的变革气息。显然这些技术群的出现，为军队利用新技术研发和使用新装备奠定了基础，新的市场商业竞争模式的出现促使军队采用新的管理方式和行为方式，从而为推动理论和结构、作战方式的变革形成了有利的氛围。

这三点原因仍然在新的时期内发酵。美国军队最根本的优势不在于某项技术与武器装备的巨大和新型杀伤能力，而在于美国成为众多国家推动军队变革所效仿的对象，几乎所有国家军队都有意或无意地带有美国军队变革的痕迹。比如《国防部改组法》中的军政与军令二元制、武器装备研发的市场化、军人教育训练依托国民教育、职业化兵役制度，等等。

在当代，强大的美军可能又是人类历史上又一支强大的军队，它拥有几乎在当代先进得无法超越的技术。从海湾战争开始，它就是用先进技术武装起来的军队，它的成功不仅仅是漂亮地赢得海湾战争的胜利，更大的成功在于它成为各国争先效仿的对象，从技术、编制、训练，甚至是理论，无一不有美军的影子。技术的引领并不能完全证明美军不可战胜，而思维方式的引领使人们几乎开始迷信美军将成为未来的常胜之军。按照美军的思路成为各国军队不自觉的作战和建军思路，这种"沉醉"使那些最基本的战争规律逐步被遗忘，甚至被抛弃。科索沃的"辉煌"胜利和美军与哪怕是盟军的如此差距，更加强化了人们的上述思维。然而，阿富汗战争初期和伊拉克战争初期的美军几乎是"摧枯拉朽"之后，战争持续进行后却令人"大跌眼镜"。终日穿插于山洞中的塔利班残余、出没于网上游动的"基地"骨干分子、突发于深街窄巷中的路边炸弹等令美军手足无措，先进的技术正如重拳打蚊子一般，毫无建树。山上、网上、街上的"游击战"使美军伤亡持续上升。美国的政治家、军人和民众开始心生余悸。当然，他们也开始反省自己的战争思维。当利比亚战争爆发时，美军便开始收缩，既不是主帅，也不是先锋，而是协调员。当叙利亚的化学武器问题激化时，美国民众以从未有过的未战而反战的行动阻止了美军的介入。美国的决策者们不得不正视这样一个现实：所有人都开始反思战争，当然，美军也会反思自己的能力。

下 篇
从启示中探索未来

胜负起始于"脑中"：掌控根源并掌控结局

未战先胜的经验只归结为一点：尽早行事。尽早谋求领先于现实或者潜在对手的优势，尽早从威胁中发现并创造机遇，尽早控制未来的战场。

人类的力量不如猛兽，但却成为万物主宰，因为人有发达的头脑。军队之间的战争犹如自然的生存竞争，头脑胜利才是最终的胜利。军队的结构设定、能力塑造、作战方式（使用方式）的组织、思想和职权反映着军队如何思考，决定军队将会有什么样的能力来应对危机、以什么样的方式来应对危机，在危机时对于威胁和利益是如何确定的。

只要是人类从事的活动，现实从哪里发端，思考就从哪里开始。自然规律决定了世上永恒地存在差异。然而，技术不平等，思维却是平等的。卡尔·冯·克劳塞维茨坦率地指出："应当对战争领导者的思维进行培养，或引导他进行自我教育，这一点决不可在战场上弥补。"胜利首先源自于大脑。思维上的"技高一筹"才是立于不败之地的根基。为什么胜率高的军队几乎每一次取胜的方式都是不一样的。因为它们总能深刻地解读战争本质，把握战争发展的大势，超前科学地设想战争模式，在战前就获得了胜利。

战争是从塑造军事机器开始的，作战行动的结果只是塑造军事机器思想、政策、组织、资源投入的延续性的必然结局，如果面临新技术和新形势，任何既有的武器系统、编制体制和理论以及作战条令仍有价值可用，它们可能仍然沿着传统技术条件下和传统模式的道路上的速度发展，当遇到新情况和新的威胁时，它们便很可能犯下思想和行动都落后的错误，从而导致溃败。

◆ 胜负的根源：思维方式的差异

战争在战争准备时期就开始了，军队应该做到未战就积累比对手更强的战争能力和战争资源、更加有利的战争形势和战争规则、更加长远的战争设计和战场建设、更加正确的制胜思想。以新型作战能力制胜的本质是追求先胜。

世界上没有孤立存在于某一个领域内的战争，无论是从战争的目的、战争的具体行动，还是参与战争的"人"来看，无一不涉及政治、经济、文化、军事、社会等各个领域。无论是从政治、经济、文化等宏观角度来思考战争，还是从科技、社会、地理等微观角度来思考战争，对战争的认识，无非有两种思维方式：一种是将战争看作迫使对方服从自己意志的对抗性行为。另一种是将战争看作几乎涉及"人"能接触到的所有领域的矛盾运动。前一种思维方式，认为战争的终极目标是迫使他人屈从，后一种思维方式，认为战争的终极目标是控制"人"之间形成物质和精神领域内的互动。前一种思维方式是把他人当作权力的对象，而后一种思维方式是把世界（人类社会）当作权力的对象。前一种思维方式造成的结果是打完一场战争，又制造新的敌人，再打一场战争，以致每两场战争之间都会产生所谓的新兴的军事学说、新的政策宣示，这些又是下一场战争的信号。后一种思维方式造成的结果是打完一场战争，便致力于消除胜利者心中所认为的产生战争的根源。显然，前一种思维方式永远是设计通过永无休止的作战行动获得成功的思维方式，后一种思维方式是设计通过一场战争来控制行动的思维方式。

两种思维都希望成为战争胜利的思维。但是，同样的作战行动，在两种思维方式的支配下，必然会产生不同的结局，前一种将战争当作力图使他人永久屈服的手段，后一种将战争当作谋求创造永久对自己有利的世界的手段。而历史已经证明，任何人的屈服都是暂时的，前一种思维方式的结果就是制造早晚使自己被打败的一系列的战争，而后一种却是使自己能够掌控态势和战争主动权的思维方式。

战争对抗的是思想、态势、文明、技术，最终对抗的是"人"。善战者不是一味地寻求对抗制胜，而是将对抗作为实现战争目的的有效手段之一。尤其是在全球化时代，国家之间相互依赖，每个国家在应对安全威胁时，最多的担心是害怕日益变得不安全而受到孤立，所以最根本的安全威胁不是来自于别国强大的军队对自身安全的威胁，而是在战争态势上遭到孤立。所以，战争制胜的根本之道就是创造有利的战争态势、战争规则、战争同盟、战争文明、战争技术。例如对美国的战争设计：战胜美国的最佳方法不是和美国对抗，而是使对美国至关重要的地区（主要国家）即使脱离美国，仍然能够在经济上繁荣、政治上和谐、文化上交流、军事上互信，致使美国的控制能力和主导能力下降，难以使用它的战争资源。

善战者总是力争使自己能够控制战争。随着人类文明的发展，人的需求已经突破了"吃饱"的基本生活范畴,逐渐向更高级的精神生活,如尊严、荣誉、思想自由等方面追求,人类开发自然资源、创造社会资源、发展信息资源的能力也越来越强大,人的需求越来越高级以及人改造世界能力的不断增强,决定了人类社会内部对有限资源的争夺逐步转变为对现有资源的再创造和共享,从动员尽量多的人力手持冷兵器残杀的人类文明初级的战争,直到通过大量使用钢铁等物质能源塑造的工业战争,再到利用计算机系统、天基系统、心理攻防系统攻击对方精神领域和思维领域的信息时代战争,人们对战争的控制力在不断增强。文明越发展,战争越可控。

控制战争才是战争胜利的根本之道:在战略全局层面上控制战争规模,使战争指导都能够相对自由地使用战争资源和发挥战争艺术;在技战术层面上控制战争手段的使用,以最小的风险与代价、最快的速度达到战争目的;在精神道义层面上控制战争的价值导向,充分体现战争的进步作用,"得道多助"。

胜利者通常是战争目标明确、合理的一方,失败者通常是目标模糊、无序的一方。战争目标由战争指导者来制定,因此存在于战争指导者的头脑中。传统上,确定战争目的建立于正确评价各种实力对比的基础上,方式主要有两种:一是基于威胁,有什么威胁,便打什么样的战争。然而现实中,并不是所有"威胁"都是一成不变的,也并不是所有"威胁"都能产生实质性的威胁举动或效应,有的威胁是致命的,有的威胁是局部性的,所以,针对不同的威胁与危害来制订战争计划。二是基于利益。有什么样的利益就打什么样的战争,有的利益是核心利益,有的利益是重要利益,有的利益是一般利益,根据利益的性质来从事战争。

未来,确定战争目的不应是将威胁与利益分开的,而是将威胁利益统一起来进行思考的。将战争的政治意义不定位为简单的利益与安全,而是根据利益来界定威胁,即不被动地应对安全威胁,通过寻求共同利益来化解安全威胁,通过化解安全威胁来扩大利益需求。未来的战争目的是打出共同的利益、共同的价值观、共同的思维方式,消灭误解、分歧、仇恨,而不是将其放大。

正如在任何科学领域内一样,手段的更新会改变对结局的设定。战场优势的改变最终会促成战争目的的变化。当战场优势在于人数和经济规模时,战争只是对有生力量的杀戮和对物质力量的摧毁,战争目的是消灭对方和保存自己。而当战场优势是争夺全球位势时,充满道德性的战争目的便会顺势而出。战争由强迫对方服从自己意志的手段变成了控制对方接受自己意志的手段。显然,要做到后者的难度更大,仅仅有单方面的技术优势远远不够。

对技术的运用，必须加入政治性因素和道德性因素，使战争目的由占领性、摧毁性趋向于控制性、颠覆性。

低毁伤的战争往往是以高消耗为代价。在远程精确打击手段和太空平台的支援下，可以致命一击，战争会在这种情况下结束吗？伊拉克战争的长期化和美国国会反对出兵叙利亚证明了短促有力的战术规模行动的战略性效应是否如愿，不取决于短促有力的效率，而是取决于战争目的。

其实，主观性地设定战争目的在历史上都是输家。因为战争目的是否正确并不仅仅取决于主观意志和所谓的力量对比，而更多的是取决于在战争过程中的调控。伊拉克开战前，美国设定的战争目的是摧毁萨达姆政权及其军队。当回顾战争全程后，不妨假设如果执行斩首行动，那么美国遇到的麻烦将会更大，因为一旦斩首成功，萨达姆会变成中东地区反美力量的精神领袖。活捉萨达姆，进行审判，最终实施绞刑，彻底抵消了萨达姆在中东的精神影响。所以，缺乏考虑控制的战争目的决定了美国至少不可能从伊拉克快打快撤。

战争的结局其实存在于战争决策者的头脑中。这不是否定战争的客观性，而是战争决策者确定战争目的、战争方式、军队的作战思想对于战争胜负的决定性作用。战争目的和方法如此迥异，导致了战争结局的迥异。过于信奉火力和兵力的军队难免失去对战争的控制，即使它每仗求胜之心强烈。

研究战争不能忘记那些不断重复发生的错误：战争目的不可控，造成战争本身不可控。麦克阿瑟本来可以成为美国历史上在亚洲战功最为卓著的将领，然而朝鲜一战，一世英名毁于一旦。当他越过三八线后，等于意味着美国的战争目的由维护条约和战略缓冲区变成了对朝鲜半岛的争夺，即使中国不出兵，苏联也默认美国对朝鲜全境的控制，那么仅凭朝鲜北高南低的地形和贫瘠的土地，足以使美国单独直面苏联和中国两个大国。驻扎在朝鲜半岛的美军，要么以进攻的姿态，预防苏联和中国主动进攻，要么以驻守的姿态形成正面横亘朝鲜北部的防线。前者，因地势不利而难以形成真正的威胁，后者，因战线过长而难以保持长久。当中国出兵后，战争目的就是维护三八线，因此，志愿军少有孤军深入之举，使美军被迫处于长期消耗之势。如果中国的目的是全部将美军歼灭或者逼迫其退出朝鲜半岛，力不能济，那么最终的失败者很可能是中国。

有人天真地认为，技术的进步使现代战争不需要多场战役战斗了，一场战役，甚至一场战斗，就可能决定战争胜负，甚至本身便成为一场战争，因此，仅凭技术优势，夺取陆、海、空、天、电的战场控制权，完全可以取得一场战争的胜利。从技术角度而言，至少反映了技术的巨大威力。不能否认，技术进步对战争的颠覆性影响。但那种情况只能在一种前提下有效，即一战而胜者只要求城下之盟，一战而败者也愿意做出城下之盟。这恰恰证明了战争目的的可控性对于高效使用战争方法，从而决定战争结局的原理。技术只是丰富和增加了战争方法，并没有从根本改变战争目的与方法的关系。

有人认为，英阿马岛战争的胜利是英军全方位的胜利，因为在英国做出战争决定之时，几乎便已经取得胜利，英国的先进武器和那些灵活而强大的工具，无时无刻不对阿根廷军队构成了威胁，使阿根廷军队无法准确地做出判断，更谈不上有效应对。这种说法显然只听信了外行者的一面之词，阿根廷根本没有完成充分的谋划和准备便发动战争是马岛结局的根本因素。战场显然更加有利于阿根廷，国际舆论氛围和政治气候也不利于英国，阿根廷根本上就不缺乏制胜要素，它缺乏的是将制胜要素转化为制胜行为的战争设计。

◆ 胜负之理：技术之差与强弱之别

经济理论有一句名言：连通性就是生产力。在资源总量一定的情况下，对其进行整合可以促进提高生产效率。战争如此，似乎有这样一个定律：持久战的胜利总是属于更有能力保持信誉、持续获得给养的大国和大国联盟。这种拼消耗的战争思维已经忘却另外一个事实：大国、强国总是挥霍资源，而小国、弱国总是珍惜宝贵的资源。似乎弱者的胜利利益更加善于把有限的资源不断地用于战争。

资源整合的艺术往往需要人们在头脑中清空那些自己认为的优势资源，把自己想象成水。水遇障碍，便绕开，遇到瓶，便成瓶状，遇到溪流，便纳入之，遇到大海，便融入中，总之，水的艺术是适应各种各样的战场和战争，整合资源的艺术就是使自己能够适应多种能力需求。

所以，技术先进的军队容易将战争看成一个现代信息化程度相当高的企业的运作，其中，每个工作岗位都是企业这台运作精密机器中的零件，所有内在的流程、机制、岗位职能可以通过建立整体运作的模型来支持科学的决策并确定分工。在生命不受威胁和利益诉求稳定的情况下，企业中的各个岗位人员可以理性地根据自己期望的收益和作用来履行义务和享有权利。而战争中，所有的指挥岗位和战斗岗位都不可能通过标准化的运作来促成整体能量的释放，每个指挥岗位和战斗岗位的人都有可能遭受生命威胁，在未知的情况下出现操作和行动失误，指挥信息传递永远面临着低效，甚至是失效的可能性。意志和情感类的影响永远难以进入量化的模型。这导致了一个问题，技术化程度越高，自主性能力越强的军事系统，协调运作的控制难度就越大。高度复杂的军事机器，从个体看，控制力的下降使弱军总能寻找到机会。

整合资源的适应性就是真正的战斗力。战场是中立者吗？显然不是！沙漠和平原显然有利于技术水平先进的强军，而不利于传统的机械化军团和散兵游勇。深街窄巷和荒山野岭显然有利于行动灵便的小型力量，而不适应先进但笨重的大规模部队。随着技术越来越先进，越来越多的深街窄巷和荒山野岭被技术所覆盖，但技术可靠性却承受着巨大的考验，因为技术越先进之时，其实也是越容易忽略人的本能的作用之时。

技术的发展使过度使用资源和力量越来越频繁，例如精确定位和制导、精确打击，可以使打击同样的目标花费更少的弹药。然而，很多人却容易忽略两个事实：一是先进的技术需要花费更多的资源，而且技术越先进，资源花费越多；二是技术永远不可能成熟，因为一项打击技术出现后，必将有一项或者多项防御技术，技术竞争的叠加，使双方都难以停下资源和力量使用的速度。技术本身就是短板。

战争不仅仅是搏斗，因为搏斗只是力和技的竞赛，战争还包含了道义和智慧的竞赛，战争双方无一不是在追求占领道义上的制高点，并运用战争智慧来支配力量和技巧的对抗。

历史上的强军（包括以弱胜强后变强的强军）无一不是善于把握战争发展的大势，超前科学地设想战争模式，提出战争思维，再根据本军队面临的战略形势，制订具体的作战计划、研制装备及新型作战手段（武器系统）、实施先进教育训练提高军人素质、预置建设可靠的战场、制定战争规则。战端一启，便迅速控制战争走势，可以说，强者胜在战前。

从宏观的历史大势出发，强势者的思维就是主导性的思维，不是把自己的命运寄希望于未来，而是把未来融入自己的命运走向之中。

弱军通常是偏重于战争的一个方面，或者侧重于应对具体任务，以至于出现了许多"短板"，要么过分突出技战术水平的提高，而忽略了战略层次上的整体筹划，以至于迷失了方向，赢得了战役、战斗却输了战争。从根本上说，弱军之所以弱，是弱在战争设计的能力上。没有从最高层次上来锻造驾驭战争的头脑与行动能力，而是偏重于提高如何应对具体问题的手段，殊不知，这只能在战争的思维、战争能力的使用上处于被动应付的地位。

拿破仑从来不具备在战争层次上主动选择战场的能力，纵使以他的天才，可以在每次战役战斗中，灵活机动地出其不意，但每一次重大的战场胜利后，要面对的是下一次更加强大的对手。他只是一个消防员。同时代的英国，从来没有在陆地上战胜过拿破仑，但是可以牢牢把握发动战争、寻找盟国的自由，使拿破仑永远处于使和平失控的战争贩子的地位。

战略设计的作用就是令不确定性因素如何变得确定起来。不确定性因素泛滥，那么无论双方主观意志如何，杀伤和消耗便不可避免。无论强弱，因为以巨大的杀伤和消耗为代价的战争，考验的不是双方的兵力火力，而是双方对代价的承受能力，这样的战争不会有胜利者。也许会有人否认这个判断，并且拿出科索沃战争来证明这个观点的偏颇，他们会说，北约不正是使用新型空军带来的压倒性的空中优势最终使南联盟屈服的吗？其实当冷静下来后发现，科索沃战争最终是因为南联盟承受不了空袭造成的巨大损害，而北约并没有承受超出新型作战能力之外的消耗。科索沃战争是北约在技术上的胜利吗？不是的，试想，如果北约出动地面部队入侵南联盟，届时将会有无法估计的不确定性因素。其胜利的根本原因是北约使战争的不确定性因素得以避免发挥作用。

时代的发展使国家之间共同利益日益增多、联系越来越紧密时，不管弱国，还是强国，各自对其他国家的影响力都在增强。弱国已经不可能任人宰割，这不是强国道德水平的提高，而是强国对弱国的肆意处置最终会伤害到自己。所以，当精确的战场感知和精确打击力量成为军队的主要力量时，当战术性常规武器的威力急剧增大，甚至接近于核武器时，当网络对于军队的指挥具有决定性意义时，新型作战能力的意义价值逐步超越了军队的规模和人数，从而使壮怀激烈的血肉搏杀已经退出了战争的历史舞台。

但是，一个问题却是必须考虑的：强军的弱点有哪些？强军有着难以发现的软肋：强军必须把所有事情都做好，才能保持优势；而弱军只要做好一件事情就能使强军难以出手，甚至被迫就范。这就是为什么看起来弱军更加容易发展新型作战能力，而强军非常艰难的原因。

传统思想之所以有价值，是因为形成传统的时期，也是任务和能力需求日益明朗的时期。深陷阿富汗战争的苏军指挥官抱怨道："要是在欧洲打仗，我们早就胜利了。"冷战时期的苏军专注于对抗美国的能力，而没能恰到好处地优化自身的能力。美国也有类似的问题，即主要威胁蒙蔽了战略视野，把应对和消灭主要威胁的思想移植到其他问题上来是每一个强军固有的毛病。强军对自身制度、技术、文明的优越感，而缺乏对世界其他地区制度、技术和文明的尊重，是强国和强军的思维漏洞。

这个问题看似与战略设计和作战方式的使用并无直接关联，但是从作战行动的博弈原理来看，从表面的力量结构和行动方式中寻求对手的弱点，比如找对手部署的接合部、关键的信息节点、体系中的联结点等看似敌军力量结构中的敏感和脆弱部位，似乎一打则必胜。再比如，要将敌军引诱至对其不利而对我有利的战场环境中，使其不能扬长避短，使自己可以扬长避短。又比如，力图寻求技术和战术措施来避开敌军的精锐力量或者先进的打击平台。实质上，当发现敌军上述的那些弱点时，那些弱点就已经不是"弱点"了，因为技术的进步和作战理论经验的丰富，完全可以抵消对以前战争经验的总结而产生的对作战行动表象的认知。因为上述的弱点是时刻在变化的，如果问题从这些表面现象出发，只是跟着别人的路子走，永远处于弱者和被动地位。因此，必须牢牢抓住敌军永远无法改变的弱点——思维方式中的弱点。

不知是否注意，美军与"一战"、"二战"、朝鲜战争、越南战争、海湾战争、阿富汗战争、伊拉克战争之变化："一战"和"二战"依赖的是强大的物质力量的"堆砌"，而且对手使用的是和美军雷同的作战方式；到了朝鲜战争和越南战争，狭小的空间和弱小的对手使美军难以"堆砌"强大的人力和物力，美军依赖的是技术手段，而对手使用的是美军尚未见过的作战方式，中国军队是夜战、近战、坑道战、运动战，越军是山地游击战，美国无法适应对手的作战方式，而被迫接受失败；到海湾战争和伊拉克战争中，美国不仅能够"堆砌"强大的物质力量，也适应了作战对手的作战方式，无论是正规战、山地战，还是城市游击战，美军由于平时的训练和对以往战争经验的总结使之应对这些作战方式时表现得几乎完美，但是为什么美军并没有赢得战争的胜利，是因为美军过于依赖太空系统、计算机、显示屏，需要它们提供实时精确的情报，而在撤军前的那段"痛苦"的时期，由于没有实时和精确的情报，美军又几乎无所作为。从美军的战争史可以看出，美军应对各种作战方式都几乎"游刃有余"，但都建立在强大的物质力量和提供比对手更加实时和精确的情报的基础上，这也是美军的依赖之处，这就是美军在思维方式上的重大漏洞。美军思维方式中的弱点就是过于对确定性事物依赖。

美军减少甚至消除确定性的基本方法是掌握信息和传播信息，美军基本上知道它的对手需要什么样的信息，也知道对手通过什么渠道和方式来获得这些信息，美军只要堵住对手的信息渠道就可能使对手的作战效能大大降低。但这种方式随着作战对手信息化程度的提高，风险和代价会越来越高，而且难度也会越来越大，因为这需要各种信息渠道之间保持全时空的同步，进行掌握信息和传播信息，否则很容易使自身陷入混乱。如果有足够的技术使美军在掌握和传播信息过程中，使其各种信息渠道不能同步，也不能够将有用的信息在时限范围内,以合理的方式传播给需要者,则会达成阻碍美军信息战手段运用的自由。这说明美军的体系将会以"非体系"的形式存在。所以,使美军保持既定体系,就是使美军显露弱点的最经济、最省力的方法。努力使美军保持一种形式的体系,就是使美军显露其在战场认知范围内不确定性的有效方式。因为美军的注意焦点如果只是集中于完善自身的体系,那么当它面对战争、战场时,面临的不确定性因素只会越来越多。

如果没有对自身体系的崇尚与自信,那么依照美国人喜欢新奇事物的性格,美军必将因为危机感的产生而导致时刻处于更新、创新和提升状态中,那时的美军才真是战无不胜。如果使美军盲目乐观就会使其走上罗马军团的老路。因为很容易盲目乐观,美军对自身体系的崇尚与自信会造成军事手段的考虑习惯性地压倒其他手段,比如软实力或者巧实力,容易使不确定性因素在认知心理中变成确定性因素。

美军作战能力的支柱有三个:一是远程投送和打击能力,包括精确打击武器、特种作战力量、战略轰炸机和遍布全球的军事基地群等;二是对重要地理要素和战场的掌握,如对世界各重要海洋通道的掌握、建立全球信息栅格等;三是全球化、通用性极强的指挥控制系统,从国家层面直到作战部队层面的指挥控制体系。这些举措的实质就是在塑造未来有利的战场态势,中心就是未来不管在哪里打、和谁打,都将可能的战场环境和作战行动中的变数提前认知,增强其确定性。增强对战场环境认知的确定性的确有助于对战场态势的设计和对战争的设计,但也带来了突出的问题:一是对确定性的依赖越强,对不确定性的战场环境或者作战行动越难以准备或者准备的准确性越低,真正的战争艺术是处理不确定性的战争形势。二是经济、科学技术和社会文明的发展并不可能将战场环境确定得非常理想。因为随着全球化的发展、经济要素的流动、科技成果的普及、思想文明的前进,所有可能的战场要素都处于越来越快速的变化当中,纵使推动这种变化的主导者也难以完全把握速度与方向。

美军构建新型作战能力的基本思路是如何对确定性的因素进行处理以增加其不确定性,针对这一思路,应当对可能的战场环境和作战行动进行确定性的设计和处理,在处理过程中,要以增强对美军的不确定性为前提。

如果只是跟踪美军的发展轨迹,比如,当美军发展隐形飞机和卫星时,也将主要关注点放在它们自身上,那么永远无法战胜美军。可否换一个思路:不和美军在它们熟知的战场对抗,和美军在其不熟知的战场对抗,或者当和美军同样面临不熟知的战场时,才能有相对的胜算。

战场不仅仅是地理要素,如地形地貌、海底水文、天候气象等,以及民俗风情等自然和社会表象，而是发挥战争控制力所有要素的条件的总和。战场的概念应当，也必须是宏观的，包括了文明、制度、心态、信息、行为模式。凭借技术，美国早晚会将全球范围内的地理要素和民众风情了如指掌，但美国人内心中对自身文明、制度、技术的优越感促使它们很难去认识和尊重其他文明、其他制度、其他信息和行为模式。所以，"没有章法"的战争和发动战争的选择权（或者是战是和的行动自由权）才是最令美军感到棘手的。如此，有两个方面使美军难以获取确定性的力量、信息：一是构建新型战场并主动发展新型作战能力，使美军先进的信息技术手段和精确打击手段难以掌握战场环境；二是发展战略层面的心理对抗能力，使美军难以把握战略意图。

这两个方面的作用必须反映在三个领域：网络、战争体系（目标）运用、认知（心理）。在陆、海、空、天、电等传统空间，不可能取得优势，因为传统空间已经存在了多年，美军"经营多年"，已经成为自己的"势力范围"，那么在网络、战争体系（目标）、认知三个领域内，美军毫无优势可言。

用复杂的方法思考复杂的事物难以得出正确的结论。任何军事力量体系都是复杂的大系统，如果以封闭的思维来构建新型作战能力，将难以找到其中关键性的要素，也就难以真正找到体系中真正的弱点。考察战争体系，需要从战争行动的模式入手，因为行动模式是力量结构外在最真实的反映，美军的战争行动模式是这样的：在全球范围内，哪里出现危机需要出兵时，那里附近的基地就成为前进的跳板，如果危机持续，遍布世界各处基地的美军和海洋上游动的航母就会赶赴那里，这就好比全球范围内的"狼群战术"，全球范围内是大群，各个地缘板块是小群。小危机，则小群"蜂拥而至"；大危机，则大群"泰山压顶"。

由此可见，美军的战争体系是这样的，以快速反应部队（包括师以下陆军部队和海军陆战队、特种部队、航母编队、全球机动的空中打击力量）为主轴的打击力量，以遍布世界各地的基地网（军事基地、情报系统）为依托的保障力量，以环绕全球的信息系统（天基、海基、地面信息设施和场所，电磁和太空领域的信息设施）为纽带的控制力量。针对美军这个超强、超级复杂的大系统，如果只是简单地运用综合打击或者联合打击的思维方式，只会造成美军集中所有力量专门对付，其结果不仅是"硬碰硬"，而且还是"孤军奋战"。

这涉及一个战争设计的问题，必须基于目标来考虑，即通过对打击力量、保障力量、控制力量之间联结的破坏，来割裂美军战争体系中的内部联系，从而使"美军有力打不出"。美军战争体系的"基座"是基地，破坏基地网是目标最经济、风险最小、把握最大、效益最高的方式。不能把单独打击某个重要基地当作主要任务模式，而是将某一地缘板块的基地网（群）当作一个小系统，从中割裂，因为不是每个基地都有独立的保障作用的，有的保障空军，有的保障陆军，有的是情报保障，有的是通信保障等，只要割裂它们保障力量之间的联系，就使美军打击力量难以"联"起来，而且不需要承担高强度地对美军某一重要基地进行硬摧毁的风险。

尤其要注意的是使基地网与信息系统"断链"，如果同时打击某基地或者信息系统设施，高强度的硬摧毁会带来巨大的风险，只有在开战前具备使其断链、断网的能力，或者在开战之初便使其有力而不能发，才可能以较小的风险和代价获胜。

任何系统的活力来自于系统内外信息、物质、能量的交换。作为战争体系，其活力也来自于战场信息的获取和传输、武器系统更新与保障、部队补给、军人精神动员。如果能够切断敌人战争体系与其外部国家体系的其余部分的联系，才能最经济地控制对手。

战争指导者应当重点关注敌我双方战争体系与国家体系、联盟体系之间信息、物质、能量交换的手段和媒介。能否将关注转化为成功的行动，取决于两个方面：第一，要么使战争体系与外部的信息、物质、能量交换的工具与媒介和敌方从事相同行为的工具与媒介融为一体，使敌人付诸于作战行动时，绝对会考虑到同样的风险和代价；要么使战争体系与外部的信息、物质、能量交换的工具与媒介和敌方从事相同行为的工具与媒介互不依赖，相互独立，使敌方因为难以确定风险和代价便不能破坏战争体系。这个方面的关键在于将信息、物质、能量交换的工具和媒介进行多方位的成功的塑造，成为敌人仿效的思维和行为，并成为敌人的榜样。第二，使敌方完全依赖共同的信息、物质、能量交换的工具和媒介，使敌方的弱点直接暴露，同时使己方信息、物质、能量交换的工具和媒介不依赖共同平台，可以相对轻易地使战争体系内部崩塌，使敌人认知发生变化，士气下降，物质结构瘫痪，使己方彻底掌握战争的主动和优势。

各种独特的战争设计源自于对战争的不同理解。不是每个战争设计者在冥思苦想时，都能深刻地体会到对战争的真实感受总是受限于已有的知识和思想。而只有感受到这种鸿沟的人才能将战争设计得接近于完美。因为只有感受到自身的局限后，才能去寻找更多的选择。进攻俄罗斯并尽早寻找俄军主力决战的拿破仑没有选择，而决心以退却和牺牲来赢得主动的库图佐夫却有多种选择，拿破仑显然没有将严寒和后勤置于应有的地位来考虑，或者即使考虑了，也缺乏足够的能力来避免不利因素，而库图佐夫利用了拿破仑的此项弱点。因此库图佐夫如果进行正面决战，战局才可能会被天才的拿破仑所掌控。

◆ 视角决定视野：从多棱镜观测战争

人类的历史就是和平与战争的互相交替。人类对战争的理解，也反映了人类对和平的理解。当然，如果每个国家、每支军队对"什么是胜利的和平"、"打败对方的标志是什么"等问题认识一致的话，那么人类处于战争与和平互相交替的历史进程便宣告结束了。反对空想，因为世界是现实的，只要现在的历史延续下去，人类能否向更高级的阶段发展仍然取决于和平与战争如何交替。

当求生图存的人不愿与其他人分享人类的共同财富时，战争解决问题几乎是世界历史舞台上的通则。所以，当回望历史长河时，战争给人的印象是如此野蛮，几乎所有人将战争等同于暴力，唯一不同的是，不同的人对于暴力的不同态度和使用方式。然而，战争的经验告诉人们，战争胜负既在于蛮力，又在于心智。力量之于战争就是要打败对方，使对方屈从于自己的意志，智慧之于战争就是要赢得有利的和平。

在海边的人们通常会被壮观的海浪所吸引，甚至震撼，但是很少人想到，忽高忽低、忽快忽慢地呈现出各种图景的海浪，其本质仍然是水。海浪只是水的内在能量在地球和月球的系统里展现的形式而已。因此，深刻的洞察力来自于对本质的掌握。

战争的本质是什么？人们可以如数家珍一般地列举出关于战争的科学定义和各种充满智慧的描述。但是，战争是一个人类社会中的多棱镜，折射出人类社会的多个侧面，充满着智慧地对战争的不同诠释也就出现在人类思想宝库中。有人认为战争是政治的继续，但却不能解释人类历史上，为何通过战争解决的矛盾要远远多于未通过战争解决的矛盾，政治手段总是难以突破战争的界限；也有人认为战争的目的是保存自己，消灭敌人，尽管美军在近几场战争中几乎零伤亡和对对手几乎是摧毁性的打击，却很难使战争按照自身所设想的方向发展；还有人认为，战争是利益冲突的极端化形态，然而大多数战争却没有调和利益冲突，而是进一步激化了矛盾或者制造了新的矛盾；有人认为战争是大国争霸的产物，然而大国间战争从来没有打出一个霸权来，相反，真正的霸权总是"坐收渔翁之利"；有人认为战争是民族间历史仇恨的产物，然而战争史上的同盟却总是存在矛盾，却解决了很多民族间的历史仇恨。

世界上从来就没有超出人类目标以外而盲目、无休止进行的战争。人类生存的目标决定了战争的本质。因此,战争是人类社会的特殊活动之一,战争的通则自然存在于人类社会的活动之中。无论科学技术和科学思想处于哪个发展阶段,人类活动的基本原理都是通过获取信息、物质、能量来认识世界、改造世界,从而追求生存、幸福。

农业(畜牧业)时代的战争,敌对双方为了"肚皮"而大量使用冷兵器对对方有生力量残杀,最终目的是获得粮食、水源等生存的基本物质条件。战争双方着重运用自然资源(人口、粮食、土地)进行对抗。

工业时代的战争,双方大量使用钢铁铸造的装甲集群、航母舰队、大规模轰炸机群等武器攻击对方军队、能源系统、工业体系、交通设施、中心城市乃至自然人口,着重将自然资源(人口、粮食供、土地、石油、矿藏)和社会资源(政府组织效率、结盟规模质量、科学技术水平)并重使用。

信息时代的战争,敌对双方广泛实施非线式、非接触作战,非对称作战直接打击敌方领导机构、指挥控制中心、信息枢纽和战争意志等战争体系的重心目标,将物理打击与心理震慑相结合,迫使对方就范。着重是自然资源、社会资源和信息资源(社会认知、思维方式、利益需求等)运用的有机组合,控制信息资源,影响敌人的认知、思维方式、行为规则。

社会越向前发展,人的思维、行动能力就会不断地超越历史,缔造不同的社会形态、科学技术、制度规范、观念文明,也为战争提供了新的范式。战争发展的轨迹告诉人们,不同的时代,战争资源的内涵和组成结构不同,随着社会形态的发展而不断丰富发展,科学技术的发展延伸了人的能力。战争由从冷兵器战争时大刀、长矛的拼杀,发展至信息化战争时导弹、卫星、计算机的对抗,战争制胜机理也从使用大规模军队大量杀伤对方有生力量,发展到今天利用小型、先进的精确打击手段和快速突击力量攻击对方要害目标。一项新兴技术的产生,必然会引发另一项"克星"技术的产生,一种作战能力的出现,必然会引起另一种作战能力的出现。战争的发展与演变过程中唯一永恒贯穿的是作战能力的跃升与更替。作战能力的跃升与更替决定着不同的战争的结局。

所以,在科学技术日新月异的今天,可供不同战争使用的新式的和未经检验的武器层出不穷,军事理论的创新是历史上最为活跃的时期,作战能力的更新决定着一支军队、一个国家在未来战争中的命运。

因为决定战争结局的许多因素,甚至是全部因素在战争前便已经出现。甲午战争前,中日两国几乎是同时开始海军建设的,大部分海军人才都在欧洲留学，装备都采购自欧洲，然而舰队建设的思路不一样，导致了胜负之势相异。清朝海军追求"重"，吨位大、火炮口径大、炮弹杀伤力大，导致了行动迟缓、战术呆板、火炮射速慢，日本海军重点追求"快"，机动速度快、火炮射速快，从而灵活机动，发展新型的舰队作战能力的差异决定了结局。虽然已经过去百年，但其中蕴含的道理却没有过时。

◆ 将规律变成力量：控制战场

空间是事物存在的基本载体，任何战争都是在一定的空间范围内进行的，战争的空间形态，实际上是科学技术在空间上的延伸形式。战争起初是在陆、海平面上进行的，新型作战能力在于如何争夺制陆权和制海权，当战争演变为在陆、海、空三维立体空间内战场进行，新型作战能力在争夺制海权、制陆权的基础上，进而争夺制空权，随着信息时代的到来，战场空间不仅涉及陆、海、空，而且还进入了外层空间和网络、电磁领域，新型作战能力以夺得制信息权为前提，进而争夺制太空权、制空权、制海权、制陆权。战争演变的历史告诉人们，战争往往是在多个空间内行动，而空间交叉甚至重叠，具有实效的新型作战能力的出现均会避免过于突出或偏重某一个空间，强调的是综合控制战场空间。其主要是通过确定点状、面状、线状、体状的空间，来完成军事力量的部署与展开，使各战场空间的局部行动之间有序配合，并且控制战场空间的变化，适时拓展或压缩战场空间，充分利用战场空间，不使任一空间领域"闲置"而为敌所趁，确保各种空间领域形成一体，形成战场空间的整体优势。

分析 250 年以来的战争历程，不难发现，攻防行动在物质与精神两大领域内并行交织，战场不断拓展，从陆、海平面向陆、海、空立体延伸，直到触及外太空和网络空间。无论科学技术使武器性能如何发展，总能发现这样三个规律：

其一，凡是开辟新战场成功者胜，开辟新战场失败者负。

战争的战场不断拓展，胜利者都是利用了失败者在没有涉及的战场空间内取得胜利的，而起初的失败者总是在阻止了对方拓展战场空间而取得胜利的。在陆、海平面战场时期，作战胜利的一方，攻者总能在对手的后方和翼侧开辟新的战场，一击而胜；守者总能通过打破一路攻击力量，从而避免陷入包围而胜利。进入工业时代后，胜利总是属于在新兴技术支撑下开辟新型战场的一方。英阿马岛战争中，英军在美国侦察卫星、通信卫星的支援下，对海、空战场一目了然，反观阿根廷军队只能通过传统的技术手段，甚至是人力手段进行侦察与通信，相对于阿根廷军队，英军的力量主导了阿根廷军队没有能力进入的外层空间。

其二，能够有效扩大战场或有效缩小战场范围的一方总能占据主动从而取得胜利。

科学技术的发展，敌对双方之间从近距离到远距离，直到超视距，远战能力强的一方可以利用早于对方发现目标、早行动的优势，先行出手，通常能够获得主动。在古代，弓箭手比手持长矛、大刀的步兵主动，在现代，在远程侦察系统支持下的航空兵、远程炮兵要比坦克、装甲车等更加有价值。如海湾战争中，除政治主动、地形有利等因素外，美军取胜的原因是能比伊拉克控制范围更大的战场，它的地面部队装备有大量武装直升机，坦克射程也优于伊拉克军队，美军在100小时场面作战中，能打得到伊拉克军队，而伊拉克军队始终打不到美军。

但是，能够控制战场并不意味着在任何情况下都能保证取得胜利，如果对手使用谋略和技术手段，有效利用地形，激发精神士气，将战场控制在有效的范围内，同样也可以取得胜利，比如朝鲜战争中的中国志愿军，缺乏飞机、大炮、反装甲兵器等远程打击力量，但是能够利用夜暗，朝鲜起伏的山地，并在激发出来的保家卫国的高昂士气的支撑下，和美军打近战，灵活运用坑道战、攻坚战、包围战等战法，缩小战场空间，限制了美军远程打击力量的作用，取得了胜利。

其三，控制更大战略空间的一方总是胜利者。

在工业革命以前，控制陆地，便成为世界上的霸权国，罗马帝国、蒙古帝国、秦帝国至明王朝的古代中国都是所有国际体系的霸权国家，因为人类生活资源集中在相对封闭的大陆区域内，所以，能控制更大的陆地范围的国家都成为当时的霸权国家。

工业革命后的工业化时代，控制海洋，便最终取得了战争的胜利，英国和美国，分别战胜了挑战自身的大陆强国，如路易十四时代和拿破仑时代的法国、威廉二世和纳粹德国，因为海洋的战略空间更加宏大，控制海洋可以控制更多的战略资源，将战略资源用于战争中，可以形成压倒性的力量优势。

从冷战开始以来直至信息时代的来临，全球化进程的加快，航天技术、网络技术、交通技术日新月异，取得战争胜利的都是在战略层面上既控制了目视空间，又控制了物理空间和虚拟空间的一方，太空、网络、电磁等战略空间的优势带来了不可逆转的胜势。

无论远战，还是近战，无论是传统战场，还是新型战场，胜利者均是将控制战场的技术与艺术结合得最科学，而且能通过控制战场，来形成优势的军事资源或巧妙使用军事资源的一方。

设计战争，首先必须明确战争胜利的标准是什么。有人认为，战争胜利的标准是击败敌人的军队，迫使敌人服从自己的意志；有人认为，战争胜利的标准是获取了特定的经济利益；有人认为，战争胜利的标准是实现了特定的政治目标；有人认为战争胜利的标准是申张了正义；有人认为战争胜利的标准是维护和平。显然，从各个维度中去明确战争胜利的标准是不科学的，因为每一场战争都不可能出于单纯的某一个方面的原因或意图，每一场战争都有不一样的过程，也有不一样的影响，对政治、经济、军事、文化、社会均是如此。

从战争的结果分析，世界上有两种战争：一种是恶化并积累了爆发战争因素的战争。如第一次世界大战，战争的结束并没有将欧洲列强的矛盾根除，反而在旧的仇恨上，又增添了另外的积怨，导致了规模更大、破坏更大的第二次世界大战；再如中东战争，每一次战争的结束都代表着行动的暂时终止，而使导致战争爆发的民族矛盾雪上加霜。另一种是减少或者稀释，甚至是消除爆发战争因素的战争。如欧洲三十年战争，使国家主权地位得到法理承认，再如拿破仑战争、第二次世界大战，通过战争建立了战后的新型国际秩序，使爆发战争的根源基本得到解决和控制。

然而，无情的现实却是前一种战争居多，之所以难以通过战争来消灭产生战争的根源，根本原因是胜利者并没有通过胜利来增强对失败者和战后秩序的控制，战争的胜利没有使失败者感到"心服口服"，也没有使战后的国际秩序弭平潜在的现实的矛盾。

无疑，后一种战争更加接近人性或者政治的本质，战争胜利是能否达成有利的和平，即能否控制和平。战争胜利的标准是增强对战后和平的控制力。设计战争必须着眼于设计和平，设计可以控制的和平。这是战争本质的必然体现。

而且，既然战争是控制力的较量，战争指导者必须围绕"增强自身控制力和削弱对手控制力"设计战争，只有实现增强自身控制力和削弱对手控制力，才能实现可以控制的和平。

控制力的内涵是多维度的，总体上包括对对手的个体控制力，也包括对战后秩序的总体控制力，不仅具备在科学技术、经济规模、资源组织等方面的硬控制力，也包括了对对手思想、情绪、制度和价值观的影响力，表现在政治、经济、文化、军事、社会等各个方面。

◆ 新型作战能力的本质：技术、系统、视野

胜利者总是比对手更多、更快地获取信息、物质、能量来更准确地认识战场，更自由地改造战场、创造战场，最终实现比对手更多的安全保证和发展机遇。新型作战能力的发展规律亦在于此。但是，有一个现实却不能回避：习惯了卫星、电脑、导弹、雷达的军队如果这些装备失效则还不如原始社会中手持石头和棍棒的部落。

某项新型技术增强了某一方面的性能，但也带来新的问题，其中最大的问题不是"离开了新型技术怎么办？"而是"事前没有发现该新型技术存在的问题后怎么办？"离开了新型技术可以使用其他技术或者战术手段弥补，而没有发现新型技术存在的问题会使自己受到对手的制约。因为发现不了问题即意味着对方能使用其他技术来制约自己的技术时，而自己却不能使用技术来制约对方。因此，新型作战能力的本质不是性能的提高，而是可以支配更多的资源。

时代的发展表明了战争中的可支配资源的递进。在冷兵器和热兵器时代，战争的资源在于人力、炼铜（铁）、农业、畜牧业的综合；在机械化时代，战争的资源在于人力、石油、钢铁和商业的结合；在信息化时代，战争的资源在于信息技术和人文精神以及国际影响力的结合。尤其是当人类文明进入工业化以后，世界格局向前发展的推动力都源自于强者战胜了弱者。英国战胜了法国，不是因为法国的弱小，而是英国比起法国拥有世界殖民体系经济资源作为支撑，所以英国在反对路易十四和拿破仑的战争中，总能利用雄厚的经济实力组织欧洲大陆上的反法同盟，也能拥有全世界最强大的海军，使法国成为被大西洋、地中海和欧洲大陆其他国家包围的孤岛。英国的霸权时代是先进的工业经济、庞大和开放的殖民体系战胜了拥有小农经济、被封闭于大陆的法国。在第二次世界大战中，拥有强大工业实力的美国和苏联则是战胜了能源稀缺和地小人少的德国。在当今社会中，拥有更加广泛的信息资源和更加高明的社会的国家要明显强于信息和思想封闭、人文精神匮乏的国家。

从这个历史轨迹中不难发现，视野的开阔和不断增强的科技水平，使不断开拓的人们逐步走出自己的生活地域，向外部世界走去，不断使以前的外部陌生世界变成内部熟悉的生存环境，扩大了可支配资源，也就代表了新型作战能力在相应形成中。科技的强大是手段，视野的开阔是前提。时代条件的发展，新型作战能力的更替促使可支配资源的内涵越来越丰富。

技术与视野的发展是无止境的。这有两个方面的含义：技术和思想的前方是无止境的，同时，它们的后方也是无止境的。历史的旁观者容易发现，战争之所以变成了长期的消耗战，往往有两个方面：一是双方强大的物质力量和战争意志，使战争胜负取决于力量的消耗；二是双方极为反差的非对称性手段，使得优势难以发挥，也使得弱者不能战胜强者，强者看不到获胜的希望，弱者也出于本能的生存意志而顽抗到底。

未来，长期化消耗的战争将成为人类贪婪和愚蠢、僵化和不妥协的代名词。日本在太平洋战争中，虽有占优势的航母编队，但美国海军在每次海战之后，都变得装备更为精良、经验更为丰富、规模更为庞大。阿富汗战争初期和伊拉克战争初期的美军几乎是"摧枯拉朽"之后，战争持续进行后却令人"大跌眼镜"。终日穿插于山洞中的塔利班残余、出没于网上游动的基地骨干分子、突发于深街窄巷中的路边炸弹等令美军手足无措，先进的技术正如重拳打蚊子一般，毫无建树。

积极发展新型作战能力的强者要避免强大到物极必反，从而走向似恐龙和长毛象般自我毁灭的结局，就必须要更加开阔地看到前方。弱者为避免强者的压迫，甚至要战胜强者，不是模仿强者的优势，而是找到它们的弱点，"后方"聚焦，按照强者相反的方向来发展新型能力。

"二战"后的年代里，也是人类科技水平发展开始产生加速度的时代，先进技术层出不穷促进了新军事革命，大国和其他国家军队的技术差距越来越大，甚至是大国之间的技术差距也日渐扩大。但也就在"二战"后，出现了"二战"前从未出现过的"奇怪"现象，"二战"前，都是技术先进的一方打败技术落后的一方，从"二战"结束后开始，甚至是"二战"过程中的中国战场上，技术先进的军队便不可能总是利用技术优势打败技术落后的军队。技术日益先进之时，也是技术化军队日益依赖技术之时，也造成了技术化军队忽略了除技术之外的其他战争的制胜因素。

正如大自然中的"作用力与反作用力"定律一样，在战场上同样如此，当出现一个进攻利器时，防御盾牌也会应时而现。当一项新技术出现之时，总会出现一项克制它的新技术。如果将思想聚焦于跟随技术的变化而变化时，自然会收获思想的更新，但是容易忽略一个严峻的事实：跟随技术的变化容易沉迷于技术，从而偏离了追求胜利的方向。追求胜利是目的，跟随技术是追求胜利的手段，如果将手段与目的关系混淆，将战争一味地变成新技术的僵化对抗，最终物极必反。

全球化能够使一方完全绝对地垄断技术吗？答案是否定的。先进技术普及全球的速度越来越快，也许在技术化军队没有察觉的情况下，对方已经掌握并利用先进技术来威胁自己了。全球化的战场上，战场优势已经不仅仅是新型技术手段的质量与数量，更是全球性位势中综合性的新型作战能力能否聚合全球性资源而产生优势。

在技术化的今天，没有技术便会输掉战争，但是只有技术，而没有符合战争本质和原理的新型作战能力体系，也会输掉战争。

任何新型作战能力不是打开胜利之门的万能钥匙，本质上只是时代诞生的技巧。也没有一种新型作战能力能够单独取得胜利，尤其是技术向多样化发展，新型作战能力的复杂性和体系化愈加需要传统作战能力的支持与配合。当航空技术发展后，海权的夺取就不仅需要海上航海技术，还需要空中力量，制空权的争夺更多取决于制天权。电子技术和网络技术出现后，战场综合控制权都以制信息权为基础。心理战的成功更有赖于物质力量的强大。

任何发展新型作战能力的过程都不可能是一帆风顺的。发展新型作战能力不仅仅存在于技术方面，还存在于思想观念、组织结构等各个方面，但对于哪个方面最为优先地进行安排，及其安排的次序和各自位置，却难以确定。吸收新的资源力量，其最大的风险是来自于鉴别诸多新生事物时，对它们价值和意义的不确定性。

发展新型作战能力是复杂的系统工程，如何谋划则是更为复杂的思维过程。如果孤立地将发展新型作战能力作为一般的事务安排，那么在战略、战役、战术各层次上，设计哪些新型作战能力、如何评估能力实现程度的方式、能够应对哪些可能的威胁和实现哪些可能的利益需求等重大问题便失去了指针。

◆ 联合作战能力的新视角：一体化抑或专项化

目前的信息系统成为一体化联合作战的共同节点。各军种通用的信息系统使各军种可以实时同步作战，而难以兼容的各个军种独立的信息系统却成为各个军兵种实现联合作战的障碍。

各军种通用的信息系统会出现吗？到目前为止，世界各个发达国家均在通过发展太空和网络将各个军种信息系统进行一体化整合，来提升各个军种同步对战场感知。

不顾多样复杂和频繁的作战行动的实际，简单依赖于各个军种的信息系统与指挥体系融合是不是一笔划算的买卖呢？

当美军在布满山洞的阿富汗打击塔利班时，塔利班值得付出如此大代价的信息系统与指挥体系吗？当多国联军打击伊斯兰国分散于山地居民地的飘忽不定的目标时，需要三军协调吗？

作战行动的多样化和地理信息极大的变动性，要求人们必须避免简单地理解一体化的联合作战能力。

一体化联合作战能力之塑造，不只是简单地做加法，研制技术要素与系统，增加组织结构，一体化联合作战能力还应做减法。根据实际需要，灵活地增减与优化。

未来的一体化联合作战力量是兵力兵器进行灵活组合后的专职任务分队，它们根据不同的战场和任务实际，抽取相应的信息系统与指挥力量来支撑，而不是像当今一样，几乎每次行动都连接上至元首，下至士兵，从太空到水下的技术系统，统统支援。

一体化联合作战能力是针对多个战场上的专项行动组合，而不是忽视多个战场之间的差异，趋同化地构建大而化之的能力。

一体化联合作战能力，既可以是单个空中（海上、陆上、网络、太空）打击，也可以是多个军种力量的联合。

一体化联合作战能力在未来的价值不是扩大战场，而是将战场控制得最小、最精确。

地理界线作为技术分类的基本依据时，军种之间的作战便不可能是均衡的，比如飞机的飞行速度与车辆的奔驰速度的不均衡。一体化联合作战能力的着眼点是防止失衡，所以才有了陆空协同、海空协同、海陆协同等基本的协同动作。

未来，分门别类的专项联合力量体系中，也需要处处小心谨慎地精益求精地防止失衡吗？为什么不去利用技术差异产生的失衡呢？目前，一体化联合作战行动需要战区指挥，那么未来的战机上为什么不嵌入可以指挥地面或者海面兵力兵器的仪器呢？或者在坦克、直升机上加装控制飞机的技术系统呢？

那些设备量庞大的通用信息系统，未来可能成为一体化联合作战的累赘。

X-37B、X-47B的出现，似乎在未来将要使坦克、火炮和导弹，甚至地面许多机场成为了废置之物，因为X-37B、X-47B完全可以代替它们执行任务，那么为什么还需要用钱并付出人力来维持呢？

联合作战力量的日益不对称的必然趋势使许多力量要素遭到淘汰。但有一个事实不能忽视，否则将会付出代价，遭到淘汰的装备与力量要素，如果没有新的功能弥补，将产生巨大的能力漏洞。

X-37B、X-47B即使成为未来远程打击主力，对地面目标的控制与对变动信息的实时掌控仍然是必须要做的工作。一种打击手段的能力即使在原有能力轨道上多么强大，仍然无法促使整体的作战体系的功能变轨，那么，一体化联合作战能力的缺陷同样会被人所乘，过分发展某项单一能力之时，同样是缺陷暴露之时。

◆ 时髦不是前沿：对新概念作战能力的批判

有人认为，网络使商业更加便捷，从而得出：军队作战行动更加高效快捷，也会得益于网络。未来的网络会不会是决胜性战场呢？随着大量的社会事务与人际交往事务，商业数据都要通过网络存储与运作，这样的结果导致网络上的权力寻租行为早晚会出现。掌握网络的军队高度依赖于网络，从而使之所有行动有赖于网络安全。而网络安全又掌握于两种极端者手中：一是不受任何道德约束、仇恨和褊狭价值观的人，他们利用网络来从事比作战行动更加暴力化的行为。二是网络初始发端者，他们掌握网络的最终核心技术，使所有依赖于网络的军队最终即使不完全使用他们的技术发展新型能力，也应当根据他们的话语权来谋求自己有限的话语权。

真正的网络战能力，是使人依赖于网络，而自己并不依赖于网络，如果网络成为共同战场，即使手段对称，则迟早会出现一方对另一方的绝对不对称。道理很简单：技术源起者决定能力结构，后来者只是能力结构的延续，而不可能颠覆。

网络技术领先者和源起者，看到网络攻防能力的发展，像发展核武器的后果一样，越强大，越无用时，自然会"另辟蹊径"。

里根提出"星球大战"计划，即使提出希望和苏联及其他国分享导弹"盾牌"的和平化的建议，苏联也没有同意，原因就在于如果计划一旦推动落实，最终要么美国作为技术源起者拥有绝对的主动地位，要么使苏联许多导弹由"筹码"变成"负担"。

未来的军队，也许最为脆弱之处，就是依赖于别人原创的技术。网络领域尤其如此。网络作战不是追求公平环境的商业行为，而是追求不公正战场的军事行动。

◆ 能力的种子：社会革命

难道战争仅仅是军队的事情吗？从战略力量直到末端的战斗力量，难道仅仅是"军事"工具吗？回答自然是否定的。在信息社会中，军队的外交功能和社会功能越来越突出。遍及全球的情报搜集和通信手段、全球背景下的各种文明出现难以预料的深度和广度的交流，传统的军队能否独立完成任务吗？答案仍然是否定的。军队未来使命的多样化，决定了军队发展新型作战能力必须注入来自军队外部的因素，以未来的功能去承担未来的使命。

军队构成也是社会构成的缩影。军队构成的变化不可能由军队来独自完成。构成的变化为新型能力建设提供了组织基础。工业化社会中，随着掌握飞行、驾驶技术人员增多，军队机械化能力便有了丰厚的人力资源。否则仅限于社会少数成员掌握的技能，无论如何也不可能普及于军队。

每一次军队巨变都是因为狂飙突进式的运动从外部"攻入"军队内部所致。军队发展新型作战能力如果没有外部新的思想的激发，就像人的大脑长期处于封闭缺氧的环境中一样，迟钝麻木。

有了康德、莱布尼茨的领导，德意志的民族主义的思想启蒙运动得以蓬勃发展，直接促成了菲特烈大王将雇佣军建成了常备军，有了黑格尔的推动，德意志运动开始进入高潮，老毛奇推动建立了具有军事史上里程碑意义的总参谋部，正是高效的总参谋部指挥普鲁士军队打赢了奥地利和法国。没有信息论、控制论、系统论、博弈论，没有航天飞机、没有网络，哪里可能出现信息化的转型呢？

新型作战能力之于社会就像刚出生的婴儿之于母乳。如果军队沉浸并忙碌于体系内，而不去敏锐洞察外部世界的发展先机，将会贻失发展新型作战能力机遇。

发展新型作战能力从来不限于单纯军事事务，在受到整体政治、经济、文化、社会环境制约的同时，也在不断推动社会的进步，创造出军队的持续的强劲外力。普鲁士军队的改革将毫无民族精神的农奴变成了具有爱国激情的国民，培养了先进的尚武精神。美国推动"星球大战计划"，为美国在信息时代中成为全球科技领头雁奠定了坚实的基础。

科学技术之于社会革命的互动中，人们总是强调一个事实而忽略另一个事实：强调的事实是科学技术是社会革命的推力，忽略的事实是科学技术来源于社会革命。社会革命从来不是轰轰烈烈的，而是存在于润物细无声的过程中，那些热闹的场面只是结果和标志而已。当人们看到飞机使人能够飞行时、看到宇航员登上月球时、看到计算机和网络带来的巨变时，便开始惊呼，一个新的社会出现了。人类的悲剧就是总是滞后于自己的发展，其实，做此惊呼时，一个新的社会已经出现了。这些辉煌的成果只是已经出现的新的社会的新的标志而已。新的社会其实在当人们的旧的生活空间不能满足人类生存和思考时，当人们想往新的探索时，就已经开始了。正如殖民时代不是始于英国、荷兰、西班牙、葡萄牙在全球建立殖民地，而是始自于它们对海外的探索。不满足现实、对新世界和新的生活的探索就是思想的原动力，也是社会时代革命的起点。

新型作战能力的发展深深地根植于社会革命当中，而不是单纯的技术跃升当中。文明出现以来，古希腊和古罗马创造了西方文明、先秦诸子创造了东方文明、阿拉伯创造了伊斯兰文明，进入近代以来，西欧文明推动了全球文明的融合，它们的文治武功在世界舞台上留下了深刻的痕迹，但残酷的现实是：对于整个人类历史而言，它们都只不过是昙花一现而已。为什么？因为它们再也没有自我超越，尤其是处在权力巅峰之时。社会缺乏活力，必然导致它们以前无往而不胜的军队丧失前进的动力。

文艺复兴、宗教改革之后的思想革命催生了法国大革命，法国大革命导致的拿破仑战争的本质是法国基于工业革命和民主思想爆发的民族主义在欧洲的扩张所致。工业革命导致了新型火力更加强劲的火炮产生，而拿破仑对其进行的革命性的使用，使得法国陆军在因为全民兵役制形成了充足兵源的支撑下，通过集中使用炮兵部队和频繁实施机动，使法国陆军达到了热兵器时代地面作战能力的高峰。

民族主义和民主主义的形成导致全民兵役制，全民兵役制又催生了总体战，这在两次世界大战中得到了验证。在此之前，战争同样为举国之力进行，但均由王朝主导，军队构成和兵源非常受限。但是，自从拿破仑战争之后，战争目的不是王朝荣辱兴衰，而是事关民族独立生存、各个国家的经济根基和文化存在、整个国际社会的战略格局。作战力量通常是从社会大众中征召，政府利用权力和对社会进行民族性号召，动员社会大部分人力和物力资源投入战争当中，科学技术，甚至教育直接为战争服务。

寻求新型能力发展的动力：
从正视现实缺陷到聚焦未来需求

预知风险，才能避免风险；预知机遇，才能抓住机遇。

很多人将美国发动的阿富汗战争与前苏联发动的阿富汗战争进行比较后发现，同样是世界上首屈一指的超强军队，以绝对之强势攻打绝对之弱势，同样面对阿富汗境内复杂的山地和化整为零的塔利班游击队员，美国并没有遇到像前苏联那样的泥潭似的战场，问题出在哪呢？问题出在战斗力建设的方向上，苏联军队建设仍然遵循着"二战"时期屠杀式的大规模使用兵力兵器的战略，而美军则是汲取了越南战争、苏联入侵阿富汗战争的教训，注重于将信息优势、火力优势、机动优势等军事优势与塑造政治、经济、文化、外交优势并重的大战斗力建设。

构建新型作战能力不仅关注前人通过探索历史经验的成果，还应突破现实的局限，将目光聚焦于更加宽阔和深刻的思维方式范畴，从而使新型作战能力的构建成为衡量和检验军队建设的标准体系。

从现实能力缺陷到未来能力需求的跨越不仅关系着发展新型作战能力的思维焦点的转移，而且关系到军队全局。发展新型作战能力不是原有方向的加速，而是对原有方向的改变，甚至是转向；不是迷信于历史经验教训，而是对原有思维方式、行为方式取得成果的升级，甚至是颠覆。敢于认识到历史正确的东西在未来可能就是错误的。

当时代日新月异地发展时，新技术条件、新的战略格局、军队的现实和任务对新型作战能力的需求变得日益迫切。追求原有的能力跃升，现实中没有风险，却在培养未来的风险。风险来自于落后，也来自于对风险的麻木。"我们的军队是强大的，足以保护我们的利益和尊严。"这种观念在经常打胜仗的军队中将历史经验变成一种自信的文化。在时代没有变化之前，这种自信文化会成为财富，而在时代变化之后，甚至即将变化之时，这种自信文化会导致危险。这在历史上屡见不鲜。由于军队的强大，国家享受着和平的发展机遇，此时也是军队最容易忽视发展新型作战能力的时期。

正确理解发展新型作战能力的可靠前提是正确理解战争。战争从来都是对抗。仅仅聚焦于自身能力变化的举动往往难以成功。然而，历史上的军队鲜有胜利之后而大力发展新型作战能力，大多数是因为战败而致。因此，对自身能力缺陷的审视远远超过对未来需求的关注。

每一场战争都有其研究价值，但是将每一场战争的研究成果神圣化和绝对化，那么还不如不去研究。施利芬总是将汉尼拔的坎尼之战的侧翼进攻奉为万能的进攻之术，由此而产生的施利芬计划，经过第一次世界大战的检验后，被诟病为德国战败和战争双方长期消耗的罪魁祸首之一。现如今，大多数人也犯了施利芬犯的错误，总是把海湾战争以来美军所从事的几场战争奉为未来的唯一战争模式，把以信息技术为基础的信息化作战能力置于不恰当的万能地位，这本身就使美军"总是被模仿，从未被超越。"

在对手最擅长的领域模仿对手不可能超越对手！正如战术的基本原则——扬长避短、避强击弱一样，超越对手更多的是存在于关系战争胜负更高层次的因素当中。使对手一走上战场就出乎其意料，使其根本找不到发力点，当然也看不到胜利希望，这取决于能否拥有新型作战能力。

◆ 创新力的前提：习惯先于能力

塑造能力必先培养习惯，因为习惯是能力之母。新能力源自于新习惯。军队只有不断求变求新，才能开风气之先，不断塑造新型作战能力。

新习惯产生新能力，旧习惯产生旧能力。培养新习惯的能力就是创新力。当固守一种习惯，将固守习惯僵化为所谓的"文化"时，其代价就是创新能力的退化。能力退化的后果就是不愿，甚至也不敢面对新环境、新要求、新思想和工作方式带来的不确定性。没有看到这种不确定性，其实是一种自我更新的机遇，然而却是几乎本能地认为它们不受欢迎。

旧习来源于旧的文化，旧的文化是抵制新习的最牢固的大坝，旧文化使任何新质都会遭到本能性的质疑。因为文化连接并整合了几乎所有的利益相关方。旧习的克服，难有循序渐进的方法，因为旧习的克服的效果形成新习的速度明显要慢于旧习恢复的速度。克服旧习，最好的方法就是见效最快的方法。面对根深蒂固的旧习，指望细水长流的浸润，新质也被旧习给腐蚀了。推动前进的方法就是和旧习彻底性地了断。

发展新型作战能力的最大障碍不是判断错误造成的假象，而是对既定习惯的迷信。假象总有被拆穿的一天，而迷信却束缚人们创新的行动。旧习就是迷信的一种。正如一个人，手上的工具如果只有一把斧子，那么他容易把周遭的环境当作森林来看待，自然会"四处碰壁"。这个浅显易懂的事例说明了旧习会导致人们难以适应新的不同的环境，是因为人们观察和适应这个环境的工具只有一种。当然，旧习也会阻止人们去创造一个属于自己的环境。这两种不同的情况也产生了两种思路：一是丰富工具；二是寻找合适的环境。

发展新型作战能力的基本思路，也有两条：一是克服能力短板；二是令需求成为牵引。两种思想表现出的侧重点不一样，便带来了发展新型作战能力的两种路径。然而，两种路径不可能互相割裂而独立存在，不同之处在于它们主要的动力来源、需求的资源及其配置、决定成败的各种的优先顺序不一样。新型作战能力的不断涌现，也在不断改变着自己的需求，而新的需求出现时，又牵引着新的作战能力的出现，从而拓宽了发展新型作战能力的视野，并增强了发展新型作战能力的力量。两种路径是相辅相成的。

◆ 制造差别中求胜势：位势不同道路亦不同

每个领域内都存在天性。经济领域内的天性是互换，文化领域内的天性是交流，科技领域内的天性是创新，而军事领域内的天性是对抗。每一次战争，或者说每一代战争都会导致新一轮的军备竞赛，不仅仅是武器装备、教育训练的竞赛，而且是深层次的新型能力的竞赛。

首先，在人类军事史上，相对自身历史经验而言，当代是具有开天辟地意义的新型作战能力涌现得最频繁、最密集的时期。今天的世界中，地区之间再也不可能互相隔绝，即使不发生世界大战，战争也会向全球传播。试想一下，如果18世纪之前的世界，一个地区发生的事情可以向另外一个地区快速传播的话，那些古老的具有高度智慧的东方王朝也可能不会以深刻的屈辱来感受西方的船坚炮利和其中所包含的先进文明。这种地区之间的信息传播和资源互相交换所导致的全球化，使每一支军队都能感受到来自外部现实或者潜在的压力。自从冷战结束以来，每一次战争似乎都在各国，甚至是主要国家的军队中掀起了"变革"、"转型"、"革新"等运动。从这一意义上讲，当发现对手（无论是现实威胁对手，还是潜在的威胁对手）采取了新的作战方式和武器装备时，所有的军队都会出现以实现自我适应或者超越的意志来探索新型作战能力。从全球化的思想文明发展、社会组织结构、技术变革，甚至是政治变革的总趋势来看，所有国家的军队似乎都在向着相同的方向不停顿地发展，并且越来越趋向于同一条道路，从农业型军队到工业化军队，再到信息化军队，而且利用全球化的大潮，各个国家利用新技术、吸收新思想会做得越来越好。

　　然而，正如一条高速公路上飞驰着各种不同型号和速度的汽车一样，各个国家的军队的发展基础和起点、发展进程和阶段、发展动力和速度、发展方式和效果不一样，这就带来了发展新型作战能力的另外一个问题，如果在同一个方向发展新型作战能力，处于领先地位的军队既是领跑者，也是开拓者。领先军队最大的优势是引领方向，使别人只能在自己开拓的道路上行进并模仿自己，领先军队最大的风险也来自于引领方向，因为前方道路所出现的风险需要自己独自承担。处于落后地位的军队既是追赶者，也是模仿者。落后军队最大的风险是始终在领先者先进的道路上跟随和模仿，这导致的是始终落后。落后军队最大的机遇是在其他道路上抵消领先军队的优势。

　　无论领先军队，还是落后军队，机遇和风险都来自于能否实现自我需要的新型作战能力，领先的军队通过发展新型作战能力保持同一方向的优势，而落后军队在其他方向发展新型作战能力才能抵消领先军队的优势或者缩小差距。

　　技术型军队对抗的是技术水平和经济规模，比如第二次世界大战的苏德和美日，技术水平和经济规模的优势显而易见，战争结局就此确定。而技术型军队和其他类型军队对抗的却不仅仅是技术水平和经济规模，比如越南战争和阿富汗战争，技术水平和经济规模的优势没有转化成战场胜利和政治意图，这就是为什么落后者也能以弱胜强的道理。

　　对于落后的军队而言，永远不要重复行进在别人开拓过的道路之上。利用全球化的趋势所造成的技术和思想的全球流动，既要学会共享，更要学会创新。落后者不去模仿和追赶，也就是说不需要具备强者那样的物质能力和思想文明也能对强者形成威胁，甚至是造就均势地位，这又意味着强者要保持优势，同样需要不断发展新型作战能力。

　　军事领域是最为复杂、不确定性因素最多、最难把握其变化的领域。对现实环境的适应和对现实对手的适应并不能保证军队具备足够的能力来消除威胁和实现利益。发展新型作战能力可以使军队适应未来的战争形态和未来的战场。发展新型作战能力的最大危险是错误地预测了发展趋势和走上一条错误的发展道路而不自知，方向错误最大的危害，就是起步不能回头。将各种决定趋势的因素的优先顺序本末倒置的结果也可能使发展新型作战能力陷入错误的方向，确定了重点，却是错误的重点，确定了目标，却是错误的目标。

◆ 真正的革命：眼光和模式

知识差异决定能力差异，那么知识更新的差异决定能力发展的差异。

发展新型作战能力的眼光不能拘泥于现实。现实总是最先进的，用时髦的眼光来看待现实，被所谓的"前沿"遮掩了一切，知其然，却不知其所以然，这样发展新型作战能力会忽略根本，将发展新型作战能力当作了每天图于形式和表面的更新，疏于利害之析，要么全部"拿来"、要么"本末倒置"。

在一个变化无常的时代，试图跟上时代变化的适应者总是会落后于推动时代变化的主导者。发展新型作战能力应当将眼光超越现实，不为表面之浮华所惑、不为眼前之利害所困。否则，只看到时代的表层，而昧于长远大势，久而久之，只能迎合大众，被迫只追求短期目标和立竿见影的策略。

发展新型作战能力的机遇来自于技术性方面、思想性方面或结构性方面，这些方面对军队能力跃升的意义是不一样的，而且不同时期，其作用也不一样。如果新型的人和制度对这些机遇不够敏锐，或者创造这些机遇的能力不足，那么代表眼光需要革命，从而推动组织体系的职权与效能的更新。

纳粹德国闪电战的成功，并不是德国技术的成功，而是纳粹领导人比其他大国领导人更加敏锐地接受了富勒和古德里安的理论。闪电战推动了陆地与天空一体化作战的初始实践，也带来了作战方式上令人震撼的巨变。闪电战的失败，并不只是技术的失败，也是眼光的失败，当希特勒把闪电战横扫西欧的胜利经验用于苏联时，一支支精锐之师却变成了雪地中的散兵游勇。

技术创新，越努力，成功的希望越大、机会越多，因为其成效是明显的，是相对短期和稳定的；而发展新型作战能力，并不是越努力，成功的希望越大、机会越多；相反，新型作战能力也许是因为越努力越失败，因为其成效是隐性的，是相对长期和波动的。前者需要探索精神，后者不仅需要探索精神，更需要有真知灼见。

发展新型作战能力的方向代表着眼光。对外部的变化更加敏感、对内部问题的查证更加客观、对未来的把握更加准确、付诸的努力更加有效，这是发展新型作战必须具备且需要日益强化的基本要求，这也是发展新型作战能力的艰巨之处。

历史上，几乎每支军队都在以自己的视野接受新的技术手段，尤其是技术发展如此飞速、如此显著的社会中。但是每支军队难的不是使用新的技术手段，产生新的结构，因为技术的发展推动物质的组织结构是自然产生，难的是产生新的思想、新的文化，迸发出新的力量，因为思想和文化并不是人类社会组织所固有的具有复制和再生功能的细胞，而是更新和拓展组织功能的基础。

技术革命推动了物质性的结构革新，但从来没有也不可能主动地产生新的思想、新的文化。发展新型作战能力的完全过程是推动技术的革命、结构的革命从而产生思想和文化的革命并螺旋式上升。

只接受技术，而不转变思想，或者转变思想即为终点，新型作战能力的发展都会半途而废。有了冲锋枪，就不能有短兵相接的观念，远距离作战的思想又要转化成将冲锋枪上加装观察镜装置的推动力。

固执的思想最易被人接受，因为人们总是有意无意地信奉"坚定"的思想。这也使保守似乎成为生命力的代名词。保守的最大危害不是抵制新生事物，而是保守的传承难度远远要小于创新精神的传承。军队文化中保守细胞无疑是最具传承能力的，当一支军队形成自己的文化后，压制新思想的声音远远超过其他声音。

眼光决定行为模式。自古以来，所有新型作战能力起初是因为技术的推动，全民作战理论、体制编制等方面变革，最终形成新型作战能力。然而，发展新型作战能力是不能拘泥于某种固定模式的。模式的固化将使军队能力的增长像一个步行者，不断攀登一个又一个高峰，如果模式的创新则使军队能力的增长像一个飞行者，由一种空间转换到另外一种空间。步行者只能看到或者探索前方的路和山峰，而飞行者看到是整个空间。两种眼光带来的是两种行为模式。两种不同的视角带来了两种不同的新型作战能力。

当人们迷信一种模式时，总会被历史所误导，被现实所击败，发展新型作战能力的道路亦如此。发展新型作战能力的成功均是因为行前人未行之路而成功的，而几乎每一次失败都是迷信于某种"成功的真理。"

模式从来没有被固定过。每一种模式本身就同时存在成功和失败的基因，只是因为探索者对模式的选择和使用决定着模式的价值。模式成功的探索者都是从来不受模式约束的。抓住那个本质的目标，思想上追求天马行空。前人或者别人的经验教训可资借鉴，但绝不能受到某种模式的框定。

人们很少去考虑"什么不是新型作战能力"，所以才出现了人们总是忽略的一个问题：军队发展新型作战能力主要是注入新的技术元素、新的组织元素、新的思想元素，但为什么仍然是原有能力的增强。因为仅仅是注入新鲜元素，那么本质上只是比以前完成任务具备了更多的手段和更好的方法，这是模式道路的延伸。在武器装备上嵌入了新技术或者新装备，并且改变了编制体制，形成新的作战思想，但如果仅仅是原有能力的增强，并无对空白处的弥补和补弱，也只是更大的量变，根本谈不上质变。

发展新型作战能力不是原有能力的固强或者补弱，而是能力结构的转型和优化，实际上，这不是某种模式的延续能够做到的，而是突破模式的结果。不妨回顾历史：火药产生线性战术，导致拿破仑机动作战的成功；总参谋部的出现，导致了战区指挥的成功；海权论和制空权理论的出现，导致了协同作战出现；卫星和航天飞机、计算机的出现，产生了网络中心战思想。这些阶段中贯串于始终的新型作战能力的涌现，根本不是原有能力的增强，而是能力结构的扩展。能力不断向新的战场扩展，模式的突破才是新型作战能力生成的真正的基础。

不同的起点、不同的发展阶段、不同的军队职能使命，决定了模式不能套用。成功者自有模式可创。当秦孝公接受了商鞅提出的"王不法古"主张时，就意味着变法已经成功一半了。模式的突破是破除迷信的最终标准。

模式突破是因为对理论、组织、技术、能力等各个方面的优化与整合，保证至少拥有一个方面的决定性优势，或者拓展自己的能力结构，以凸显对手能力的劣势。受制于模式可以增强某一项能力或者弥补某一项缺陷，但不能做到能力的优化，原有的能力再强大，也可能无法适应未来的需要。例如美军在拉姆斯菲尔德时代的转型如果只是局限于增强核打击能力和常规大战能力，那么又如何适应冷战结束后的前沿存在的战略需要，又如何适应反恐战争中对小快灵作战能力的需求呢？

未来的成功应当用哪种模式，这个问题难以回答，但有一点可以肯定的是，未来的成功完全依赖只设定一种模式的概率非常小。未来的成功取决于在多大程度上对未来的各种可能性（当然，也许只有一种可能性）进行科学而主动的设想，并且按照这种设想付诸努力。

允许和容纳多种观点和思维方式对于赢得未来具有决定性意义。只设定一种模式或者固定的几种模式，无疑是告诉对手："我要这样战胜你！"这不是自信，而是僵化。

当晚清提出"师夷长技以制夷"，这等于是告诉西方，你们是我们的敌人，我要用你们的技术打败你。很少考虑到西方技术对于晚清制度是否适应、西方技术的垄断使购买和模仿本身就带有巨大的风险、具备了西方的兵器能否具备西方的兵学和兵制等问题。僵化的嫁接使晚清在思想上失利了，技术上的落后，更导致了思想的进一步僵化。这样的自强，其结果可想而知。

晚清并不是不知道自身的局限性，只是僵化地学习和自强，重臣李鸿章对新型军事人才的要求是"道贯中西"，并主张成立海军事务衙门，袁世凯的小站新军完全模仿德国陆军编制。只是这些局部性的学习、倡导和努力在"师夷长技以制夷"的僵化模式下总是像盐碱地里种植鲜花一样。

发展新型作战能力先提高要素能力，从而促成提高系统的作战能力，所以，新型作战能力被看成是部队装备性能、编制体制、教育训练、后勤保障的效能的增强或升级。发展新型作战能力被固定于这种模式后，往往使作战能力仅仅是延伸而不是跃升。发展新型作战能力不是直接促成要素能力的增强，而是通过设计更新的系统，使系统容纳新的、更强大的要素及其组合方式。

发展新型作战能力首先谋求的是自身如何不断变更从而扩大优势或者缩小劣势、抵消对手优势，看到自己的现实能力与未来需求之间的差距，能够快速更新思想、优化结构、增强功能，从而实现不断的自我跃升。

◆ 法则：动力抑或阻力

发展新型作战能力既可能取得巨大的回报，也可能伴随着巨大的风险。发展新型作战能力具有主动性，富有英雄色彩，但如果军队内部的客观规律和既有的运行法则拒绝改变，那无异于自取灭亡。塑造一些新法则和适应一些旧法则，这是发展新型作战能力成败的关键与核心。明智的做法是：一方面勇于打破那些既定的、不合时宜的法则，破除因为共识和惯例造成的迷信；另一方面，必须接受现实，遵循现有规律。当然，这样的艺术化的政治技巧取决于能否处理好一个矛盾：挑战现有法则和遵从现有法则之间的矛盾。

发展新型作战能力的进程其实是一个不断革故与避害、鼎新与趋利的双向过程。所以，发展新型作战能力必须以战场和军事领域内已经发生的变化为导向，根据形势的变化，对结构、人员组成，甚至文化进行重新构建，而最大的挑战在于，对既定的法则进行改造，甚至是必要的颠覆。

遵从法则的本质是使外部的变化为己所用，从外部的变化寻找机会才可以避免出现"自大症"。适应性强在大多数情况下是一种优点，但不一定使之具有竞争优势。遵从法则意味着在一定意义上是对先行者的模仿，虽然可以避免少走弯路，但是走和别人相似的道路，很难塑造出别人不具备和出众的、别人无力应对的能力。

无视法则是危险的。失败的军队不是因为没有优势，而是因为没有遵循战场的客观规律。这在历史上比比皆是。然而，领先者毕竟是少数的，对于大多数军队而言，光是追随现有的客观规律已经非常困难，甚至是不可能完成的任务，更不用说让别人来适应自己了。

发展新型作战能力的本质是军队个性的塑造。虽然要遵循基本的客观规律，但却不能将规律当作教条而成为它的奴隶。要形成优势就必须有别人没有的能力，或者使别人不敢也不能使用优势的能力。开辟新的道路，是发展新型作战能力的基本原则。发展新型作战能力必须要学会挑战现有规则，对现有规则的禁锢理解越深刻，对其的挑战力度会更大，就越难令对手和敌人模仿、超越和研究。令对手总是看到自己的过去，而看不到现实的、真正的自我。

当然，挑战规则是发展新型作战能力的重要动力，但是如果不善于创造新的规则，则会使挑战规则失去了本来的意义。聪明的人运用规则，伟大的人创造规则。发展新型作战能力是一项军事伟业，不仅要运用规则，更要突出创造规则。脚踏实地，只能满足于一个高度，而攀岩登山则会由一个高度到达另一个高度。发展新型作战能力不仅需要脚踏实地，更需要攀岩登山。尖锐的对立中，不应当只看到非此即彼，而应当看到二者间其实存在内化的统一。创造新的规则的基础是遵从规则，正如创新的基础是模仿一样。

尤其是后发者，绝对不能在遵从规则和挑战规则中走极端，不遵从规则会失之于稳，而不会创造规则会失之于进，不同的时期就有不同的侧重。

发展新型作战能力向对手施压，或者给对手造成假象，全部的意义在于创造法则。生物进化论有一种观点，认为适应世界的物种，生命力最强，因为适者生存。然而为什么人是主宰，因为人不仅适应环境，而且还能创造环境。并不是将人类社会看作弱肉强食的自然界，而是基于普遍的原理，就如何成为主导者而进行的思考。

当然，创造规则的成功者远远少于失败者，就像所有的运动竞赛中，冠军只有一个，而且军事领域的竞赛是不能有亚军的。更为"不公平"的是，法则的创造者，最后并不一定是最后的胜利者。因为创造规则需要天时、地利、人和等几乎完美的条件和机遇，甚至是令人捉摸不定的运气。

真正的战争智慧不会被历史误导，而是利用历史的规律。每当新技术出现并运用于战场时，人们总是容易惊呼，战争又开始发生革命性变化了。其实，革命性变化的不是技术，而是因为技术的变化，带来的思想、组织和行为方式的变化，从而形成的新型作战能力。如果没有系统性的变化，新技术反而成为一种桎梏。这种桎梏，束缚了人们的思维，认为一旦否定新技术，就意味着落后。

然而，和平时期，技术的创新远远比思想、制度的创新更加令人炫目，所以历史上总会出现一个假象：新的技术会自觉地推动军队能力的跃升。然而，如果事实果真如此的话，很多历史悲剧就不会上演了。当两次鸦片战争的战败警醒清朝统治者时，他们只是看到船坚炮利不可阻挡而发展海军，北洋水师的成军造就了一支进攻性海军，却没有与之相适应的、系统的海权战略，因此，一支精兵利器只是成为门前的"带刀侍卫"，主要是因为以陆权思想为基础的海防战略造成的，陆权的观念在于守土，晚清中国只是把海防的前线置于内陆濒海边缘，而不可能将海防前线置于外海一侧，因此也不可能改变海上强国入中国领海如入无人之境的现实，也就置中国大陆之外的海岛于危险境地。当中法战争中的法国利用台湾来敲诈晚清中国时，统治者们只能被动应对，当刚刚露出狰狞面目的日本武装入侵台湾时，中国只能以赔款来息事宁人，最终完败于甲午之战。原因是晚清政府只是将内陆防备的经验移植到海岛防务上，空守着一支精锐之师，使这支精锐之师在没落的封建制度和文化的腐蚀下，开始成为一堆花瓶摆设。可见，人、制度、思想决定着新的技术能否转化为新型作战能力。

◆ 超越与否定：新能力与旧能力

传统作战能力，尤其是武力作为大国地位的象征时，说明了形成该作战能力的领导体系，经济技术资源配置，思想观念的固化。也许，维护传统作战能力的动机并不具有对国家的道德属性，但一定对新型作战能力的出现产生迟滞，甚至是"合理且有力"的阻挡。

然而，新型作战能力从来不是对传统作战能力的简单否定，新型作战能力与传统作战能力通常是完整的能力体系。新型作战能力涌现时，军队战力的喷发点就会向新型的技术工具和系统倾斜。然而，要赢得未来各种各样、规模大小不等的战争，不仅依赖于新型作战能力，而且越来越依赖于受到新型作战能力影响的战争战略等诸多因素。

发展新型作战能力必须避免这样一种误区：将新旧对立。理想化的"脱胎换骨"后完全更新的军队是不存在于历史上的每一次战争中，巨大的胜利都是来自于相对少数的新型作战能力导致整体能力的跃升。人们没有必要，也不应当对旧事物采取完全否定的态度。对于旧事物中的经验和传统，将其融入对未来战争能力的设计和建设当中，才能促使军队不断地反映和主导时代的变迁，而不是一味地适应，最终使整个军队接受并形成新型作战能力。

当要求人们接受新生事物，包括技术、组织、思想观念时，首先想到自己能否正确接受，还要想到人们可能产生什么样的抵触，这种抵触又将带来什么。要求人们接受新生事物的最好方式不是新生事物代替旧事物，没有必要，也不可能做到，而是在旧事物中找到产生新生事物的动力。

发展新型作战能力容易产生对新生事物不恰当的反应。例如，现在的美军对网络、太空技术日益敏感的同时，网络和太空技术导致军队能力的跃升，又出现了新的盲点：美军对于那些根本没有网络和太空能力因此也不依赖于它们的对手而言，威慑日益减少，甚至已经被对手威胁。正如当时制空权理论出现后，美英偏重于发展战略轰炸机，而苏德偏重于发展战斗机一样，都忽视了机种的科学搭配而达不到预期的效果。

今天，发展新型作战能力同样要避免这样的局面。技术转型和升级尚在途中时，先进的作战思维，以及对新型组织的诉求便已横空出世，从而使少量，甚至是初步的技术转型发挥出前所未有的效能，而造成了这样一个假象：技术转型和升级已经到了高级阶段。当海湾战争，世人惊叹于那些精确打击武器时，不久，便在南联盟上空，智能炸弹开始横行，而五环理论却几乎和空地一体战同时发挥作用。这说明当社会发展越来越快时，新技术变成旧技术的周期也会缩短。然而，战争爆发的周期却不是与技术发展的周期相一致的。

发展新型作战能力时很容易被全新的思想观念和思维方式所吸引，然而却面临着一个极易忽视的艰难选择：这个新能力能否解决现实诸多矛盾和问题。思想的超前自然是优势的体现，但是缺乏现实的针对性因为过度超前而弱化，会对军队造成不可估量的损失，使军队的能力永远处于"海市蜃楼"当中的美妙，但却难以消除现实的威胁。

对于未经检验的设计，便投入巨大的资源，无疑具有极大的风险。但是如何预想未来的战争和检验未来的新型作战能力，本身就是冒失败风险的事情。

物理学中有一个作用力与反作用力原理。每一种新型作战能力出现时，克制其的新型作战能力几乎随之出现。发展新型作战能力的每一个前进步伐都必然包含了后退的潜在可能。

发展新型作战能力的成功不仅是能力的形成，更是激发了人们更多的启迪，知道什么是成功，也知道什么是不成功。人们收获并不仅仅限于感悟到的成功，也收获了诫勉和甄别的能力，不仅在于找到了正确，也在于识别了谬误。

◆ 土壤：人、制度

人类社会有一个奇怪的现象：始终以巨大的能量来创造新的技术工具，而对于改造自身这个看起来简单得多的组织在大多时候似乎却无能为力。从印刷术、马车的时代，到铁路、无线电、轮船时代，再到网络、卫星、航天飞机的时代，机械组织结构更新换代的速度日益飞涨，而与之相伴相生的政治制度、思想文明、经济形态却显得不那么灿烂夺目。

当新技术出现时，人们便很少关注旧技术，技术本身毫无再生功能，而人的思想恰恰相反，接受新思想远不如接受新技术那样自如，克服旧思想远比忘记旧技术艰难。人对自己是最无知的，改变人的思想，不仅要战胜惰性和妄自尊大，而且要接受自己无知的现实。人知识的最大空白，不是人体之外，而在人体之内。

技术的发展使时代前进的步伐越来越快，一代技术可以从工业时代跨越到信息时代，或者在一个时代中跨越几个阶段，而思想却不能完成如此超凡的跨越。每一个人类社会组织，正如一个人一样，最难的事情是认识自己、改造自己，实现自我的思想超越。因为人体内组织和细胞都有复制，甚至是再生功能，这种功能既可以维护人体的完整，抗拒来自外部和内部的病变，也可以阻止人体扩展新功能。人类社会组织内部也有类似功能，他们的历史经验、感情趋向、思维方式和生活方式按部就班的惯性总是强大得足以抗御巨变。

人类社会组织深刻的教训就是按照由小到大、由弱到强时的成功经验行至巅峰之时，以往造就伟大和不朽的巨大的历史惯性反而成为导致衰落的沉重包袱。军队是人类社会中最严密的组织，本身发展的内在历史惯性是其他领域难以想象的强大，尤其是拥有伟大胜利历史的军队，由于辉煌的历史，几乎是不自觉地抵触新生事物。

发展新型作战能力的前提是需要什么样的人。

人需要将目光聚焦于未来，因为时代的发展决定了每天都在出现导致能力突变的因素的累积。每天要剥离旧的，接受新的。旧的不剥离，一旦牢固地占据了头脑，新的成分自然难以获得应有的地位。

社会日益开放，每个人的知识都是因为同一的平台而趋同，所以人不仅仅要看到趋同的大势，更要看到趋同大势中的暗流，从暗流中寻找高于他人的洞见。

发展新型作战能力需要的是引领时代潮流的设计大师与行动大师，在某种程度上就是有什么样的人，就会有什么样的新型作战能力。

人的视野、性格决定了发展新型作战能力的进程与效果。晚清发展新型海军和陆军时，以独见西方技术的强大而使中国迈出近代化的步伐，但又不可能超越当时整体的社会认识，结果只能最终落得个"裱糊匠"的角色，这既是晚清制度的失败，也源于人的缺陷。"师夷长技以制夷"本身就是在别人的道路上，而不是自己的道路上前行，"中学为体，西学为用"等于就是"知西方之强，却不知为何强"的人的固步自封。

先进的作战思想和先进的技术转化成为新型作战能力需要"人"和制度的创新。天才的作战构想和理论，最终能否决胜于战场，取决于是否出现推动技术、组织和作战思想等领域内相应的人和制度。对此，历史上有三个方面的教训：

一是缺乏具有新思想的优秀将领，导致新型作战能力发展的迟滞。苏联时期，斯大林在军队进行大清洗，一大批才华横溢的干将遭到清洗，其中如图哈切夫斯基、斯文琴等人，他们遭到压制，甚至迫害，但他们的思想一直被斯大林所接受，当斯大林起用功勋卓著但却缺乏新型思想的铁木辛哥、布琼尼等人时，他们不可能具有图哈切夫斯基等人的远见卓识，他们建设新型的机械化军团，但却被内战时的思维所支配，除了装备的注入和编制的更新，作战思想和作战方式却毫无创新，结果遭到苏芬战争的失败和苏德战争初期的失利。

二是缺乏新锐的政治领导人的支持战。比如"二战"前的法国，戴高乐深刻地洞见到了未来的战争是坦克和飞机突击的立体战争，但这一思想并未被当时的法国高层所接受，有了坦克和飞机的装备，但是固守"一战"堑壕战经验的高层人物对其置若罔闻，面对纳粹德军的巨大变革，最终落得耻辱的投降下场。

三是有思想无意志。富有新鲜思想的军队却已经丧失了发展新型作战能力的意志。苏联末期的总参谋长奥加科夫，认为新的军事革命已经到来，常规武器可以达到使用核武器同样的效果，电子战场和信息空间对抗、外层空间作战成为战争的决胜领域，这些在当时属于对未来战争的特点、有关作战思想的深刻预见。在海湾战争中，许多人都认为多国部队是以一种理想的苏联式常规战区进攻战打赢了这场战争的，然而在苏联末期，苏联红军要想实现奥加科夫的作战思想和战略构想，就必须全面改变苏联的国防体制和军事战略，所需的资金投入和政治支持都没有，并且受到来自多方面的抵制。主要理由在冷战期间显得非常可笑，许多人认为奥加科夫提出的作战思想和战略构想将引发苏联与西方国家更为危险的战略竞争。这种理由在今天看来非常合理，但在冷战时期却非常拙劣。当戈尔巴乔夫被迫一次又一次对苏联的战略进行收缩调整时，苏联红军早已没有发展信息化作战能力的意志和能力了。

发展新型作战能力是强军的基本之路，而这条路的起点在于培养和选拔新型将领。因为年龄的天然原因，年轻军官自然会比年长的将领思想更加活跃，对新型作战能力的出现更加敏感和更富激情，但是因为资历与权力的受限，不可能产生将领那样的影响力。试图让所有军官几乎同时成为新型思想和能力的接受者，从而在军队内部由下而上地推动军事发展新型作战能力不可能奏效，因为这种方式根本没有可行性，只有宣讲式激情。从选拔和使用具有新鲜思想的高级军官队伍入手，才是可行之道。

新型将领总是处于利益格局中的孤立地位，但这并不妨碍他们在历史中的地位。因为他们理想所产生的功名心和激情，足以令困难在卓越的努力面前黯然失色。富于远见和强大的意志使他们身上充满了人格魅力。尽管时常遭到非议，却并不能掩盖他们作为军事历史上的明珠所散发出来的璀璨光芒。

军队发展新型作战能力面临的风险可能远远超出了该时代的心理承受力。因为人和制度的创新不如技术创新那样立竿见影而容易"功成名就"，因为人和制度的僵化才容易导致利益损失、秩序动荡、能力重塑的巨大风险。

人与制度的关系就像鸟的双翅，只有双翅协调并进，鸟才能飞行。人和制度的重要职能是培养氛围、构建机制、实施奖惩来激励活力的因子。

新型作战能力没有可靠的参照物，而且没有新实践作为检验。所以，发展新型作战能力容易出现三种错误：

一是办事操切。尤其是后发军队发展新型作战能力，难以以从容和优势心理来设计与推进新型作战能力的构建，而是以追赶者的心态，在与对手的差距导致的危机感、紧迫感的催化下，指望"毕其功于一役"而急于求成。在发展新型作战能力的过程中，"高效"、"简便"、"实用"具有难以想象的诱惑力。愿望越迫切，诱惑力会越大。雄心壮志的激励和危机日益迫切的压力，使所有人产生急切心理都是正常的反应。缺乏基础性效用的变化节奏只能给人们带来难以辨别，而且是充满成就感的"幻觉"。新型作战能力的生成自有其行进的轨道，并且目标越深远，越会经历更复杂的进程，甚至是曲折的进程，其间，任何一个失误和疏漏都可能造成毁灭性的影响，甚至使能力在形式上前进、实质上却在倒退。

如果操切心态支配着发展新型作战能力的规划与实施，这样会令人迷失于近期的明显成绩当中，将短期成果作为评估标准，忽略那些打基础、默默无闻的成员的努力，甚至根本没有达到预期的效果便宣布新型作战能力的出现，导致动力中断，原有的顽疾悄悄恢复。这么做的最大危害是丧失了远见和本身的目标。

二是强调执行力的同时，忽略培养创新文化。发展新型作战能力规划后，当然要聚焦于组织力量执行，在执行中强调效率。但有一个问题必须正视：组织体系的执行力与创新文化互相深度依赖。从狭义上看，一个健全的组织内部，既然有行为规则，那就必定存在思想规则。军队统帅不仅要设计和推动新型作战能力的生成，更要注重塑造文化，建立起对共同目标、途径的理解和互相信任的氛围。发展新型作战能力，可能是和风细雨，也可能是急风暴雨，在机遇和困难面前，如果要保留动力和希望，就不能忽略创新文化的塑造与培养。

三是把"人"和"能力"分离。发展新型作战能力的核心是人，要求人把自己放在时代的大潮流中进行识别、更新和升华，不是为了适应时代变化而产生的被动反应，而是推动时代变化的主动作为。人既是新型作战能力的设计者和动力，也是生成的新型作战能力的一部分。

对于个体之人而言，最难改变的是思维方式的惯性。尤其是充斥着海量信息的年代，新思想、新观点、新技术、新组织结构层出不穷，令人眼花缭乱，反而促使人们有理由怀疑新的事物能否适用于未来、是否适用于自身。同时，也使人很难否定自身经验的价值，从而导致人们不可能完全地辨别出自身的思想体系中，哪些已经过时了，哪些仍然可用，哪些具有适用价值。

新型作战能力带来的变化也会改变人自身惯用的思维方式和行为方式。人的焦点往往在于举措，而忽略了影响举措效果的自我革新。人的能力的自我更新来自于对新生事物的敏感思维和判断与理解能力，进而产生了设计和建设新型作战能力及其过程中的自我评估与纠偏能力。

技术手段的突飞猛进并不是发展新型作战能力的全部，由于武器杀伤力的增强和精确打击能力的提高，对于全球性的战略目标而言，需要更加分散、更加隐匿，作战行动更加小型化、分散化和战略化，使军队，甚至从事作战任务的各种非军事人员都需要有更加独立的判断力和行动力。技术手段的革命不断向前推进，应当促进组织，或者引领组织革命朝着这样一个方面：尽力地有利于开发人的潜能。

一个伟大工具的诞生，可能促进了某一个领域和侧面的改进，而一个智慧和制度的创新反而推动了更多的伟大的工具出现和整体的跃升。印刷术早已发明，但并没有推动社会变革，相反，出现远远要晚于印刷术的新闻媒体产业却利用它带来了社会革命性的巨变。新闻媒体产业的出现，使印刷术的作用得以放大，由单纯的复制信息，变成了多样功能地制造和传播信息，促进了整个社会内部的交流，继而激发了人类去研究更新、更快、更便捷的信息传播手段，随之而来的是无线电通信、光缆通信，直到今天的数字通信。

新型作战技术于军队是授人以鱼，新型的人和制度之于军队是授人以渔。每次新型作战能力的发展无不伴随着能力动荡的风险，这种能力的动荡来自两个方面的艰难：破除旧的利益格局和形成新的利益格局。当军队发展新型作战能力时，人和制度的阻碍是最大的阻碍，人和制度的动力是最大的动力，扮演着"成也萧何，败也萧何"的关键角色。旧的权威和迷信、过时的思想和组织、落后形势发展而低效的运行机制等问题，可以使军队发展新型作战能力仅停留在口号和表态中，而缺乏真正科学的启动与运转，甚至束缚军队发展新型作战能力的步伐，抵消了动力，使之进展缓慢，甚至停滞不前，最终迷失了方向。

就像人们最初发现天然气时，它并没有被人们用来促进工业化进程一样，在人们发现的某些新物质、发明的某种新技术产生军事价值之前，它们并不能自动转化为作战能力，包括科学技术在内的所有人类社会的发展变化只为作战勇气的变化提供了机遇，仍然需要以新的目标和组织来利用和寻找，甚至是创造这些变化中产生的机遇。新型的人和制度能使军队获得的这些机遇最大化。

发展新型作战能力不仅取决于领导人的决心、雄心和对精英的使用，更取决于制度。发展新型作战能力迟早会对旧制度进行颠覆，所以，天然的障碍来自于旧制度。然而，发展新型作战能力并不是无情地打破旧制度后"另起炉灶"，而是旧体制及其容纳的思想和能力的跃升。因为，新型作战能力的使用依然依赖于制度。新型作战能力融入旧制度当中，才能产生新的制度。走上神坛的拿破仑，其军队能够令欧洲闻风丧胆，不仅源自于他的指挥天才，还源自于法国军队早已突破了王朝军队的制度，而成为民族军队，使每个士兵都明确知道：是为自己的民族打仗，而不是为了国王的王朝打仗，其作战意志和精神士气不言而喻。将指挥艺术发挥到极致的老毛奇，他敢于放权给下属，不仅是来自于他个人的缜密谋划和若定的大将风度，更在于他首创了一个高效的总参谋部。是那个高效、严谨的总参谋部，使得将领们不需要事必躬亲，可以从干扰精力的琐碎事务中解脱出来，集中精力"抓大事"。与其说是制度被人驾驭，不如说是将人融入制度。

没有什么比成功更有说服力。发展新型作战能力成功与否只有在战争中得以检验，而在和平时期的检验标准几乎都是以是否符合旧经验老传统为标准。所以，发展新型作战能力的动力很难在军队内部作为一个整体进行思考和行动，但却容易被作为一个整体来共享成果。

当戈德华特第一次召开推动《国防部改组法》的听证会时，令他出乎意料的是，和他在听证会唇枪舌剑的人，不仅有被他主张削弱权力的军种参谋长，还有退伍军人社会团体、军火商，以及因为各种原因而与军种参谋长站在一起的国会议员。似乎他的方案都将全世界的既得利益者推向了对立面。军队内部系统如此复杂，牵一发而动全身，当发展新型作战能力的需求越来越迫切时，往往也是障碍越多之时。

引入新要素和建立新机制的方法很多，然而，抵制新要素和新机制并阻止它们发挥作用的方法更多。对于发展新型作战能力而言，导致各自为战的利益壁垒是最大的敌人。长期按部就班运转的组织体系和部门最容易因为稳定和和平产生妄自尊大和思考的惰性，从而使军队丧失开发、运用新技术和新思想的良机，使敌人获得先机。所以，军队在下一次战争中失败的风险与其说来自于新技术、新思想的冲击，不如说来自于旧的组织体系对新技术、新思想作用的质疑和阻碍。而残酷的历史经验告诉人们，现有的体制，甚至变化远远落后时代的体制是难以打赢下一场战争的。

传统的利益格局导致了资源分配倾向于原有能力体系，对新型作战能力的资源分配低效。因为各自的部门根据自己的利益、职能和履行职能的思想，强调自身独特而又重要的地位，这带来的不是部门间的合理竞争和资源配置的优化，而是传统利益格局的固化。能否接受旨在充分发挥新技术、新思想强大功能的新的机构作为利益格局的新元素，这取决于部门的"觉悟"，而不是新的、期望中的利益格局的合理性与科学性。所以，鲜有一个新成立的机构能够在成立之初就能发挥所预想的领导作用，它只能在不伤及传统部门利益的情况下才能顺畅运转。

发展新型作战能力不可能维护巩固旧部门的利益，所以发展新型作战能力需要消除障碍。但是并不代表要不顾一切地搞非此即彼。军队各个部门必须至少在资源优化和能力整合的基本框架中履行职责，而不是互相排斥。应当使它们共同接受这样一个事实：发展新型作战能力可以围绕共同的战略目标，提高行动的效果而竞争，而不是围绕利益分割来竞争。

任何旧的利益格局在其初建之时，不是因为它的高效，而是在于它的低效，重复建设和资源浪费，致使各部门利益放任，只看着自己的小圈圈。旧的格局一旦确立，部门地位的固化被容易当作争取更多预算和重视的基础，一旦承认现有体制的弊端，则意味着争取更多预算的难度更大，甚至削减预算。

发展新型作战能力的难处还存在这样一个经常出现的现象：新型作战能力要想成功，必须时时处处都要产生良好的结果，而旧能力只需保证一事办好便有地位。发展新型作战能力固然举措伟岸，可以充分调动资源和唤起激情，但却充满着风险。旧能力代表着既定利益，在一个根深蒂固的旧体制和旧思想文化中，当新型作战能力使人感到没有收益时，动力也许小于阻力，其结果很可能使新型作战能力在充满生机勃勃的言辞中被旧能力所稀释。不是反对和否定发展新型作战能力的意志和系统性的举措，而是反对没有重点、没有准备、没有阶段性部署与严密计划、不考虑可能遭遇的阻力等方面的盲目。正像长期饥饿的人不能突然暴饮暴食一样。

发展新型作战能力无一不反映着一支军队对内外部的各种挑战和困难的回应，其意义不是新型作战能力本身，而是在于由新型作战能力构建中的一系列连锁反应。当人们注意到这个"技术革命"时，如果只关注技术革命者，未免眼界太窄，然而，超出技术革命之外的那一系列连锁反应，却不是自动发生的。对于关注点之外的连锁反应，其认识必须符合时代的总趋势，人们不能跨越一个历史阶段去寻求动力。

每种新型作战能力的过程是：先有制器之人，再有制器之欲，后有制器之术，再有新制之器，新制之器要求用器之人，用器之人的需要又催生培育新人之制。能力的质变蕴含于"思想—需求—技术—人才—制度"的完整循环中。这个循环的过程存在于每个特定的历史阶段。要完成一次能力的跃升甚至是巨变，需要时代条件将循环的所有环节都能够容纳接受。发展新型作战能力首先必须理解时代，在要求的时代限度内，能否容纳循环的所有环节，使其顺畅地"走下来"。

发展新型作战能力的失败者是因为没有看到历史的大势对这个循环的推动，或是高估了时代的包容性。前者表现为谨小慎微，裹足不前而落后淘汰，后者表现为好高骛远，快步疾飞时，一个小石子足以将其绊倒在地而前功尽弃。

历史上，每次发展新型作战能力的举动总会被诟病。这些诟病的绝大部分内容是对新型作战能力的误解。然而，令人唏嘘不已的是，批评的权力源自于发展新型作战能力所出现的机遇。完整的循环中，各个环节有一突破，遍及其余。当技术突飞猛进时，对原有思想和组织自然会导致压力骤增，自然会有人迸发出更为深刻的社会变革的呐喊。如果没有技术突飞猛进的变革，如何能够产生对原有思想和组织的压力，更谈不上对压力的鼓舞与欢呼。所以，发展新型作战能力的进程是步步推进的，新的成果涉及的范围不断扩大，程度不断加深，原有的内涵不断萎缩，在这一过程中，整体面貌发生变化。

行动上的激进，其思想根源在于思想的误区，大多数人只是从开头和结局来考察历史与现实，而失去了对动力和阻力之间互动的深刻分析，才会出现那种理论完全正确，但在实践上完全行不通的著名思想。只看到前人和同时代的他人使用雷霆万钧之霹雳手段，痛快淋漓地打开局面的表象，却提出自己认为可行但实际上激进得根本不可行的方略。因为原有的陈旧的组织体系中，长期形成内部千丝万缕的联系，所以，某一方面或者某一个层次的变化都受到其他方面的制约，并且导致发展新型作战能力成为"独角戏"，由于缺乏来自内部其他的力量支持，有时甚至举步维艰。此时更加容易把前人和他人的经验神圣化，高估那些成功经验的适用范围，不知不觉中产生"拿来主义"即意味着成功的心理。

任何军队都不是一成不变的，比起军队能力的其他要素，如装备、训练、体制编制等，人和制度总是容易滞后于它们的变化，自身的思想、组织、职能，甚至是约定俗成的惯例，都很难得到改变。

制度的价值在于能够促成信息开放式地进行内外上下的交流和交换、新鲜思想（甚至是创意）层出不穷、从不僵化和生硬地要求成员或者内部要素的"标准化"和"格式化"，并通过维护创新精神来发展组织。

有利于推动新型作战能力的制度有三个基本标志：

一是有一整套完善的法规体系。法变则事变，事新不如法新。评估作战能力首先在于能否有一整套完善的法规体系，这一整套法规体系不是僵化的，应是使发展新型作战能力有完备的法律依据。

二是形成能够容纳创新的内部文化。无论是人员素质，还是组织结构等，都以创新为基本的价值取向。对新生事物的敏感几乎是自动地融入军队中，不断推动创新。

三是针对不可预知的风险具备最大化的应对能力。这一标志最难鉴定，因为不可预知的风险无法做出最具有针对性、最有效的准备与应对，也无参照标准。对所有可能的任务做出准备是不现实的，也是做不到的，因为下次出现的任务或者危机有可能与自身的经验相悖。但是，针对能力短板的努力却是能够持续可见的。

如果发展新型作战能力仅仅只是一次性地将技术、组织体系、作战思想和方式进行革新，以针对具体任务或适应特定的战争和危机来提升能力，那么能否注意到还有很多自己没注意到的能力空白呢？如果对手和敌人恰恰就利用这种能力空白迫使自己被动就范呢？可能有人会说，每次发展新型作战能力只是历史进程中的一个阶段，或者只是代表着一个侧重，不可能也无必要做到面面俱到。原理如此，但需要解决的问题却远非如此。发展新型作战能力应当成为国家安全和军事战略中重要的、不可或缺的组织部分，只有这样，一旦出现新的威胁或是新的利益需求导致新的能力需求时，总能适应时代。

商鞅的激情与悲壮、毛奇的睿智与高效、彼得大帝的坚定与冷酷，这些被浓墨重彩的历史足以不留余地地完全占据人们的思维空间，导致人们产生这样的错觉：通常都认为发展新型作战能力是非常之时的非常之举。

如果今天仍然迷信于这条历史经验，便会偏离发展新型作战能力本来的意义。一次性地发展新型作战能力只是非常之举，然而，着眼于优势，发展新型作战能力没有"非常之时"，应当是常态化。这样的军队在每一个阶段都是具备"非常"的眼光和"非常"的能力，目光盯着前方的时候，自然会批判地审视现实。

真正令人惊奇的应当是从来没有强调过非常之时的军队，却总是有着惊人的"非常之举"。发展新型作战能力的实践不断融入历史的自然演进过程中，成为历史的一部分，更是作为推动着历史发展的动力而存在。

发展新型作战能力从来不是军事史上的特殊现象。强调"非常之时"来发展新型作战能力的军队，通常是到了经过长期的"无为"而难以为继之时。这样的军队会在一定时期内产生巨变，但长时间的守旧，使军队产生巨变的代价短期内便压迫在军队身上，而效果却需要长期显现。发展新型作战能力成为常态的军队，命运不会大起大落，而且始终在引领潮流。

◆ 思考力：发展新型作战能力的前提与方向

毫不奇怪，所有人都认为新型作战能力的先导是新型技术，推动技术跃升是发展新型作战能力最有效、最合理的起点。然而，事实并非如此。正如大脑的革命应成为身体改造的先导一样，思考力才是新型作战能力的先导。

任何组织的活力都来自于其内部能否最大限度地容纳新生事物。如果仅仅狭窄地认为人的活力仅是来自于器官正常而稳定的功能以及与外界交换而形成的新陈代谢，则忽略了人特有的生物属性。军队同样如此，如果仅仅将军队的活力置于技术手段等物质性因素的更新上，那么同样忽略了军队特有的能力特质。军队强调思想和行动的整齐划一，却不能抹杀这样一个事实：对发展新型作战能力的最大伤害并不是强调思考的多样化，恰恰相反，思考的多样化才能使军队产生最大动力。

平庸的军队缺乏的不是技术手段，而是思考力。比对方更好地创造和利用避免失败并走向胜利的机会。真正的优势不是固守自身的特长，也不是完美地追求使自己毫无破绽，而是使敌人永远不可能找到自己致命的弱点，并且能够发现和利用敌人的弱点。历史上每次伟大的胜利都是思想和智慧释放了最大的能量，而每次惨痛的失败无一不是因为愚昧、僵化、保守的思想限制了能量的爆发。

战争时期，军队最容易暴露的不是优势，反而是劣势。敌方每时每刻都在盯着自己不能做什么事的时候，更加关注自己做不了什么。发展新型作战能力的工夫在平时，价值却在于危机时刻。"二战"后的美军，它在 20 世纪 40 年代、50 年代、60 年代尽管建设投入很大，但基本是对"二战"能力的延续与扩展，所以，面对与德国、日本和冷战对手苏联完全不一样的北越军队时，几乎无能为力。

临阵磨枪的军队是不会考虑它们自己缺少什么，反而可能考虑它们拥有什么，而准备充分的军队会考虑自己应当拥有什么。两种姿态的军队，最直接的区别在于是否会积极探索新型作战能力，最终的结果就是在战争中的不同命运。

正如轨道上奔驰的列车，即使既定的轨道总是正确的，但也有可能与其他火车头相撞，如果作战能力总是沿着既定轨道运行，总有一天，也会落个粉身碎骨的下场。

原有的能力再强，也只能应对原有的威胁和实现原有的利益。对于未来新的威胁、新的利益需求，是否具有足够的新的能力加以应对和实现。军队时时刻刻地处于能力不足的担心当中。这样的担心不同程度地存在于不同军队当中。有的想得深，有的想得浅，有的行动快，有的行动慢。

新的威胁、竞争、利益需求、战略格局使军队需要新的能力。技术的发展、思想文明的更新和递进、社会组织结构的优化，都在推动军队，无论是自觉，还是被迫，必须要容纳这些成果。军队时时刻刻地面临各种选择：适应、模仿或者创新。无论哪种选择，都应体现在对新型作战能力的重视与敏感程度当中。

发展别人拥有的能力以适应未来，发展别人没有的能力以创造未来。前者是自己适应对手，后者是令对手适应自己。孰优孰劣，不辨自明！强大的军队将眼光盯在前方，真知灼见的价值永远是准确地把握未来。发展新型作战能力的本质就是应当成为设计未来、释放和掌控活力，而不是疲于应付现实。

发展新型作战能力的前提是正确的自我认知：能做到什么，不能做到什么，应当需要什么，又应当摒弃什么。所以，发展新型作战能力就是着眼未来，就是根据自己的需要，从现实起步来创建未来。也许有人说："我们不是算命先生，怎么可能知道未来是什么样子。"但是不能忘记的是，自己需要一个什么样的未来，却是清清楚楚地多次出现在自己的头脑中的。也许会很模糊，但经过努力，肯定会越来越清晰。

铁锤可以将坚硬的石块砸得粉碎，但却无法左右粉碎之后的微粒。

新型作战能力的价值不在于对传统能力的延伸与补充，而在于能够发挥旧能力无法发挥的作用，发展新型作战能力的基础在于尽早发现旧能力的短板与缺陷。

陆、海、空、天、网战场的逐步形成与扩大，表明地理对各种作战能量以及对信息流动的阻碍越来越小，反映了在战场拓展的能力对作战胜负的影响越来越大的同时，对于控制战场的需求也越来越突出。当所有技术普及的速度正在加速时，如何控制战场与限制对手扩大战场的能力就成为现有能力的短板。

目前每个军种之间可以互相融合的行动空间越来越大，使各个军种出现越来越多的类似装备，陆军早已达到天空，太空中也布满了陆地力量所需要的装备与设施。海军和空军、陆军的行动早已趋同，这些趋势，即使不意味着军种消失，也意味着原先以自然地理空间划分军种的时代正在逐步退出舞台。

无人机上的侦察与自主控制系统使众多地面雷达和人工控制岗位成为闲置，某项作战力量的专项功能被"体系化"，以前需要情报、侦察、通信支援的装备，将可以实现自我"侦察—打击—评估"的作战行动流程，甚至可以选择最有效的战场，或者根据不同战场进行自我调控以适应战场，以最高的效率完成"侦察—打击—评估"的作战环节。

能力的发展出现了两个趋势，一是不断跨越人类已知的障碍，飞机、大型战舰和各类车辆（坦克、火炮），使自然空间战场越来越大，军队对战场的利用越来越有效。二是制造着新的战场与传统战场的阻碍，空天占据使原有陆军、空军无法独自向太空延伸，新的技术制造了新的阻碍，克服新的阻碍成为更新技术的"门槛"。

新的阻碍在于自然物理空间与人的思维空间，人的思维总是受制于外在环境时，思维本身就不是独立的，如何置自然物理空间于不顾，直接影响人类思维空间，又是未来技术的方向。

当今的作战能力缺陷在某一类战场上，是装备和人员的稳定性与持续性，而未来的作战能力的缺陷是超强的稳定性和持续性的装备和人员，只能局限于某一类战场上，而不是能够根据需要变换战场，对于战场利用的突变能力是强项也是短板。

从空中装备到地面、水面、地下、水下的装备已经不需要复杂多样，而在于精简，它们的功能可以最大限度适用于不同战场。

◆ 环境的作用：不同的反应不同的轨迹

整个世界唯一不变的是它几乎无时无刻不在改变。对于变化的世界，通常会有三种反应：一是应急反应。往往是因为感受自身变化难以适应外部环境变化。压力之下的被迫之举常常落后于变化。二是超前反应。往往是因为把握住了变化的规律和节奏，甚至主导了变化，而推动外部环境的变化。超前的举动能够保持原有优势，或者创造新的优势。三是无视反应。对于外部环境的变化，采取"超脱"的姿态，即使感受到压力也会侥幸地认为变化不会影响到自己。

发生颠覆性变化的征兆往往很少被人意识到，等到出现颠覆性事件后，那往往是不知不觉变化的结果，预示着以前的变化已经进展至一个新的阶段，甚至是一个变化的新周期。应急反应的思维还停留在颠覆性变化时，甚至之前的状态，超前反应的思维已经看到了下一个变化的可能和趋势，无视反应的思维就是即使发生也"轻松"地熟视无睹，毫不关心变化之后的态势。

正如脚步停止不向前是最轻松一样，应对变化最容易的方法是第三种：无视的方法。然而，当人们面对变化的压力而不做出反应，那么人已经失去了本性。严格意义上说，人类本身都在变化，并不仅仅因为环境改变的驱动，而是自身本能使然。只是本能的作用时机不同罢了，有的是事前主动，有的是事后应对。

产生反应的第一种和第二种方式，无论哪一种都是艰难的，即使是理解起来也需要以超越现实的理解力和洞察力。当然，无论是哪一种，都是旨在改变现状。发展新型作战能力的原理也在于此。事前主动反应，还是事后被动反应，也是军队自身固有功能的不同作用时机。

军队不能指望自己在发展新型作战能力和战争准备非常充分的情况下战争才爆发。七年战争前，欧洲各国军队均在装备火器和探索新型的线性战术，但奥地利继承权危机导致各国卷入战争，即使是预谋已久的普鲁士也是在未完成整军计划时投入战争的。第一次世界大战更是如此，英国和德国在进行海军竞赛，法国陆军正在实验机动战术。第二次世界大战前，英国推行新型空军建设，德国建设装甲集群和空军、海军大舰队，苏联按照大纵深作战理论建设机械化作战能力，大战爆发时，没有任何一个参战国是在自己希望的情况下投入战争的，只是德国和日本的军队发展新型作战能力进程更快、战争准备更加充分。战争初期占得主动。当冷战开始后，美苏两军发展新型作战能力都在相互拆台的情况下进行。冷战结束后，俄军调整体制时，先遇到第一次车臣战争，再遇到第二次，后又遇到俄格冲突，计划屡次被打乱。美军也是如此，除海湾战争外，其余皆为转型过程中出兵。

在一个变化越来越快的世界里，军队发展新型作战能力的外部环境越来越难以把控，军队的使用时机、方式、战场、强度，都难以确定，甚至是在能力缺项阶段就必须用到军队，而且，各方面条件又不允许拖延，也许正在集中发展一种新型作战能力需求时，又会出现新的而且是急迫需要的能力需求。

发展新型作战能力不能停留在缺什么发展什么，什么弱就发展什么的思维层次上，将发展新型作战能力的预期放在过去的环境中的思维方式是造成能力处处落后，行动步步被动的根源。

对未来能力需求的确定，不能仅仅局限在具体的现实应对上，而应当考虑如何主导能力的发展，使得对方被自己牵着鼻子走。

发展新型作战能力但却输掉战争的教训说明，行动失败的根源是设计失败。军队的思想和体制决定着发展新型作战能力的整体设计，当所有人总结苏联阿富汗战争悲剧时，都只是从战时层面出发。军队不适应阿富汗地形，不了解阿富汗民族，指挥呆板等。而它的对手却更深刻地认识到，苏军惨败的根源是苏联领导人对于需要一支什么样的军队的理解越来越错误。

这种往错误的方向走得越久，能力缺失就越大，而且越来越难以察觉。当然，内心中的前瞻与将要发生的事实不可能完全存在出入，更多的是通过平时的教训和科学的论证来完善自我的前瞻。

军队不能安于应对现实挑战来设计新型作战能力，而应永远置对手于无所适从的境地，一支军队最大的战略优势正在于此。安于故习的旧头脑不仅总是受到现实制约而难以想象未来，更加不可能创造未来。技术的革新比思想的革新、组织的革新更快、更明显。从现实中看到远景，不仅是思考的任务，也是行动的任务。军队应当怎样去创造未来，并且为了实现未来，从现在开始应该做出哪些改变。

科学史决定着战争史，综观世界军事发展史，不难发现，当人们认识自然的工具越来越发达时，人们从事战争的工具也越来越发达，从事战争的方法也越来越聪明。当火药、内燃机、钢铁工业、航空工业成为主流的科学技术时，闪电战理论、大纵深作战理论、制空权理论、空地一体作战理论

"你方唱罢我登场"，当计算机技术、航天技术、纳米技术、新材料技术、网络技术大行其道的时候，太空战、网络战、电子战更是层出不穷。人们看到这些精彩的历史的同时，会发现这样的规律，新型作战能力的出现是与战场拓展一致的。

然而，历史上总出现这样一个现象：每产生一种新型作战能力的同时，便增加了一分对新型作战能力的依赖，也增加了一个弱点。

当纳粹德军使用闪电战在欧洲所向披靡时，德国过于依赖于快速突击、装甲和航空兵陆空集团，以至于在苏联遭到惨败。因为德国无法持久保持作战锐势，仰仗于强大海军和优势空军的美英盟军更是从海上和空中将纳粹德国变成困兽。

美军凭借着高新技术打垮了萨达姆、打垮了塔利班，仿佛在世人的眼中，网络中心战、精确打击作战、指挥控制战、基于效果作战等新型作战能力已经成为信息化时代战场的决胜之术时，然而在萨达姆之后的伊拉克，城市和油井到处充满着不知何时何地会爆炸的路边炸弹，尽管美军苦苦地守着，却奈何不了反美武装和基地组织的"散兵游勇"和那些隐匿于山区"拿起枪能作战，放下枪能种田"的塔利班分子。

新型作战能力之于战争绝不是依赖于一两支精锐利器来包打天下。因为战争是敌对双方在政治、经济、社会、地理、实力资源对比、外部援助、主观领导与指挥上展开的对抗，每一方面能力及其之间的互动都会成就一个或多个制胜因素。战争实践中，任何一个胜利者都不是单一因素的作用，但也不可能掌握了所有制胜因素。将新型作战能力运用于战争，不是简单的战术运作问题，而是战争的战略指导问题，运用新型作战能力必须把握政治、经济、军事、社会方面的有利因素，避免不利因素，力争在战争的准备、实施、结束等环节，在战争艺术、战争技术、战争心态等方面，谋求全面的优势。

未来，世界的复杂性决定了以往界定战争与和平的标准在未来已经难以适用于和平与战争的分辨了。然而，胜利是多种多样的，而失败却只有一种。因此，避免失败是艰难的，而追求胜利却更加艰难，因为胜利往往是虚假的：战胜对方的军队之时，往往是自身走向失败，甚至是加速失败的开始。战争的胜负不是取决于表面的物质力量或者经验性的精神因素，再或者是它们之间的简单相加，而是新型作战能力的综合使用。

塑造未来的常胜之军：新战场、新能力、新战略

觉醒者不觉自醒，觉自醒者不觉醒。

　　传统的核生化武器技术正在以难以判断的方式和速度向全球扩散，并且由于世界联系紧密，导致"一荣俱荣、一损俱损"的新型领域不断出现，网络使各国商业和文化交流只是这一趋势的非常细微的体现，未来的世界，互相依赖的程度和所在领域将远远超出目前的想象。大国之间爆发战争的概率减少，只能说明大国之间关系的新型形态，而不是关系的本质，未来的全球性和地区性冲突难以使用今天对战争的定义与标准来界定。

　　首先，大国越来越脆弱，网络、太空的安全防护能力漏洞和社会思潮结合在一起，大国一旦付诸战争，追求战争的目的将有别于以往所有战争，由此而带来的战争战略与如何发展新型作战能力的思路发生颠覆性变化。

　　其次，以传统的强弱标准难以界定未来战争各方。技术手段的发展使战术性行动便能够达成战略性目标，然而，战略性目标却又根据技术的发展而不断调整变化。面对公共威胁，大国联军作战的可能性越来越大，面对各自的矛盾和挑战，大国传统的作战能力仍然没有失去价值，面对不断出现的新的不确定的风险，新的作战能力的涌现将越来越频繁。

　　这两种情况产生了一个问题：新型作战能力直接为国家政策目标服务时，还需要战争战略吗？

　　未来，发展新型作战能力的难处有两个方面：一是能否设计并制造出真正有效的手段来维护不断更新的利益；二是为了使手段维护不断更新的利益而采取正确的使用方式。因为手段和使用手段的方式的发展明显慢于利益更新的速度，这两个难处在未来将使迟钝者处于被动。

　　充分准备的战争反而不易爆发是新型作战能力面临的最大挑战。所有历史时期中，面对不断变化的利益需求、国际战略格局和安全威胁，发展新型作战能力的最大挑战是全面可控性的缺乏而导致的被动。因为只针对一种敌人而建设的军队，当新敌人出现时，投入巨大资源建设的军队几乎无用武之地；因为只能适应一种战场，当需要在另外战场展开作战行动时，先进的作

战手段却只能被搁置；因为只能毁灭或者只能有限杀伤，当需要灵活调控战争目的时，国家只能僵化地选择投降或自杀。

全面可控性是未来新型作战能力发展和使用的趋向，信息、能量、物质的快速变化，没有任何一个人可以准确判断未来的威胁是什么，什么时候并以哪种方式出现。唯一能做的便是尽量预想多种可能性，力争全面可控。

历史上发展新型作战能力的都有一个可能被忽视的短板：新型作战能力的每一次跃升，都是一次暴露后勤与情报支援弱点的窗口。铁路与新式枪炮导致的机械化地面作战能力对于伴随后勤和实时的情报支援需要花费更长的时间；航母编队和独立空军作战中，后续的补给、补充与战场情报决定着每一次战争，甚至战役的胜负；联合作战能力对于全球部署的后勤基地和联合情报支援的严重依赖使之难以持续地适应不同的战争形态。

未来发展新型作战能力的方向是作战能力的跃升与更新，那么后勤补给和情报支援的难度也要相应"减负"。无人机作战、深海作战、思维空间作战对于后勤补给和情报支援的要求，不需要过长的后勤补给时间，也可以根据实时的精确情报自主进行作战。武器系统的适应性、持续运转能力、精确度和行动速度都应当建立在后勤和情报支援难度减少的基础上。

越来越少的人从事危险任务，未来的作战行动不需要庞大的后勤物资量和繁杂的信息流程。武器系统可以跨空间维度发起精确打击，使作战节奏可控，但不需要长时间的平战转换工作流程。

能力的更新主要标志有四个方面：产生新的战场、出现新的作战方式、新的指挥控制、新型的作战手段与系统。未来的新型战场仍然是科技拓展自然空间的延伸。陆海空天电网络和心理战场的不断延伸，最终必将延伸至人类的思维空间领域和深海领域。

任何新型作战能力均不是目的，而只是达成战争目标的一种手段，可能具有决胜性，也可能不具有决胜性，但无论如何，对战争结局的影响是极为重要的。它们的价值不仅体现于战争中，而且还体现在和平时期。没有正确的战略，无法正确地使用新型作战能力，没有新型作战能力，赢得战争的战略也无从谈起，因为这促使人们探索新的方法来从事战争。

发展新型作战能力必须满足四项条件：一是该新型能力已经出现端倪并显现出巨大能力价值，拥有可观前景。二是现有技术、财政和组织领导资源可提供基础，具有可行性。三是对于军队理论和结构、资源优化统筹和教育训练升级具有强大的激励作用，甚至是对原有观念、结构与习惯具有颠覆作用。四是可以有效形成对对手的实际威慑与行动能力优势。

◆ 未来的战场：一体化背后的碎片化

当气垫船跨海着陆时，当直升机运输机可以调运坦克火炮时，当网络可以感知另外一个半球的战场情况时，世人皆在惊叹地看到陆、海、空、天、电、网、心理战场之间的阻隔日渐消失，战场一体化已经清晰地出现在未来了。

战场将不同空间互相连接的确是一体化趋势，未来的各个战场阻隔逐渐消失时，新的变化与新的阻阂会产生吗？

一体化战场趋势，随之而来的将是碎片化战场的趋势。

随着地理信息进一步精确化、细化，以及各种地理空间的互相影响，地理信息恒变化时，对各种不同的信息及其不同的变化的掌控便成为掌控一体化战场的核心，将战场扩大与连接反而成为战场碎片化的根源。

全球战场的形式，反而使完全掌握全球各个角落的"空想"显露，美国不断强化全球存在，但其暴露可被攻击"窗口"却越来越多。

未来的碎片化战场的掌控能力将成为决定优势与劣势、主动与被动、进攻与防御的关键，当然，对碎片化战场的掌控也将改变人们对于攻防、动静等基本作战问题的判断标准与法则。

以前技术的先进在于将各种战场开拓与连成一体，未来的先进技术将使连接的战场根据自己的需要碎片化与孤立化。

信息技术先进的军队自然在推动战场空间一体化方面便于控制，但是信息技术的发展也使信息技术的跟随者有更大的可能令对手一体化战场的努力"空心化"。

全球地理信息、经济信息、政治信息的日益透明其实是假象，信息技术的发展使任何一种政治力量、经济力量、军事力量对某一地理、某一领域经济、政治情况改造亦变得容易，更加隐藏与巧妙。

改造信息环境于某一局域，使一体化战场优势者变成弱势者。

未来的优势不是取决于控制战场范围能有多么大的地理面积或者多么宽广的自然空间，而是取决于对动态性极强的碎片化战场的控制能力。以前的指挥难以实时获得足够反映指挥中所需的全面信息，因此，取得行动主动权的要旨在于总是通过扩大空间来控制和主导战场，以更大的战场来获取主动权。在信息社会当中，大量信息技术的普及，使指挥员可以实时获得足够的全面信息，然而随着技术的发展，敌对双方的不对称性日益加剧，仅仅通过扩大空间来控制和主导战场，不可能获得作战主动权，而是需要通过获得更加细致的、对方难以获得的精确信息来控制与主导战场。战场碎片化的要旨在于使自己可以比对方更加精确和实时地控制与主导战场。

◆ 超越 OODA 的指挥：从使用信息到制造信息

军队通常是科技和经济结构上变化的最终感应者。未来的科技使世界各个战场出现更加细化的趋势，因为信息爆炸促使硬件设施不断提高性能来完善系统，而不是单个元件来应对海量信息。硬件设施的需求又促成市场进一步专业化和集约化：商品、金融、媒体等多种资源的整合与分支，对战争和军队的影响就是由各种专业化设备组成了越来越多的作战体系。

从这个作战体系可以看出，指挥体系越来越庞大，指挥作业量已经远远超出了目前人们利用现有技能能够应对的数量。这要求指挥力量之间的分派指挥任务不是基于指挥体系的内在结构，而是基于面临的"公共威胁"。一味地根据已有信息做决策的指挥已然过时。

人类历史上所有的作战能力均是客观信息的利用者，信息没有改变衡量强弱的标准。然而，未来的信息却应当改变衡量能力强弱的标准。OODA 的定律是信息的获取成为所有行动的基础，然而，在未来，为什么不能将信息制造取代观察式的信息获取呢？当敌我双方不将信息获取作为首要能力优势，而是将信息制造作为首要能力优势时，那么作战规则的改变将使以往的作战手段置于博物馆当中。

未来，由于全球地理信息的采集将使战场准备成为一个非常简短的过程，甚至消失。随着感知战场均是建立在平时的全球地理信息采集的成果之上，突出特点是采集的信息不是首先给所谓的指挥员，而是实时与有关执行单位进行共享，单个作战平台甚至单个士兵或者操作手与指挥员能够同步接收采集的信息，部队之间不是共享信息，而是根据需要同步制造信息，武器系统之间根据制造的信息自主调整战备状态。

战争迷雾对于敌对双方的非对称性决定了制造信息对于制造战争迷雾的必然性。即使对方能够发现自己的重要目标甚至全部目标，那么当依托于己方制造的信息来做决策的对方，也难以产生真正有效的行动。所以，以正确的方式和手段向正确的人传递正确的信息，仅此一点，指挥的超越对于能力的超越，其意义便不言而喻。

目前，使用信息的最高级形态是多个作战力量的信息共享。未来却不需要多个作战力量来共享，而是通过一个简化的作战平台来制造信息。原有的作战规则均是建立在对信息的获取基础之上，而未来的作战规则则是建立在制造信息基础之上。

根据不同的对手、不同的战场、不同的战争目的来制造不同的信息，直接影响的是指挥与后勤的程序与功能将被颠覆。由于现有作战平台需要性能超越目视范围之外的情报侦察与战场监视等感知手段的支撑，而未来的作战平台不需要感知手段，需要的是制造对方感知的手段作为支撑。

当作战平台可以通过减少指挥层级，甚至删除指挥来制造信息时，则意味着自主设定战争目的和选择作战目标，制订作战计划这一环节将在指挥中消除，直接进行作战协同与控制。协同与控制的能力不是来自于作战平台或者必要的指挥机构，而是来自于制造的信息与对手互动之间的各种规则与机制。这使得依托于网络和信息显示系统来达成同步行动的多个军兵种联合作战简化为制造信息与火力打击于一体的作战。

为加剧对手面临的不确定性，制造信息的目的是使自己始终处于可变和易变状态，以及行动简化状态。

指挥的价值在于战争迷雾至少存在于战争中的一方。信息的获取—加工—传递决定了作战能力使用的时机与方式，那么信息制造则使指挥的价值不在于战争迷雾的存在，而在于简化，直到人的主观思维空间的消失。

思维空间的逐步萎缩直到消失的过程，也是诸多设备和设施（如传感器、中继站等）失去价值最终消失的过程，以及它们运转所需要的指挥组织、运行机制与流程，也终将消失。当然，也意味着传统的理解信息的方式、情绪、士气、互动关系等精神性因素终将发生转变。

所以，信息制造的作用是：以前由多个作战力量或者作战平台完成的一项任务现在只需要由一个作战力量来完成，受到情绪和习惯影响的传统指挥员将可以利用多种预告设定的方案快速优化来实施控制。对战场的感知和形成作战指令等传统的指挥环节将由一站式的控制完成。

然而，就在这一站式的控制却可能建立在联军部队、多国政府部门、国际组织等多个层面协调的基础上。但是，并不是根据和它们的协调方式来规定完成任务的方式，而是规定任务本身的性质，由作战平台选择完成任务的方式。

从使用信息到制造信息，使指挥的完成受指挥人员的技能和想象力、指挥组织内部机制决定，转变为由控制作战流程的风险和稳定性决定，即多重的指挥链变成单一的指挥链。多重的指挥链既定作战任务和完成作战任务的方式与时间，从某种意义上看，多重指挥链更多的是干预，而非自我创造，单一指挥链注重创造的同时无法干预。既然是干预和既定，那么便是时间性因素决定指挥任务，因此也就有了指挥权力分散与集中区别带来的各种指挥方式，各种指挥方式的不同又导致了大量指挥手段的出现，指挥手段作为获取信息与加工信息的载体，在指挥员运用时，不知不觉便成为调配有限资源的杠杆。

单一指挥链的起点是制造信息的设备与设施，不需要将资源进行临时调配，只是根据任务的设定而随时实施控制。单一指挥链不是简单的指挥体系，而是一种繁杂的、在和平时期便涵盖了潜在的战场指挥能力的预置。指挥能力预置意味着指挥层级的消失。

未来的指挥并不完全排斥在制造信息与自主行动之间设置一个额外的控制环节，但是应当争取减少控制环节，这取决于对手，而不是自身。

传统的指挥，其最高效的表现莫过于同步，而同步的实现依赖于各个部队之间对战场态势的同步感知，并且所有部队之间拥有同等的深厚感情。如果执行任务不需要多个部队，而只要一套作战平台，作战平台内部有的只是没有主观情感意志的元件，那么强调同步便显得非常多余。

多个国家进行的联军作战中，强调同步是指挥的基本原则，但是，未来的联军也许并不是各个国家军队出动类似的飞机、火炮、坦克或者航天器，而是在同一作战体系内，有的国家提供后勤保障，有的国家提供打击与防护力量，有的国家提供制造信息的设备和设施，有的国家提供指挥人员。这样的联军根本不需要强调同步，因为只有一个系统。

当然，要达成这样一个系统，不仅需要技术标准的契合，而且还需要作战思想的同一。联军作战系统不可能是固定的，但是可能常态化地存在几个执行不同任务的系统，每个执行任务的系统都有自己的指挥模式。

当然，指挥模式再不可能像今天这样独立于作战系统之外，且其地位高于作战系统，而是深深地嵌入至作战系统之内。传统的指挥人员不需要将获取信息和分析信息后的决策作为一项独立活动，作战系统的任务区域不需要按照自然空间分成陆海空天电等，专项作战不需要专项指挥机构，指挥机构内部的组织结构同样也没有自己的独立职能，必须在同一指挥体系内联通才能运转。任何一个岗位的操作手只具备一种传统技能将处于被淘汰边缘，各种技能的整合同样成为一种技能。

信息在指挥体系内的上下和横向流动决定指挥效率，失真率和受阻率随着体系复杂性的增大而增大。这意味着执行同一任务时，便预先需要多个人工制定的方案，而且需要不断调整指挥体系。这一过程必将包括烦琐的事务性工作，由于担心作战指令遭到误解，或者在多个环节的传递中被敌所乘，作战指令的形成和传递反而容易因为仔细推敲和分门别类而致使每一个工作环节都存在潜在风险：不易改变的指挥流程和可能的失真率、受阻率导致失去时效和被对方欺骗。而强调人工的集中指挥与分散指挥相结合的指挥方式，以及对最优方案的制定，使指挥流程固化和指挥组织总是根据新的需要被迫调整。

尽管一支部队的能力超强，可能在同一天执行多种不同任务，但是将成功的希望置于能否获取信息之上，在前提上便已经使自己处于被动。

战场空间的价值是建立在如何对战场进行感知的基础上，那么在制造信息的条件下，战场空间的战场优势首先仍然是战场感知吗？战场可视化追求的是战场单向透明。所以，这就带来了一个问题：战场可视技术是否可以使可视技术发达的一方获得单向透明的优势。答案是否定的。任何可视化技术都是建立在战场实体、对可感知的无形环境的感知基础上。即使敌方在战场感知方面处于劣势，那么通过改变战场实体和各种无形环境，仍然使众多可视化技术失效，因为可视化技术的发展是建立在已有的战场实体和已知的无形环境条件的基础上的，对于未有的和未知的战场条件是无效的。

战场可视化技术在未来发挥作用仍然需要建立在制造信息的基础上，而不是获取信息的基础上。战场可视化技术是当今指挥高效的基础，却难以成为未来实施高效指挥的基础。

◆ 未来的星球大战：有限对抗和军种消失

未来的太空战场，真的是导弹、卫星、电磁波的无限对抗吗？

未来的太空战场准会像 19 世纪末 20 世纪初的海军竞赛争夺海上交通线，冷战时争夺中间地带一样，争夺某些领域吗？

笔者认为不可能，未来的太空战场应被大国们的航天设施共同利用，如果再像海军竞赛和核军备竞赛那样争夺空间性因素，最终会全败。

未来的太空战场争夺的不是"保存自己，消灭敌人"，而是如何令对手依赖自己，对抗的模式发生变化，胜负的标准亦发生变化。

太空战场的胜负之差取决于胜者如何吸纳负者的太空武器系统而不是摧毁。传统的互相摧毁不适用太空战场，太空战场的对抗模式是致其生效，然后为自己所用，令自己日益"包容"而强大。也许会出现天基卫星和导弹发射装置，然而，如果这种装置成为未来太空作战的主要手段，便意味着互相毁灭，而不是强大。

里根提出的"星球大战"计划和小布什提出的导弹防御计划，均是意图通过显示拦截敌方来袭导弹的能力进行战略威慑的努力。这种努力真的能够奏效吗？因为没有实践，所以笔者不敢轻易地提出否定。

即使百分百地拦截敌方来袭导弹，那么美国将仅仅停留于继续拦截而不会报复吗？答案显然是否定的。未来的星球大战将是所谓的防御方被迫还击而导致的对攻大战。因为双方都难以承担国土遭受导弹袭击的代价，而又难以在不攻击对方或者攻击对方无效的情况下作出妥协，最终只能在太空领域内继续着卫星、空间站、航天飞机的对抗。但是，核心是对抗，而不是对攻。

敌对双方强大的太空作战系统在太空中可能均处于引势待发的状态。这种情况下，具有令对手无法防御的进攻能力便成为决定对抗态势的核心。哪怕总体处于劣势，只要具备一两项敌方无法制约的进攻能力，弱者也足以保护自己。

所以，太空作战的关键并不在于太空作战力量的体系化，而是太空作战力量体系能否延伸到大气层中，使大气层中存在可以随意延长的空中作战系统。目前的空军，需要地面机场和导航设施、需要海上大型运输平台、需要太空上的卫星予以情报支援、长时飞行后需要空中加油，显然不适合未来的空中作战。如果空军战机能够利用太空系统提供的能源并在安全的基地的支援下，能够随意飞行，那么未来的太空主动权和地球表层的主动权将操之于手。

传统的太空作战力量和空中作战力量，基地和机场与战场的距离成为限制其作战能力发挥的重要因素，如果将基地和机场移向太空或者大气层与太空的边缘，那么便可以突破各种目前的制约。

否则，所有空中作战力量必须在全球设置基地，从而在全球战略格局变化和政治、外交、经济压力下背负着沉重的包袱。

空军天基化，那么海军和陆军为什么不可以天基化呢？军种的出现既是技术发展的结果，也是发展后的技术仍然受到天然地理条件限制的结果。笔者认为分割于各种不同地理空间的军种，未来消失的可能性大于继续存在的可能性。因为技术正在打破地理空间的藩篱。未来的海军、陆军将会加入空天作战力量体系当中。

◆ 无人化作战：从萌芽到超前设计

进入新时代的标志是多领域的突变。然而，众多人又忽略多领域突变的那些不起眼的"前奏"。未来的时代会怎样，这是一支军队在未来获取主动权的基础，而如何把握未来，取决于我们如何准确地抓住那些容易被人忽视的"前奏"。

近期局部战争和军事行动中，无人机在地面指挥控制系统下，几乎是"一站式"遂行"发现—打击—评估"的行动日益频繁和广泛，这表明：随着战争形态向信息化形态发展阶段中，已经由单纯作战手段的信息化深化并扩展为作战体系的信息化。无人机从海湾战争时期的情报搜集和战场监视，到伊拉克战争在情报和战场监视的基础上进行通信中继、目标引导，再到当今的直接作战，无人机以其独有的快速灵活和持久性渗透到各种作战任务中，快速获取和传递信息、以低消耗对重要目标实施精确打击作战行动、自主控制与协同，展现出越来越清晰的趋势：空中打击行动的无人化必将拓展为陆海空天等多维一体行动的无人化。融合各项前沿信息技术于一体的无人化作战能力将成为继海洋、太空、网络之后的又一个新的、意义更加重大的战略制高点。

虽然在局部战场上大量使用的无人作战系统是无人机，但地面无人平台（侦察、探测、洗消等）和海上无人平台（水下无人潜航器和无人水面舰艇）已经大量出现于试验室与试验基地当中，甚至已经用于商业活动和科考实践。技术的发展，仅仅依靠单个作战平台的部分性能指标不可能满足任务需求，集战场感知与自主行动于一体的无人作战系统需求趋向于复杂化和多样化。因此，发展无人作战系统，使之成为分布于一体化全维战场的协作打击力量，以多兵种无人作战平台的联合应用来完成单个无人作战平台（如无人飞机、无人坦克）无法或难以完成的复杂任务。

未来的无人作战系统是将信息系统与行动平台高度融合后，进行自主行动。首先，无人作战系统具有强大的战场感知能力。可以实施可持续、高精度的侦察监视，并同时对多个目标进行识别、跟踪和快速定位，实现对多维战争的态势感知，并为实时信息共享提供支撑。其次，具有多种打击能力。无人作战系统可以独立携带常规弹药或者高能微波武器、电子对抗器材实施自主式的"网—电—火"三位一体攻击，也可以与其他作战系统互相配合实施协同作战。最后，自动执行评估战场毁伤任务。无人作战系统可以依靠自备传感器和通信器材，对攻击效果进行评估，并将评估及时传送。

未来无人作战系统可以实现"零伤亡、非接触、远程自主控制和自主精确打击"多个功能的优化整合，更加重要的是，作为高度综合集成（飞行器、输送工具、各类传感器、武器、发射与回收装置、通信系统、指控系统的融合体）和多任务平台（传统的火力攻防，还涉及导弹防御、电子战、信息战等多个领域）的无人作战系统，其研发与装备部队、运用于作战和其他重大军事任务中，不仅可以激励一大批相关技术研发，形成"成果群"的"井喷"，而且还可以起到心理威慑对手，迫使对手始终处于跟随我方能力建设的方向与步伐，获得战略博弈的主动权。

因此，未来无人作战系统必须具备以下三点价值：

一是广泛的适应性：无人作战系统相对于人力作战系统，对于容易令人感到疲惫和麻痹大意的机械性和重复性的工作任务能够更加胜任，对许多恶劣和危险环境具有更强的适应能力。既可以执行战略性任务，也可以编入战役战术级兵团遂行战术性任务。

二是灵活的融合性：无人作战系统既可以是无人飞行器、无人下潜器、地面和地表之下机器等无人操控系统，也可以部署于地面基地、实现机载或者舰载，还可以与有人力作战系统进行链接。

三是优良的实效性：无人作战系统遂行作战任务不仅可以避免因为人员伤亡而对社会舆论和军队心理带来的消极影响，这一点在当今社会文明程度越来越高的形势下，极具价值，还可以直接对高价值目标实施精确打击，以相对较小的消耗与风险，破坏对方的整体作战体系。

无人作战系统的未来核心发展趋势是与人脑融合。未来的无人作战系统除具有材料隐形化、机动高速化、作战全维化、保障集约化的趋势之外，尤其令人关注的是：将无人作战系统的"电脑"与人脑融合，比如，将人类飞行员的思维和飞行器进行有效接口和集成，可以自动找寻、识别目标、自主确定攻击目标的优先顺序，并选择适当的武器，执行必要的攻击机动任务，从而突破了纯机器控制的局限性，也消除了人类生理上固有的反应延时。

任何武器系统形成作战能力都经历两个基本阶段：要素层面嵌入—体系层面融合。

要素层面嵌入就是通过有选择性地将无人化作战平台试验性或试点性地编入部队，检验无人化作战平台的实际性能和部队官兵的适应能力与操作水平。这样举措的好处是可以循序渐进地使部队官兵感受到无人作战平台的先进性能，确保思想观念的积极转化，而避免过快使官兵转变观念造成生硬的训练与管理，从而产生认识和使用新型能力的积极性。

体系层面融合就是要解决两大问题：无人作战系统自身有什么结构编制？无人作战系统的结构编制与其他作战力量之间的平时与战时的关系是什么？这两个问题的解决最终形成科学与可靠的无人化作战能力。"无人作战系统是独立成哪一级编制？""在哪一级编制与其他作战力量融合与怎样融合？"这两个问题的解决决定着无人作战系统在军队中的地位、作用与任务，以及可持续发展等重大问题。

无人化作战系统的发展思路必须超越战法、训法、管法、编法等业务性层面，而应当将其置于战略性层面来考虑。无人化作战系统应当包括三个组成部分：无人化作战部队、全球性或者地区性行动支援系统、政策与技术的基础支撑系统。

无人化作战部队，不是存在于某个独立战场的无人作战平台的简单组合，而是涵盖了陆海空天等全维战场的无人化作战平台的科学编成：从空天无人机到地面（水面）无人作战航船，再到水下（地下）无人作战装置，综合侦察探测、通信和火力打击、电子战与信息战，甚至生物基因战等多种能力的部队。

全球性或者地区性行动支援系统。未来可能在境外进行全球性或者地区性作战的任务需求，一是构建全球性或者地区性的地理、人文数据库和信息搜集中心，为无人化作战部队提供信息支援；二是根据任务区域分布特点，在境内战区内或者境外关键场所成立无人化作战部队的专项指挥部门；三是结合基地建设，设立无人化作战部队的专项输送渠道、专项维修保养等机制。战略支援系统的建设应当坚持先境内后境外、先周边后全球的稳妥路径，避免步子过大导致指挥与保障能力和实际需求脱节而形成"两张皮"。

政策与技术的基础支撑系统，就是充分发挥政府、科研院校、企业和市场竞争的杠杆作用，在立法保障、创新技术、可持续建设、教育训练管理等各个方面对无人化作战部队的建设与使用予以基础性支撑。实践证明，仅靠军队自身科研和保障力量，难以确保新型作战能力的可持续建设和稳定性。通过立法以形成权威、教育训练管理以培养人才和构建机制、市场竞争推动技术与思想观念不断创新等多管齐下，才能使无人化作战能力建设这项巨型系统确保实效。

其实，发展新型能力不仅是一项工作，更是关系到未来战略主动权的问题。无人化作战能力，其价值不仅在于培养无人作战系统，真正的意义在于对现实的、潜在的、未来可能的新型战场和新型能力进行敏感的预知、超前设计并力争先于对手起步行动，从而避免始终处于追赶和适应对手的地位，力争使对手适应自己，获得战略主动地位。

无人化作战力量目前要么处于试验阶段，要么处于小规模的战斗性行动，其间虽有部分行动具有战略意义，但是，并没有使国际社会认识到无人化作战力量真正带来的战略影响。

首先，无人化作战力量使战争的政治约束进一步弱化。除非未来规定所有军事人员的投降动作并让无人作战力量感知，否则，无人化作战力量的快速隐蔽行动能力和精确打击能够使之只要一锁定目标，人员将无生还希望。而国际法允许作战人员投降，而且战俘也可以依法获得必要的人道主义对待。但是，一旦规定军事人员投降动作，又不可能使战场双方感知的人员互相信任。所以，无人化作战力量只要一出手，便是流血或者摧毁性的战争。以无人化作战力量为主体的战争，目的必须非常简单明确，否则将导致战争长期化。

其次，无人化作战力量使国际关系中关于战争与和平的定义更加模糊。目前的国际法中，并没有规定无人化装备进入他国领土、领空、领海属入侵行为。所以，利用无人化作战力量处于战争与和平的临界状态。如果以人力化作战力量的行为标准来判定无人化作战力量的国际法理效果，那么容易丧失国际政治斗争的灵活性和主动权。

最后，无人化作战力量因为技术复杂性和独特性，对于制定新的国际裁军运动中的取舍标准与行为规范具有强大的冲击作用。无人化作战力量与核武器、常规武器不同之处：衡量作战能力的标准不是以数量规模为基础性标准，可以通过限定数量和规模来保证军备平衡，无人化作战力量涉及陆海空天电及其他新型战场空间的多个领域内的技术性因素和精神性因素。哪怕无人化作战力量有些许技术进步，既定的裁军和军备平衡措施将化为泡影。

人体的功能是感知和行动，无人化作战能力依然不能突破人的功能，而只能是功能的扩展与延伸，然而，无人化装备相比传统人力直接操作的装备系统，超越之处在于将功能进行拟人化的集合，而不只是单个功能的凸显。

在阿富汗和伊拉克战争以及打击伊斯兰国的行动中，无人机的使用，并不是真正的无人化作战，正如"一战"中米斯空战的出现并没有使战争变成立体化战争一样，单项功能的凸显不是能力的形式和跃升，无人机只限于目前人类生理功能难以达成的领域，因此只能局限于单一功能。

无人化能力不是对人的补充，而是代替，如果常态化功能也由无人化装备代替，才是真正的无人化作战时代的到来。

无人化装备的复杂机理将逐步简化，使无人化装备逐渐组装简便，成本低廉，甚至可以自主修整，调整外形结构以适应作战需要。无人化装备首先可以自主选择战场，自主适应和改造战场，哪个战场便于高效达成作战目的，便选择什么战场。

人类必须依赖工具（飞机、潜艇、宇宙飞船）达到的空间，将是无人化能力的主要依托，不是因为无人化技术的发展速度，而是人可以自我完成的功能暂时还没有必要通过无人化工具完成，

既能上天，又能入海，既能思考，又具有本能性感知的无人化装备出现时，无人化能力才是正式进入历史舞台的时候。

◆ 思维空间作战：认知取代大脑

有人想象过这样一个场景吗？一方军队可以在自己的指挥室或者其他任何地方，通过影像传送装置，给敌方制造出完全辨不出真假的虚拟情境，决定敌方人员的判断与行动，比如前面是悬崖，但制造出来的场景却是下坡路甚至是电梯。

掌控敌方的思维在《孙子兵法》中给予了最理想化的注解。《孙子兵法》称："善战者，不战而屈人之兵。"然而，最理想化的战争形态从未出现过，因为现有的能力从来没有达到消灭危机的程度。也许有人说，如果没有核武器的超强毁灭能力，古巴导弹危机便可能引发美苏大战。然而，现实是如果没有核武器的毁灭能力，苏联与美国存在导弹差距时也不用去追求力量平衡了。所以，思维空间作战的超越之处是导致最少的消耗与伤害，通过作战行动来塑造态势，制造信息使战争各方，包括敌对双方和中立方的行为受到自我的心理约束，在此基础上引导其做出已有利的利益诉求与判断。

人类器官的技能延伸的对抗转变为人脑思维与判断能力的对抗。以往的作战根据目的选择手段，那么未来将是使用手段来确定目的。所以，思维空间内的对抗不是基于打击目标是否丧失军事效能，而是基于信息导致的决策与行动之间的关系中和意志、情绪与行动之间的关系。无法行动或者无法产生敌对性行动是思维空间内对抗的基本原则。

思维空间对抗不是源自于欺骗与反欺骗的情报和心理斗争，而是起始于人类思维空间的想象力。不是摧毁，而是控制的作战行动将成为主流，一系列行动，使敌方从态势的判断上认为战争已经输掉。

一系列作战行动指的是思维空间中指向人的思维空间，使对方的判断建立在己方组织的一系列作战行动所释放出来的信息的基础上，对敌对态势、现实和潜在盟友、中立方、可能的发展趋势判断表现出的影响构成了思维空间的作战目标。人的思维方式和民族文化构成认知思维空间战场的基础，人的思维方式和民族文化之于思维空间正如地形地貌之于陆地，它们对作战经验的总结与前瞻，其本身对战场产生重大影响。

思维空间作战的效果不是仅仅使敌方产生所希望的认知和行动，而是包括所有可能使敌方所希望的认知和行动。处于不同层次、不同领域的所有思维空间作战均互相紧密联系，效果也是不断累积的，不需要扩展到自然空间战场，作战目的便已经达成。

从传统上看，思维空间作战的作用就是改变敌方利用已有的经验和习惯，在民族文化和政治制度与军事制度的基础上形成的判断，使敌方的判断为己所用。关键是让敌方遵循一个落后的行动模式：针对获取的信息做出反应。

首先，思维空间作战在敌方接触有关信息的那一刻便开始。从己方设计以什么样的信息，以什么样的方式令敌方感知，敌方必定借助信息技术予以观测与判断，其中包括意图、期望造成什么样的影响、行动的时间和空间性因素、主要武器系统和作战平台的动向、可能的战场环境等，只要使敌方将这些因素作为其进行决策的基本依据，那么思维空间作战便成功了一半。心理和信息的被动产生了手段使用的限制。

其次，己方必须将敌方针对特定信息做出的反应与真实意图进行比对。这一过程包括的可变性因素将影响着思维空间作战的目标能否达成。受到信息技术手段的限制和双方隐真示假的影响，己方不可能完全准确地评估所有某个针对特定信息的反应与真实意图之间的关系。但是，必须从震慑与毁伤、消耗等各个层面来感知态势，从而确定敌方如何判断态势。态势的各个因素不是固定不变的，而是从一开始便处于变动当中。

最后，敌对双方的胜负取决于根据特定信息的反应能否达成连续性。思维空间作战的主动权在于实现连续性，如果针对特定信息的制造与判断使自己处于节奏的断裂中，那么则意味着思维空间作战的主动权失落于手。也就意味着制造信息者的意图不是将敌方控制于一时，而是在整个战局中实现控制。

思维空间作战的主动权在于确定某个特定时刻对方根据已知信息的判断结果。如果仅仅以信息传递的速度与指挥体系的限定作为判断依据，那么无论任何一方都难以获取思维空间的主动权。思维空间的精确作战就是利用敌方在某个时刻根据某种信息会出现判断失误从而最大化地弱化意志与判断能力的机会，不断制造信息。制造的信息可能是关联的，也可能不是关联的。准确预知敌方如何思考不是制造信息的基本依据，相反，制造信息是准确预知敌方如何思考的基本依据。思维空间作战中，突破信息传递的速度与范围的制约，不仅可以使对方陷入判断的迷雾当中，还可以避免己方陷入对方制造的迷雾，减少可能导致复杂的附带毁伤。

筹划思维空间作战的核心是确定需要出现的结果，而不是可以预知的结果。按照目前的思维方式，是根据在能力范围之内可以预知来期望结果，那么制造信息技术的发展，使得通过期望结果来促使双方如何思考与判断成为可能。敌对双方、第三方的思维过程同样可以影响到传统与习惯，甚至制度，它们的变化同样成为影响思维空间作战的重要因素。

　　思维空间作战的超越之处还在于删除了效果累积效应。传统的作战行动，敌对双方均需要根据战场态势变化来灵活应对，每个阶段都需要评估信息与行动达成预期结果的程度、态势的发展变化、毁伤与消耗的结果等反馈举措。未来的思维空间作战不会是长期的持续行动，反馈只存在于一次周期当中，按照现有的反馈定义，反馈举措将消失。思维空间作战如果需要评估，那么评估周期不可能是往复的，因为信息制造的速度导致传统意义上的反馈无法实现而显得没有意义。由于信息的组成是简化而不是繁杂化，所以它令思维过程非常简短，不需要将大量的征兆所提供的信息汇集起来进行思考。

　　思维空间作战对于战争史的意义在于由所谓的毁伤性和消耗性的军事力量变成融合性和导向性的军事力量。正如历史上单独的陆战、空战、海战可以达成战争目的一样，思维空间也可能在未来单独使用而达成战争目的。然而，从战争本质看，思维空间的价值尽管巨大，但却不是万能的。它不可能简单地替代对有生力量的杀伤和对有形目标的摧毁，它们和实体性领域作战的区别只是战场不一致，而不是本质性区别。思维空间作战也许与实体性作战互补，也许与之互相制约甚至背离。这取决于思维空间而不是实体性空间的规律。因为战争最终是需要体现自己的意志而不是对方的意志。

　　思维空间的领先优势与实体性空间作战能力的领先优势不一样，实体性空间作战能力差距的减少是基于技术不断普及，而思维空间作战能力的差距体现在技术难以普及，除非进行大脑和基因移植，而这已经远远超出了战争所应当限定的道德范畴。

　　思维空间使人类战争道德逼至极限，使技术落后者只有突破战争的道德界限才能弥补劣势。战争的本质决定了思维空间的主体仍然是以自然基因为载体的自然人，而非经过生物科技加工的"生物人"。当对方使用生物人作为思维空间的武器的话，那么人类作为万物之灵的道德标准将会无法修复以致被毁于一旦。战争的道德丧失也就偏离了应有的政治目标。

　　思维空间作战的基础仍然是实体性空间，因为作为思维的基础，人的感官首先的作用空间是体外，而不是体内，对环境的感知决定了思维空间的起点仍然是环境，而非思维本身。所以，思维空间的弱点既来自于人性天性，也来自于环境。从这个意义看，思维空间严重依赖于先进技术，使之并没有超越其他作战能力初生和成熟时的本质。

　　思维空间作战没有所谓的"倍增器"，要么成功、要么失败的结局是线式作战行动在思维领域内的体现。思维空间作战的独特之处在于对作战力量的标定。传统作战力量的衡量标准是建立在一定数量规模基础上对能否达成作战目标的影响，而思维空间作战力量的衡量标准则是无法用数据和信息量来标定，速度、体积、数量等数据均无法计算思维空间作战力量的能力。

思维空间取决于自身的感官，而且取决于信息技术与设备及其操作技能。每项信息技术与设备延伸了人类的感官能力。比如，一个侦察卫星仅能知晓地球表面上特定范围内的景象、区域和目标，电子仪器也只能在整个频谱中特定的一段频率中使用，在任何限定的时间和空间内只能知晓正在发生或者已经发生的变化。所以，每项技术与设备的能力的局限性决定了信息系统的庞杂。但是，衡量思维空间作战能力的标准不是规模，而是达成效果的损耗、对实体性空间作战的支持与互补效果等决定战局的重要性程度。信息技术可以确保每一项制造的信息都能使敌方产生如己所愿的判断，而不是具体时间来判断客观的战场态势。战术性的隐真示假并不适合思维空间作战，因为它只是对实体性空间作战行动的辅助。

近身肉搏时，置敌人于死地时的士兵容易出现呕吐和眩晕等非正常的生理现象，这均是因为人类潜意识中排斥同类相残的道德感和同情心在发生作用。随着敌对双方由肉搏战发展到当代的超视距作战时，因为人无法相见，道德感和同情心日渐弱化，技术先进的一方，只要根据事先设定的程序命令操作，便完成作战任务。思维空间中人类道德感没有变化，但是道德感发生作用的条件产生了变化。技术越先进，可能越容易置道德感于不顾，或者道德感的存在使人越来越不愿意执行很可能造成流血的任务。

思维空间作战的重要模式之一就是通过改变道德感发生作用的条件来影响敌方的思维。影响思维空间不是摧毁，而是控制心理，尤其当人工智能出现后，先发制人的概率更高，道德感在直接压力减少的情况下，任何一个可能的行动征兆都可能被先进的侦测工具感知，而在决策者脑中形成威胁的信号，特别是当双方均有先进预警和反击工具时，从而导致思维空间失控，致使态势可能会迅速而无法预料地变化，双方受到攻击的机会窗口急剧增大。所以，思维空间作战的关键在于如何预判战争起始和危机征兆之间的细微差别与可能的"门槛"。先进的武器系统能够抓住稍纵即逝的机会，所以"先发制人"的原则作为实体性作战的首要原则的同时，也"自然而然"地成为了思维空间作战的首要原则。

人类生存和生产的领域不断扩充，每个新兴领域在起始阶段都是处于脆弱的地位。当人们开始翱翔于天空时，空中便成为拥有制空权一方不设防的战场；当人们探索宇宙时，太空又是拥有制天权自由行动的战场；当人们不能脱离网络时、当人们不能脱离独立思考的空间时；当人们不能摆脱生物性的特征时；当人们满足于现有的生活和生产的速度与节奏时，思维空间的新型作战能力就是以少部分的花费来达成高效益战果的手段，尤其能通过威慑来实现不战而屈人之兵的目的。

战争指导者永远要看到能够涉及的未来。战争的未来是什么？就是新的战场、新的技术、新的对手！找准新的战场，准确分析未来战场，就把握住了未来战争的主动权。未来的战争是意志的冲突，是思维空间的冲突，胜利并不一定属于杀伤性技术手段先进的一方，但失败的一方肯定是意志脆弱、思维空间混乱的一方。以前是思维空间的斗争服务于技术手段的斗争，那么未来的战争是技术手段的斗争服务并服从于思维空间领域的斗争。因为社会的发展已经由人的物化阶段迈向了人的内化阶段，物化的阶段，权力主要来自于物质和技术；内化的阶段，权力主要来自于建立在物质和技术手段基础上的意志和思维空间。

目前信息技术使人的眼、耳、鼻、脑功能向人体之外的远端延伸，未来的信息技术会向人体之内的各种组织内延伸，对于战争而言，当利用信息技术破坏敌方信息系统时，那未来的战争可能就是利用新型技术入侵敌方嵌入体内的信息系统，尤其是直接影响，甚至是嵌入大脑中的信息系统的要素。

目前的计算机运行是根据事先设定好的功能与程序运行，而未来的计算机可以随时设定和制造新的运行程序，即人脑的命令即程序。

◆ 深海作战：从低处制高

可在深海进行科研的无人化装备及其遥控技术已经开始得到初步发展，所有世界大国都处于起跑线上，谁能在深海作战力量体系上领先一着，其意义不亚于大航海时代的风帆技术、资本运作模式创新、航天时代空间站设立的巨大意义。尤其是对那些科技追赶者而言，在深海领域追求优势所需的资源一定少于在其他领域弥补劣势所需的资源。

从国家层面看，确保深海力量存在的支柱有两个：一是科技创新；二是激发商业活力。科技创新的基础在于研发可以长期在深海存在的装备，使人可以长时间依托深海装备甚至穿戴特殊装备在深海生存和活动。激发商业活力的关键在于鼓励开发深海所蕴藏的新能源、新型经济资源（如渔业和海洋植物等），并将它们与现有的太空开发等商业活动结合在一起。科技创新和激发商业活力的价值在于通过开发深海使政府和社会看到深海对生活方式巨大的潜力，促使国家和军队从公众支持中获得广泛的支持。

发展深海作战力量不仅有利于提振国民和军队的士气，而且可以使军队建设绕过诸多国际法理规则的门槛，走向更大的自由。基于四大洋首尾相连的事实，深海作战力量开发将影响到全球地缘政治形势，使全球战略格局出现新的发展变化。主要是新型作战能力的出现，使实力对比的计算方式出现变化。以前依赖国土防御的国家将受到新的威胁，以前实施全球攻势的国家将出现新的力量部署其中的空白点。

地面和近海海底能源开采技术成熟和日益普及标志着地面和近海能源的勘探已经确定，采取国界线和海洋专属区框定的能源分布已经确定，能源分布的地理状况成为决定全球地缘政治形势和经贸形势的基础，而深海能源（既可能包括传统的石油、天然气等，又可能包括目前尚未知的新能源）的开采却可能打破以能源分布为基础的战略格局，尤其是对能源进口极为依赖的国家的影响极为重要。

随着航天技术、信息技术、新材料技术的普及与提高，多外层空间直到地理表面，甚至在海面下 1000 米范围内，大国军队无密可保、无处可防。从陆地和近海获取能源的极限日益逼近，食物与农产品的来源需求向多样化发展。人类向深海发展的步伐虽然晚于开发外层空间，但在未来，利益与安全诉求相比对太空的开发更具紧迫性和直接性，深海开发必将处于加速发展时期。

水面舰艇力量、地面作战力量、太空作战系统密集部署于海上陆地和外层空间时，意味着如果爆发冲突，密集的作战力量交织将出现"伤敌一万、自伤八千"的局面。没有任何国家可以承担未来先进技术资源支撑下的作战力量溃败带来的政治和经济影响。核潜艇只能作为这一作战模式的补充，使之更加走向僵化。未来需要在深海发展更加灵活可靠的战略、战术级作战力量。

当所有航母编队、隐形战机、外层空间具有无遮挡地对敌方国土、军事基地或者部署于全维空间的军事系统实施攻击的能力时，在战略层面上对等的威慑与毁灭能力和在战役战术层面上对攻能力平衡的情况下，陆海空天电网等传统的战场空间中易遭攻击的目标将失去存在意义，将深海作战能力作为加在已经平衡的天平中的重要砝码，将达到"四两拨千斤"的效果。深海空间的开发技术正在随着地壳钻探技术和深海航行技术的发展而日益凸显其重要价值。

由于越来越多的交通系统的要素、通信系统的线路部署于海底，这一趋势使深海作战的价值在于其灵活性，即既可以战略威慑，也可以支援其他战场空间作战，又可以独立成为具有战略价值的战役级或战术级行动。深海作战力量的打击目标既可以是交通和通信线路，也可以是敌方的深海作战力量。甚至出现这种可能性，深海一旦遭到敌方控制，不战自败。这些因素使深海变成新的"易受攻击之窗"。

深海作战力量的作战思想应当是绝对的进攻主义，因为深海空间自然环境的复杂性和生物种类的多样性决定了深海空间的防护，要么利用海洋水体对探测技术的规避，要么利用新材料和机动性战术规避威胁，要么利用生物体模仿技术和深海光学技术来隐真示假。其最终实施防御，只能是将巨大的技术和经济资源用于稳定战场态势，而不是为战场谋求主动权。

没有打不穿的防线，防御的目的是使进攻者付出的代价大于收益。而在深海空间内，比地球表面和上空复杂得多的自然环境令进攻者不需要付出多大代价就能够获取主动权。因此，防御性行为只能存在于战术性动作中。

未来的技术是争取"一击制胜"。深海空间中，如果出现持续性作战或者深海长期战争，那么对对方造成严重后果时，也可能导致自我损伤。对敌方全维空间内的军事部署进行一一掌握，比预想敌方全维空间内的打击手段从哪里开始打击和在什么时候打击更加便捷。主动进攻者不会处于无胜利把握的状态，这是深海作战与其他空间作战的本质区别。

发展深海进攻能力不需要像外层空间作战那样，需要计算和预判有多少导弹被敌方天基系统拦截和摧毁，需要知道有多少导弹会落到目标区域，深海进攻可以利用对海洋监测系统和其他地理监测系统计算和判定进攻效果。所以，进攻导致的不确定性被减至最小。

在战略层面上实施防御是不可行的，因为当自身海洋监测系统被摧毁之后，防御者面临的不确定性剧增，因此导致防御者无法实施有效的后续行动。珍珠港事件后的美国可以奋起反击，而未来，美国如果遭遇深海的战略性袭击，恐怕国家瘫痪。用在进攻的资源，事半功倍；而用在防御的资源，事倍功半。

深海作战不是取决于深海作战力量如何应对威胁，而是取决于深海作战力量如何保持行动上的主动。与其他战场空间作战力量不同的是，其他战场空间作战力量面对的威胁是确定性的，而深海作战力量面对的是不确定性的，在所有可能的威胁面前不可能在任何时候都有很强的行动能力。与其面对不知会从何地何时出现的威胁，不如利用独特技术带来的突然性优势使之始终处于主动攻击姿态。

未来，相对于深海作战力量，陆海空天电网等战场空间的作战力量生存能力偏弱，反而凸显了深海作战力量进攻的作用，而不是防御的作用。用富于进攻性的深海作战力量保持对敌方各种目标的打击姿态从而确保其他战场空间作战力量的安全。深海内的大范围机动作战和隐蔽屯兵，说明了少量的、以先进技术为支撑的深海作战力量的生存能力较之大量的、以传统技术为支撑的深海作战力量更强，其情报支援所需设备量亦更小，更加灵活机动地实施主动进攻。深海骑兵的出现使深海作战出现了对其他战场的超越，其他战场必须讲求在战略和战术所有层面上的攻守平衡，而深海作战讲求主动进攻。

深海作战力量将有三层目标能力：基础层是对陆海空天电网等战场目标实施监控和威慑的力量；中间层是深海固定性和机动性基地的构筑力量；最高层是争夺深海陆地控制权的机动作战力量。

所以，深海作战力量体系包括：基础层的力量主要是针对利用深海的隐蔽性对全维战场空间的所有政治、经济军事目标实施监控和进行战略性打击的力量，可以对各种目标和敌方手段予以识别并根据威胁程度排序。中间层的力量主要是通过构筑固定性和机动性深海作战基地，以发射深海打击手段或者提供情报和通信支援，对敌方在深海作战力量予以限制。最高层的力量是机动性强和灵活编组的深海有人化或者无人化作战平台所构成的深海联合部队，根据深海自然环境打击敌方深海作战力量和其他目标。

为此，建成以无人操作空间站为节点的深海基地网，以深海为出发点对陆海空天电网及深海实施侦测，并且从深海地区直接补充空间站所需能量；建设地面和海面岸基向深海地区的运输力量；建设依托深海基地网、以无人驾驶装备为主的深海机动部队。为建设深海作战力量系统，不仅需要从国家层面予以经济和科技资源的投入，还需要激发市场和商业活力，开发从深海获取能源的市场，最终目的是要向地球上的任何地点提供能源（如电力、水利等或者其他新能源）。

一款新型战机从设计到正式列编进行战备训练，一般需要 15～20 年左右，新型装备开发周期过长使投入的资源与费用居高不下，不仅是技术发展的规律限定了周期，而且与国家科学管理体制和政治、经济体制直接相关。发展深海作战力量必须去除常规制度内的机制性弊端。

所以，发展深海作战力量必须制定深海发展战略，而不是作战力量规划。深海战略的战略目标应当是：保证深海所蕴藏能源可以获得公正使用，以拓展全球能源市场，最终确保全球可持续发展以提升全球民众生活水平；深海作战力量发展以全球性深海为范围，而不是局限于某部分海域，深海作战力量应当属于全球深海空间内机动作战使用；主要形成攻击态势，以主动攻击为姿态，震慑和打击可能的敌方；通过发展深海商业和产业来解决棘手的社会问题。

为达到这些目标，发展深海作战力量，就必须基于需要而不是基于威胁来发展。秉承以和平为目标的攻势主义，最大限度地利用已知的深海探测与航行技术和已有的局部海域深海试验成果与方案，以最快速度部署能够实施进攻的装备，并且使之处于机动待击之状，形成威慑与主动攻击的力量体系。在此力量体系的基础上，不断扩充，随时吸收最新技术并且预见未来可行新技术。同时，以非军事领域举措辅助，通过商业开发和能源开采等方式打开国际合作和军政商合作的大门。

深海作战力量部署与机动作战的基本依据不是传统地面作战的海底版，仅仅在具体的战术动作上，受到海底地形的起伏与海底山脊、盆地、海沟、断裂带影响，并趋利避害进行机动作战，而是在战略层面上实施全球深海不受海底地形限定的机动。

全球四大洋中，太平洋最适合部署深海作战力量，这主要有四点原因：

一是太平洋是世界军力最为集中区域。在可预见的未来将成为全球各大力量以太空系统进行侦测的首要地区，太平洋海域内至少集中了世界上70%最先进的战舰和战机，如果在太平洋深海没有作战力量存在，不仅难以影响太平洋上的军事态势，而且难以影响全球秩序。

二是太平洋海底地形决定了深海作战力量部署于此最容易达成作战目的。太平洋是四大洋中面积最大、海底地形最复杂的大洋，西部海底从北到南，依次是落差最大的大陆架和海沟，海底地形不断向下延伸，到马里亚纳海沟最深达11034米，这一海域内，深度超过10000米的海沟有4个，海沟和密集的群岛拢合后，构成了世界上起伏最剧烈的海底，最大落差达15000米。太平洋海底中部则是由三大海底盆地构成，中间由一条西北东南走向的雄伟的海底山脉贯穿其间，这条山脉北起堪察加半岛，经夏威夷群岛、莱恩群岛至上阿莫士群岛，绵延10000多公里，海底山脉有的位于4000～8000米深海中，有的耸立于海面之上成为岛屿。夏威夷群岛就是其中之一，这条海底山脉最高的绝对高度达9270多米，超过了陆地上最高的山峰珠穆朗玛峰。太平洋海底东部由夏威夷向东后，地势变缓，没有群岛，但有10余个深度超过6000米的海沟。其中秘鲁—智利海沟长达6000千米，是世界海洋中最长的海沟。最深、最复杂、最凹凸不平的海底最适合于深海作战力量隐蔽待机和发起进攻，以达成突然性和速度。

三是巨大的海底面积和容量，使太平洋将成为深海勘探和科考技术普及后，最具经济和商业活力的海底市场。最大的公海面积使太平洋成为世界上海洋经济最发达的地区，深海作战力量的存在显然具有重要的经济意义和象征意义。海底养殖场的出现将伴随着海底军事基地的出现。

四是太平洋周边集中了陆地面积最大、海岸线最长的四个国家，每个国家对太平洋秩序具有重要影响。它们是发展深海作战力量基础最为雄厚的四个政治和经济实体。这四大政治和经济实体对太平洋沿岸和所在岛屿的政治、经济、军事秩序具有决定性影响，尤其是有一种现象加剧了深海作战的可能性：科学技术日益平衡但民族文化和历史差异极大。如果科技水平日益失衡，也许深海技术处于非对称状态，无法产生深海交战；但是如果民族文化差异日益消失，那么深海可能是合作大于竞争。当水面力量、两栖作战力量和太空力量处于平衡时，日本群岛向南延伸至马六甲海峡诸多岛屿的政策走向与立场变换均决定于太平洋深海作战力量分布。

现今的太平洋秩序取决美国对太平洋西部的海权和海洋、海岛争端。未来的太平洋，变数在于美国对太平洋西部的海权是否衰落，当水面战舰和下潜能力有限的潜艇在太平洋海域密集时，它们对海权秩序的决定意义便日益减少，深海作战力量对海权秩序的决定作用日益增大。

基于深海对于未来政治和经济实体、海洋秩序的决定性作用，深海战略囊括了所有的海洋及其沿岸大陆，从而影响政治、经济、军事诸多领域，所有这些领域都紧密地互相联系并互相影响。开发海洋是利益和安全、文化和地位的多重需要，深海战略同样也受到利益和安全、文化和地位等多种因素的支配。国家在海洋的新型功能取决于开发深海，而开发深海又理所当然地涉及国家的海洋战略、地缘政治运作的每个方面。

深海机动作战不是利用太平洋底复杂地形的"游击战"，大量的"蜂群"式深海机动平台集群难以适应未来海底作战，优势机动不再克服深海环境限制的移动能力，而是利用深海机动载体不受海底地形限制地从任何地点发射精确打击弹药，打击敌方水面和近岸目标，或者敌方深海目标，并且善于融入深海环境，以保护自己。不需要精心选择机动路线和选择攻击发起位置，而是自主选择最合适弹药，从而确保打击的适应性、准确性和灵活性。

◆ 未来的防护：主动性

从传统看，防护功能的增强有赖于防护材料，而防护材料的选择需在防护力、机动力、火力等作战能力方面取得平衡。落后的材料使得所有武器或者士兵均以降低机动性能和火力杀伤力为代价来增强防护力。即使新材料轻便、对多种战场的适用性强、有足够的抗打击硬度，但进攻手段的快速发展，仅仅依赖于材料技术和战术来防护的年代即将成为过去。尤其是当无人作战部队出现后，更是如此。

防护性武器装备在未来的生命力取决于在多大程度上具有主动进攻能

力。装上声呐系统或者其他探测系统的水雷，不需要当水面战舰或者潜艇触碰到它，便能够根据声音或者水流的变动对周围一定范围进行探测，并根据水中震动的情况和设定的战舰参数进行识别，之后对目标进行定位和跟踪，最终主动"撞向"目标。或者战舰、潜艇、坦克、飞机上装上能够嵌入表面材料的传感器，当敌方炮弹、导弹来袭时，依靠这些传感器，能够识别来袭的武器种类和参数，自主发射假目标信号使炮弹和导弹误入歧途，或者发明一些小小的爆炸物，主动冲击来袭的炮弹、导弹。

未来的作战能力体系中必须有专职的防护力量，以保持攻防能力的全面与持续。这种专职的防护作战能力不仅来自于新型材料和新型材料决定的战术，更来自对战争更加主动的设计和先发制人的打击能力。这意味着未来的防护已经不是等待敌方发起攻击后的防御行为，而是主动的行为。传统的积极防御表现在战术性主动打击，而未来的主动防御则是在战略上主动进攻，当然不是入侵他国领土、领空、领海，甚至也不是对处于外层空间的某些领域实施入侵，而是对他国部署于境外的军事力量要素予以主动打击，因为未来的战略，即使是入侵战争，也不可能从本国领土打向被入侵国家的领土，或者从其他国家领土出发入侵，而是对在全球化层面上追求对军事力量的控制。

如果需要防护，那么也是可拆卸的、有足够硬度和轻便的多功能防弹衣以及小型武器系统的防护装置。对于战略性武器系统，为增强防护功能而使用无直接进攻价值的先进材料，它即使能够将杀伤力最强的子弹和炮弹拒之门外，也无法达到预期的防护效果。因为在全球范围内各个空间均有可能发起攻击，所以，单纯的防护已经没有任何意义。

◆ 未来的士兵：从人到蚁人

从海湾战争开始，人们一直认为士兵不仅身体强壮还灵活，掌握空刃搏斗、精通野战生存与作战，而且还通常掌握各种先进武器的操作技能，驾驶坦克和飞机，或者为飞机和火炮指导目标，自己使用 GPS。总之，希望未来的士兵既能上天又能下海，既是脑力精英又是体力壮汉，射击、爆破、电脑、驾驶车辆和航空器、操作激光指示仪和卫星等，无所不能。

这样的设想主要是基于两个事实：一是随着技术的发展，技术装备越来越多，但是作战任务仍然需要传统的体力与生存技能。二是武器系统日益先进且复杂，花费的资源与财政投入不断增长，急需减少军队员额。这两个事实要求士兵一专多能，以减少军队规模，并且充分发挥技术装备的性能。

然而，在技术装备种类越来越多、越来越复杂的情况下，要求士兵尽量多地掌握各种技能，却会带来一个军队结构性矛盾：作战能力的增长受到后勤和技术保障的制约。技术装备的增多，而后勤与技术保障的能力却在下降。"越来越多的士兵将要承担非直接作战的后勤与技术保障任务，甚至他们的数量超过了直接参与作战的士兵，这使人力资源受到巨大浪费。"①

从整体作战能力出发，士兵的知识结构趋于优化的标准是有利于专业性作战能力的战场作用，而不是越"全面"越好。从人脑的生理机能和人体的生理功能看，任何人不可能掌握超过极限的技能种类，并且当接近极限时，技能全面是以削弱某种技能的培养为代价的。未来的士兵应当不是通才，而应当是专才，有的在战场直接交战，有的甚至只需要坐在家中设计电脑程序供交战者实时使用。考虑到未来战争的技术含量，以往花费数年时间来培养和训练士兵，使之具备合格的作战技能与之相适应的勇气、团队和牺牲精神，已经难以在正确的时机、以正确的方式投入战争了。②

未来需要什么样的士兵，既取决于公民社会中的公民素质与能力结构的发展趋势，还取决于技术装备的发展趋势。信息技术提高了各种技术装备之间联通的可能性与空间，许多具有共同功能的装备，至少在元件与部分要素之间实现融合。技术装备种类减少与操作简化成为必然，军民通用技术也必然普及。士兵的作战技能培训的依托更多的是社会，而不是军队本身。

当信息化战争跃入眼帘时，似乎黑客将成为未来士兵队伍的主轴，所有其他岗位的士兵将围绕黑客的行动来执行作战任务。黑客的作用是依靠单个人员或者临时拼凑的小组，灵活利用网络技术，绕开常规化的军事机制，实施网络攻击，瘫痪敌方军事力量体系。黑客的作用是建立在网络技术使双方感到对等威胁的基础上，一旦网络对战争的胜负意义下降，或者网络技术的发展使双方威胁能力处于非对称状态，黑客的价值便会消失，围绕黑客的行动来组建和运用未来的士兵队伍，就失去了未来战争胜利的可能性。

未来的士兵主要是自动化装备的操作手，相对目前的士兵而言，其超越之处在于它们与指挥官的关系。目前，士兵与指挥官的关系是主观意志的体现，未来指挥员和士兵的关系是客观流程的体现，指挥员指挥士兵操作各种技术装备，依据标准化的操作规程和事先设定的程序模式。

---

① 海湾战争中，美国派了 50 万军队，其中 20～30 万军队是属于后勤支援部队，其余参加直接作战的部队中，参于正面交火的士兵只有 2000 名官兵。
② 特种部队的突击队员通常需要利用 10 年时间才能使之掌握必备的作战技能并服役。

士兵操作技能的改变并没有改变其本质，因为部队的作战能力仍然取决于士兵的数量与技能。令士兵本质改变的是士兵与指挥员关系的变化，因为部队的作战能力取决于士兵的地位。

士兵与指挥员关系的改变，预示着士兵将集合传感器与建立在个体意志基础之上的操作手两种角色，成为作战体系中不可或缺的要素。士兵的单兵装备不仅轻便，具有多种作战和生活功能，而且能够快速体现自我意识。

类似于航天服那样的防辐射、防核化污染，并具有微观信息共享功能的单兵装备将会非常普及，它可以帮助单兵昼夜均发现目标和自动选择武器、校对作战动作，甚至士兵确定目标威胁后，该系统便自动对准目标发射相应弹药。当然，还有帮助士兵救助功能。这种单兵装备可以使士兵突破生理极限，并且使一个单兵便成为一种实用性价值非常强的武器系统。

操作这种装备的士兵不可能身体强壮但反应迟缓，只有集体能、技能和智能于一身的社会精英才可担当。综合性强、自动化程度高的单兵装备不仅可以增强单兵作战行动效率，更重要的是它体现和发展了符合未来社会文明趋势的军事文化，以更少的士兵和更小的伤亡来执行并完成任务。

人力化作战，新的单兵依赖于新型的装备和由此带来对士兵素质的要求。未来无人化作战中，单兵的概念应当是集合有人化单兵装备优势并克服人体天然缺陷的集成系统。

人体在战场最大的缺陷是形状的不可变。无人化单兵装备应当是可变的，或者初始设计的体积小得足以令肉眼或者普通的探测系统忽略。比如电影《蚁人》中穿上设计师设计的装备后，主人公可以变得像蚂蚁那样小，可以自由出入任何能够容纳蚂蚁体积大小的空间。这种无人化装备至少可以不受自然空间对体积的约束。然而，如果这种无人化装备一经出现并频繁使用，那么传统的庞大体积的所有武器系统都面临报废的下场，而且与之对抗的新的探测系统也将在试验室中反复出现，从而引发新一轮更具颠覆性的军事革命。

◆ 集中与分散：从网络中心战到行动中心战

新型作战能力与技术紧密相连的现实，并不代表技术的跃升就必定预示着能力跃升，新型作战能力的本质是对新技术的运用，而不是新技术本身。当飞机、航母、雷达、卫星和网络不断出现时，快速、精确的作战能力在联合的体系内出现了巨大跃升，日益复杂的指挥关系更加需要战前便予以明晰。这说明以旧的方式和观念来使用新型作战能力并制定战争战略必将导致对新技术的浪费。

联合的本质就是将分散分布于各个战场空间的作战平台，通过网络化信息技术与设备进行连接，使它们尽可能地共享战场态势与实时作战信息，从而使大家达成自主同步。而未来随着信息技术的成熟与普及，信息技术组成的信息系统内部联通性超越了个体区别，那么旨在集中起来的各个作战平台将趋向于简化种类、减少数量，为了在更大空间上行动，共享战场态势与作战信息不再是它们协同行动的基本条件，反而成为它们自主行动的羁绊。简而言之，现在的趋势是分散到集中，未来的趋势将是集中到分散。这一趋势并且贯穿于"和平—危机—战争—和平"的所有阶段。

正如集市随着网店的出现而日益冷淡一样，网络作为信息"集市"的作用将因为各种能够共享信息的小巧设备而消失。提供实时信息常态化和信息共享常态化，意味着庞大的设备量反而成为作战效能的障碍。

联合之所以重要，是因为如果没有网络，由多样的作战平台构成的复杂的作战体系便难以形成整体效能，那么当作战体系由复杂趋向简单，网络在不同战场空间的联通技术普及之后，分散行动才能使作战体系迸发出最大的整体效能，这就必须将任务拆解为专业性极强的分支，每一种分支必须由专业化作战力量来完成。以行动为中心的作战能力的价值就在于此，专业化超强的行动必须由专业化超强的力量执行。

当行动高度分散时，如何将诸多不同任务的执行效能予以互相补充，其关键在于以下内容：

目前，运用于军事领域内的信息技术的发展趋势体现为侦测范围越来越大和越来越精确。随着侦测范围的不断扩展和精确化程度越来越高，尤其是随着技术普及，侦察、定位、识别和跟踪设备越来越廉价，对抗这种信息技术和设备的技术将会开始发展，其意图是使范围越来越大和精度越来越高的信息技术和设备失效。聚焦于新型战场空间的信息技术与感知手段的出现，比如，借鉴动物本能的技术手段，小巧而又具有持久功能的感知手段，不需要在未来作战空间的海面、海中、陆上和空中等所有战场上都部署有庞大和复杂的信息技术设备。或许只要一个如今天的中继站那样的设施便可以对多种行动予以支援。

"侦测—行动"的模式逐渐被"信息—行动"的模式取代意味着信息的流动不能在两个环节中出现任何一个中间可能导致失真的阶段。这务必要求指挥员实施计划与控制时没有过量的信息来影响决策，指挥人员必须在平时将情报准备得非常充分、剔除模糊化方能执行此种任务。在今天，这很难做到。

武器系统种类越来越多，需要对其运行提供支援的设备与人员也越来越多，精良代表着复杂、烦琐和昂贵时，武器系统的适用性也必将越来越差，未来的武器装备在简化的信息技术及设备的支撑下，同样会走向简约，小型、多能和自主性更强的武器系统不是元件高度集中而是高度分散，而且精确行动能力可以不受自然条件的影响，低成本的使用反而有利于提高作战行动的灵活性。

新技术的连锁效应一旦产生，便是以加速度的方式发展的。一旦自主性和战场适应性更强的信息技术和设备出现后，必会推动武器系统也倾向于更大的自主性和战场适应性，进而要求指挥更加强调时效性与灵活性。现在和潜在的对手一旦掌握敌对性技术手段，那么又会促使其他新式技术的发展。以行动为中心的分散化作战就是现实和潜在对手利用网络不断普及，使网络作为信息集市越来越脆弱的反制结果。

◆ 速决性：新型作战能力的发展方向

目前的战争中，技术变得越先进，那么战争时期越可能出现以下情况：需要打击的目标越来越多时，技术发展带来的作战力量规模减小所导致的战争将会长期化；信息种类繁多，信息的流动性使敌对双方均难以判断战场态势，由情报不对等的非对称转变为情报模糊的对称；实体性作战仍需攻城掠地时，敌对一方仍然具有不可预知的抵抗能力。从可预见的时期看，远程精确打击能力的提升并不会使这些可能性消失，甚至还会增多。未来的新型作战能力建设应当使难以看到消耗尽头的战争减少直到消失。

作战能力要么可以互相摧毁，要么处于失衡。建立在这种基础上的战争对未来是没有意义的。因为战争将脱离目标，双方均难以实现目标。未来，如果通过自伤来伤害他人迫使他人接受自己的意志，这样的做法无疑是难以理解的，只有建立新的不对称才能始终使战争成为合理的选择。

◆ 理解时代：两个矛盾的走向

理解未来的战争，必先理解未来的时代。而理解未来的时代，又取决于怎样来看到时代发展的客观规律。

每一个时代都存在这样两条并行不悖、复杂交织的趋势：一是碎片化趋势，二是整体化趋势。自从石器时代至农牧业时代开始，人类所有的科技发展和思想文明进步，都是从碎片走向整体，而每一次社会革命又是从整体走向碎片的过程。

所谓碎片化过程，就是不断出现各个专业领域的划分。在石器时代和农牧业时代，没有专业化的政府、军队和企业，有的只是推行部落分工的首领和农战一体的民众，而到了今天，政治、经济、军事、文化、社会领域开始出现专业化机构与力量。在每个领域内都不断出现专业化的创新成果，如政治方面，逐步完善了法律和政府；在经济方面，有了产生不同职能的企业与金融机构；在军事方面，有了高度技术化和专业化的军队；在文化方面，又出现了各种不同的文化专业。所谓整体化过程，就是各个领域在自身不断专业化的同时，也开始互相融合和交织，界线日益模糊，当然值得指出的是，不是没有界线，而是人们对"界线"的认识落后于不断融合交织的速度导致了以传统的界线观念来认知新的界线。

◆ 未来的经济和科技对地缘政治的影响

随着影响地缘政治形势的因素不断增多，决定着未来地缘政治形势的走向的因素正在由经济因素、安全因素转变为当前的经济因素、安全因素、意识形态因素、民族文化因素甚至是科技因素。多种因素决定地缘政治因素的演变。

影响全球地缘政治形势的新因素层出不穷，但人们总是按照传统的思维来判断这些新因素如何发挥作用。随着全球化进程加快，经济和科技、社会文明等因素对国际形势的影响日益增加，但是，如果基于不同的经济增长率或技术进步的差异去分析未来地缘政治形势的变化，会因为片面而得出与事实相悖的结论。迄今为止，涌现的四次科技浪潮给人造成的最大误区就是认为科技浪潮导致的经济发展和科技进步，使地缘政治形势仍然在原有格局演变的逻辑轨道上惯性运行或者加速运行。实际上，每次经济发展和科技进步，都包含着诸多风险性因素和突变性因素。例如，"9·11"后美国在欧亚大陆腹地发动两场战争开始直至"伊斯兰国"的出现，足以说明经济增长和科技进步对地缘政治形势的影响不是取决于单纯的社会变革，因为它们虽可跨越地理障碍，却可能在制造民族间的心理障碍。

全球化的未来就是当经济增长惠及全球时或者当经济衰退祸及全球时，经济增长因素对于权力结构的影响将会远远弱于传统时代。随着全球化市场的形成，技术进步，尤其是技术引领者对于技术在全球使用的愿望更加强烈，技术进步并不能使自己在未来的权力体系中完全把握主动，反而可能使自己更加被动。

经济增长率和技术进步的差异作为衡量指标分析地缘政治形势，只会使人作出现实的地缘政治形势日益固化的结论或者得出对未来地缘政治形势走向的错误判断。

决定地缘政治形势变化的根本是不平衡状态的变化。如果不平衡的格局稳定，那么地缘政治形势无可改变。全球化的状态下，经济发展和科技进步导致国际社会一荣俱荣、一损俱损，以前的不平衡之态仍然因为经济发展和科技进步的共享性与风险共担而固化。

◆ 新的世界心脏：海陆一体

科技的发展使历史总是出现跳跃式突变。历史上将马汉、麦金德、斯派克曼、格雷厄姆的理论奉为圭臬的军队均成为了世界军事史上举足轻重的角色。之所以如此，是因为这些理论充分地看到了河流、海洋、戈壁、沙漠、高山、大气层等自然地理要素所具有的重要军事价值。然而，以蒸汽机为发端，直到今天网络和太空技术的普及，世界军队的发展史成为一部日益使它们的军事价值消失的历史。

"一战"之前的英国和"二战"之前的日本，虽然具有强大海军，却无法主宰东欧和东亚；冷战时期的苏联，虽然军力快速走向太空，但却无法真正地到达全球；拥有欧洲强大陆军的法国和德国总是成为英国海权的"陪衬"。这些历史上的教训足以说明，当河流、海洋、戈壁、沙漠、高山、大气层等自然地理要素对军队行动的障碍越来越小时，如果仍然像历史上将马汉、麦金德、斯派克曼、格雷厄姆的理论奉为圭臬的军队一样，将某个单一战场的行动能力作为军队能力建设的核心，在未来便会遇到新的障碍。

自从冷战结束直到"9·11"爆发，世界性的新型战场由两大热点地区开始连接：一是以中东和中亚为枢纽的欧亚大陆腹地陆地战场，二是西太平洋中从北部的白令海峡至南部马六甲海峡的海上战场。这两大未来战场正在由科技和经贸、能源向全球和太空扩展的轨道进行连接。

自从"一战"结束以来，欧洲在"二战"之后不可逆转的一体化进程使之不再可能成为战场。"9·11"之后，传统大国地缘政治博弈逐步退出历史舞台，虽然至今仍有明显的历史惯性，然而，应对公共威胁却成为所有大国必须直面的重大问题：恐怖组织和极端组织没有因为西方推行民主制度与自由贸易，更没有因为军事打击而销声匿迹，反而愈演愈烈。基地组织未灭，更加极端和毫无道德约束的"伊斯兰国"又随之而起；东海和南海争端日益成为牵动所有大国地缘政治举措的新的枢纽，美国、中国、日本、东盟、韩国等错综复杂的交织态势，使整个西太平洋既可能走向"一战"前欧洲格局，也可能走向冷战结束后与海湾战争前的中东格局。

全球化进程的加快，使任何大国无"私怨"。欧亚大陆腹地具有世界上最丰富的工业所需能源，而东亚又具有世界上最丰富的人力时，这两个地缘政治板块连成一片便不可避免。未来的作战能力的制高点在于如何控制这两个即将开始连接的地缘政治板块。

未来的世界心脏位于从西太平洋向西延伸至地中海的涵盖海陆复杂地形的巨大条形地带。

强大的机动能力和生活方式与作战方式高度融合使蒙古控制了欧亚大陆，但因为腹地恶劣的生存环境使之无法在文化上进行自我优化和改造而最终衰败；沙俄和之后的苏联从残酷的生存环境中崛起，控制了从东欧到中亚、蒙古、欧亚大陆东北端的大部范围，但最终因为海权崛起，再加上无法开发出腹地巨大的财富而最终解体，直到当今也无法获得自认为足够的安全与地位；自由民主的代议制产生的工业革命和发达的金融与贸易体系使英国雄霸太平洋、印度洋和大西洋，但因为在欧洲和东亚遭到强力挑战，将霸权位置拱手让与美国。今天的美国，在全球海洋和大陆上均不可能遭到实质性强力挑战，似乎正将蒙古、俄罗斯、英国霸权的优点集于一身，并避免了它们的弱点。然而，事实真的如此吗？

新的世界心脏的巨大条形地带中，中间沿线自东向西是日本—中国—阿富汗—哈萨克斯坦—伊朗—沙特—埃及。南北两端分别是东盟、印度、巴基斯坦、蒙古、俄罗斯、乌克兰。这一条形区域内的复杂性超过历史上任何一个冲突激烈的地缘政治板块：没有任何两个国家的民族文化和政治制度相似或者相近；技术发展使之日益变狭窄的海峡两边又充满着难以冰释的矛盾争端；星罗棋布并大小不等的岛屿既可能成为跳板，也可能成为障碍；分布不均的高原、雪山、沙漠、戈壁、平原、城镇、丛林使任何一个国家的军队在可预见未来中难以完全适应行动需要。

如果失去了对这一大片区域内的军事行动能力，难以称之为未来的军队。

控制未来的战场需要根据未来战场的地理与能源、所有国家的经济形态与外交策略、可以被改造的交通条件与信息环境等多种因素来实施。另外，战争模式也成为未来军事行动的指针。

未来的世界，基于所有大国的共同利益正在不断交织与扩大的事实，大国之间爆发类似自工业革命以来的七年战争、拿破仑战争、苏德战争、美日太平洋战争等持续性战争的可能性愈来愈小。如果爆发大国间战争，将是首战即决战的短平快式的战争。大国之间针对公共威胁实施联军作战的可能性愈来愈大。

未来决定世界局势的战争将大部分爆发于上述条形区域的新心脏地带。

不断发展的地理信息技术可以找到不断出现的新工厂、新油田、新的医院和寺庙、新的政治和金融机构，当然也可以实时发现旧工厂、旧油田、旧的医院和寺庙、旧的政治和金融机构的消失。但是，新的科技却难以跨越心理的障碍，无法精确确定人心的位置。

未来战争的胜负不是取决于侦察的手段、摧毁的能力、机动的艺术，而是基于控制与影响的效果。未来的战场发生于自然地理空间，其效果却在思维领域。

永恒的规律：战略思维原理

事物的一切在其胚胎中就已存在。

思维是意识活动，不言而喻，战略思维是战略领域内的意识活动。思考无时无刻地无处不在，而思维并不如此。对于战略问题的界定构成了战略思维的基础。当战略问题被战术化或者策略化时，意识活动自然会走向错误的方向。

对于战略问题的界定有两种方式：一种是对所思考的问题不加区别与选择地进行意识改造，使之成为一个战略问题；另一种是以所思考的问题本身作为战略问题的逻辑起点。前一种把所思考的问题当作了实现某种目标的手段，而后一种直接将所思考的问题当作目标。这两种不同的界定方式构成战略思维的哲学基础。作为意识活动的战略思维，不仅要求直接将所有战略问题当作手段，而且要求战略问题本身就是目标。

手段与目标的统一是战略思维的本原。战略本身就是"问题"，而"问题"的解决，只能从战略本身中寻找。问题—"问题"—问题的循环是没有尽头的，这使战略思维永远处于这样的状态：即使将战略思维中的一个微小的片断置于现实当中，也会像多棱镜被置于阳光之下而呈现出多彩的斑斓。战略思维的哲学解释就是要从这些多彩的斑斓当中抽象出内在的"光谱"。光谱的作用是从已知的光的世界中探索未来世界中的光的分布。战略思维的作用就是有选择地使用和改造意识活动来探究战略问题的本原。

◆ 确定性原理：去除思维阻力与模糊

战略思维的本身运动存在阻力，信息越与自我习惯、偏好相符，那么战略思维的阻力越小，而信息的陌生程度越大，思维的阻力就越小。

战略思维的能力不是体现在对熟悉信息的认知和判断方面，而是体现在对陌生信息的认知和判断方面，思维的艰难程度取决于将陌生信息如何转化为熟悉信息，以及转化速度。战略思维的确定性原理由此而出。确定性原理不是完全将陌生转变为熟悉，而是将不确定性之信息转变为确定性信息。从未知到已知的过程，存在于战略思维的确定性原理发生作用的过程中。

对战略问题的本质、战略问题产生的根源和未来影响等问题不同的认知产生了战略思维中的不确定性，即直接地对战略问题进行分析与综合时，应当从哪个层面进行切入，思考者在多大程度上将主观的意识、情感甚至是偶然间的心态放进对战略问题的分析，及其分析产生了多大的影响。这仅仅是战略问题的思考者本身的个体性因素所能决定的吗？在战略理论中，总是陷入这样一个疑问当中：战略决策者与思考者的个体作用存在吗？如果存在的话，其作用有多大？

其实，与其纠结于模糊和需要很长时间显现出来的疑问，不如从战略问题的本身入手，找到问题在所有要素和所有关联中，有哪些是可以直接确定的，又有哪些是必须确定的，还有哪些是在一定时间内无法确定的。找到确定的，从中发现确定所需要的各方面条件。那么又如何来规定"确定"的标准呢？

战略思维的价值就在于如何来规定"确定"的标准。当战略问题模糊或者处于初始状态时，思考者的作用就是将其中导致模糊的因素进行归纳，并将初始状态战略问题同时置于历史与未来的过渡阶段。

去除模糊与使战略问题脱离初始状态，都是决策主体的主观行为，而不是单纯的战略问题的自我规律的体现，其中，去除模糊与使战略问题脱离初始状态，均为使战略问题的确定性因素暴露得越来越多。然而，在这个阶段中，决策主体的主观动机对于战略问题如何显现确定性以及显现确定性本身的运动过程，具有双重性。决策主体的主观动机使战略问题的初始状态出现变化不仅受到动机的影响，而且主观动机出现变化时，会导致战略问题的确定性的显现同样出现相应变化。最明显的莫过于安全困境从初始状态的变化直到僵化。双方的主观动机使安全困境的出现越来越明显，而导致安全困境持续僵化的诸多因素越来越多时，双方都成为自我动机的违背者，而且趋势越来越不可逆。美苏展开核军备竞赛和英德海军竞赛便是当竞赛变得越来越稳定时，促使双方都在考虑如何减缓自身压力，然而，双方都只能通过迫使对方让步的方式来减少压力，也就表示主观动机是为减少自身压力，然而自身压力却由于安全困境不断明显，而不断增大。很多情况下，安全困境之所以能够越来越固化，不是因为格局原因、实力原因，而是因为双方的主观动机越来越难以实现。而当安全困境固化后，双方主观动机也由原因，变成固化的结果。当战略问题越来越确定时，战略问题的发展便蕴含其中。

例证中受到质疑的不是结果，而是导致结果的过程和要素能否得到印

证。而现实中的主观动机又决定着导致结果的过程和要素在现实中是否
适用。

战略思维能否适应战略问题的变化，并不代表战略思维的适用性，战略
思维如果能够推动战略问题的变化才能体现战略思维的适用。战略问题的发
展变化的前后或者对于空间的增减，再或者领域的分合，是思维变化的体
现，而不是思维变化的原因。

战略思维中的确定性原理，可使自己确定，不一定使对方确定。如果要
使对方确定，那么战略思维就必须超前关注战略问题的前后、增减和分合，
使对方始终陷入"跟着走"的确定性当中。

战略思维的确定性原理的核心是通过多元化的战略问题来实现新的多元
化，通过增加战略问题的确定性因素，使决策者可以有更多的选项来推动战
略问题的变化。战略问题由不确定性因素占主要地位到确定性因素占主要地
位，战略思维仍然是决策者与战略问题之间的唯一通道。决策者的战略思维
使战略问题出现倾向性的动向，那么战略思维的倾向性既得到验证，也得到
显现。

◆ "自我意识"的超越：先改变自己

战略问题从来不是单方面的思考，正如具有"自我意识"的人，必须
意识到他人亦有"自我意识"。当他人的"自我意识"与自我的"自我意
识"出现互动时，战略思维便就此展开。作为战略问题的思考者，如何超
越自我的"自我意识"和他人的"自我意识"，是将战略思维进行完全解剖
的基本问题，因为自我意识只有超越主体思考者，才可能推动战略问题的变
化，否则只有战略问题的历史循环，而无时代进步的更替。

"自我意识"的超越是思考战略问题时使"自我意识"超越自我，并且
将之超越他人。战略思维的内在困境便是"自我意识"中只有自我的意识。
自我意识存在于战略思维中最大的弊端有两个：一是先验性被误认为真理
性；二是难以还原战略问题的真正本质。

前者被历史上很多蹩脚的战略家所证明。以一种先入为主的认知蒙蔽了
战略视野，然后以真理之名行谬论之实，所以导致真正的真理要么被埋没，
要么不合时宜地过晚出现。这样的结果就是被误认为谬论的真理大行其道，
而真正的真理却姗姗来迟。

自我意识的超越，既不是简单地以他人之思考来代替自己思考，也不是
以自己思考来代替他人思考。而是推动主体和战略问题的相关方都是以主体

角色思考。当战略问题以不对称的形式在主体之间展开时，各个主体对战略问题的认知并无一致侧重。所以，战略思维中的自我意识的超越不是仅仅多个主体的自我，而是"大家"。

如果把战略问题还原为纯粹的自我意识，就必须将主体与战略问题的相关方等同，而不仅仅是对立。所以，按照大家共同的需要还原战略问题的本质，需要大家共同的"自我意识"。

自我意识是形成战略思维的主观土壤，对于自我意识的作用具有两个相反的推动作用：一是自我意识在战略思维中得以反映。二是战略思维的变化会促使自我意识产生变化。战略问题促使自我意识产生，但自我意识并不是一成不变的，恰恰是当多种战略问题交织后，自我意识发生变化后产生多种差异甚至是对立，这就产生了一个这样的结果，当自我意识发生变化时，主体没有选择便没有确定，而没有确定变化时，主体也无法完成选择。从所有未完成选择的自我意识中确定其指向性，战略目标便不可能形成，或者误将意向变成战略目标。

战略思维的逻辑起点位于何处，这取决于决策者的主观意识。然而主观意识却又受到外界环境影响，外界环境影响又如何作用于决策者及其决策者的自我意识，这是使战略思维产生诸多疑问的直接原因。

如果决策者将自身的内心感知当作战略思维的直接后果，而不加以进行自我意识后的识别，那么难免陷入两种可能的误区：一是把别人的经验不恰当地加以分析，要么走向僵化的教条主义，要么无视内在规律，最终使适合于条件的因素受到忽略。二是自我意识的本质不是形成自我的观感和意识，而是对自身形成战略思维的调整与变化。决策者应当变化的不仅是形成的思维的结果，更重要的是思维的过程与逻辑起点。

每个决策主体的自我意识都具备变化的可能，而变化又有两种：一是跟随外界环境的变化而变化；二是自我主动地变化。

战略思维主体的自我意识是构成战略思维特点的基础。战略思维主体，即决策者，自我意识属于反思与自我预测的思考范畴。自我意识的难度一点也不逊于战略问题本身难度，因为自我意识的思维习惯和特点，以及决断时的情绪往往隐藏在战略问题当中某个容易被忽视的时间或侧面。历史上诸多战略大师，与其说对于大势把握出奇精准，不如说对自我控制恰如其分。而历史上很多功败垂成的决策者如果能够有着清醒的自我意识，也许就不会导致很多历史悲剧的发生。决策者有时对对手的了解胜于对自己的了解，或者精于料敌而疏于料己。每当决策者在需要做出决策时而获取到的信息，形成了决策内容，如果没有清醒的自我意识而做出决策，必然会出现两种弊端中的至少一种：一是忽视战略问题的本质而陷入事务主义；二是以自我的价值来判断对手或者对方的利益需求。

自我意识的价值体现在对战略问题的产生是否符合自我的利益认知。自我意识的程度以对战略问题的影响来衡量，为什么有的决策者可以避免不利局面的出现，而有的决策者却时时面临着危局与困局。自我意识的价值就在于能否使战略问题的出现、发展变化、结束与自我意识相适应。

这有两种思维方式：一是始终难以主动制造战略问题，而使对方来制造战略问题，所以，导致总是处于应对者的地位。二是及时制造战略问题，使自己处于主动地位。这两种思维方式的区别在于自我意识的有无或者正确程度。

前者最大的教训是拿破仑，每次与反法同盟作战都成为导致下一次更大、更牢固的反法同盟前提，拿破仑永远处于应付反法同盟的怪圈当中，必须耗费大量的资源与精力，来维护法国不断扩大而又不断脆弱的势力范围。拿破仑无法为欧洲制造使自己处于主动的战略问题，反而使自己败招频出，先是大陆封锁触犯众怒，后是分兵于西班牙与俄罗斯导致法国精锐之师疲于奔命。后者最典型的莫过于"二战"之后的丘吉尔，"二战"之后的英国，实力在美苏二者之间已经处于绝对劣势，已经难以维护"日不落"帝国地位，为确保自己的地位，丘吉尔发表富尔敦演讲，其实质是利用意识形态的对立和地缘政治对抗的延续在美苏之间制造矛盾，英国成为冷战爆发的重要因素。因为冷战的爆发，美国必须继续倚重英国，甚至在某种程度上被英国牵着来维护英国的全球地位。

拿破仑之所以获得欧洲大陆霸权后再丧失，是因为不能自我认知到法国的天然短板和格局制约，而江河日下的英国之所以能够维护地位，是因为能够利用自己的地缘政治优势和美国对格局塑造的"理想主义"心态。

自我意识对于战略思维具有基础性价值，不仅在于找准战略基点，还在于使战略问题朝向对自己有利的方向。战略思维主体的自我意识对于推动战略问题按照有利于己的发展并不可能是单方面的。战略思维主体的自我意识的非透明性决定了当双方出现博弈时，只要有一方的自我意识没有反映自身实力地位或者格局中的位势，那么双方的博弈便会走向失控，即使是自我意识客观清醒的一方也会对博弈态势失控。战略思维主体的自我意识因此也就不是单方面的。不仅需要使自己实现正确的自我意识，而且需要促使对方甚至多方实现正确的自我意识。不仅需要实现双方甚至多方正确的个体自我意识，而且还需要双方甚至多方正确的格局性自我意识。以日美之间为例，太平洋战争之前的美国与日本，美国的自我意识是清醒的，而日本的自我意识却难言清醒，如果日美二者的自我意识均是同等程度的清醒，那么日美之间也许不会爆发太平洋战争。太平洋战争爆发前的日美之间，双方不仅对个体性的自我意识不平衡，而且对格局性的自我意识也同样不平衡。日本决策者鲜有人将美国的实力看作对日本的"泰山压卵"，而美国决策者看到的是全球格局中欧亚二者对于自身利益诉求和安全诉求的不同影响。美国是要利用战争和塑造格局，而日本是要实现扩张和解决危机。不同的自我意识的思维基点决定了日美必会冲突。双方互动使日本铤而走险。

当各个战略思维主体的关系日益走向紧密时，双方的战略问题出现系统化的特征非常明显之时，战略思维主体的自我意识中，对于格局性的自我意识便有超越个体性自我意识的趋势。当单纯的以个体性自我意识为基点时，反而容易导致忽略格局性自我意识对个体性自我意识的影响。

战略思维主体的自我意识是决策者将战略利益主体作为自我行为和功能的产物，它来源于对战略利益主体在初始情境和现实情境当中的反应。所以，决策者的自我意识的局限性在于它认知的都是"历史"，而难以及时敏感地认知"现实"。战略思维主体的自我意识完成不了的任务是战略思维主体的变化，即自我变化如何实现，外界压力推动的变化易于理解和预测，而自我变化则易于忽略。也就是说，战略思维本身就是一个客观存在的思考过程，但又不是以客观形式来进行分析，因为其过程和后果在主体的自我意识的程度和局限性是以主观性形式出现的。

◆ 视野的两端：目标与格局

战略思维仅仅是为了达成战略目标的思考活动吗？如果这一观点成立，那么战略目标又是如何确立的呢？而面对相对的战略形势，不同的决策者为什么会出现不同的战略目标呢？战略思维其实是决策者思考战略问题的主观意志的反映。它不仅仅停留于战略目标、战略资源运用、战略计划和战略行动的组织实施等层面，更是关于战略问题，即思维对象的全部展开如何体现在主观意志当中。决策者如何使自身的战略思维符合战略问题的实践展开。在实践展开的过程中，思维对实践展开的战略问题的各个侧面是互相衔接在一起，而且这种衔接是有规律的。战略思维不是战略目标、战略手段和战略计划等问题的简单组合，而是决定它们的内在的战略问题的外部展开，战略思维的科学性取决于它的要素在多大程度上通过互相衔接来决定战略问题的走向。可以春秋战国中的管仲推动齐国称霸为例，对于管仲而言，战略问题的核心在于使齐国获得春秋各国，尤其是周王室和其他大国对其地位的承认，当管仲发展齐国经济和军力时，在如何获得周王室和其他大国的承认的战略思维中有两个关键性要素：一是尊王，二是攘夷。从整个春秋时期而言，作为北方两个大诸侯国的齐国和晋国，在郑国之后，齐国首先发展起来。当各个诸侯国无一不以获得周王室的承认和其他大国的仰视为荣时，齐国不是通过侵略吞并小国，而是通过保护小国和"帮助"周王室维持权威来称霸天下，因此就必须牵头抵抗大家共同的威胁，即北方夷狄。这样的战略思维，其战略目标是称霸，然而此时的称霸仅仅是谋求地位令人仰视，而不是主导"国际秩序"。但是，真正的效果却是实实在在地主宰着当时的大国与周王室之间的关系，维护着日益式微的周王室地位。齐国的称霸战略思维，不是简单富国强兵和主导秩序，而是帮助当时所认知的"天下"固化已经衰落的秩序。如果仅仅从齐国称霸这一战略目标出发，那么很容易忽略其他的战略形势和当时的战略文化这一大背景对所有大国的影响。齐国称霸这一战略问题的展开，不是称霸而是主导秩序，齐国的先进是内在的经济和治国文化的先进，但从历史发展来看，它并没有创造一个新的秩序，只是对原有秩序的巩固与修正。当然，面对未来，所有的战略家都容易陷入雄心勃勃之下的目标迷茫，因为对于一个未来的世界将如何构建，均处于模糊的认知当中，战略思维中的所有要素不可能衔接得那么"完美"，甚至是违背规律地衔接在一起，便无法真正保证自己的战略思维的整体效果。

战略思维的要素与战略要素是不同的。战略的要素是战略目标、战略力量等要素的集合，而战略思维的要素不是，战略思维的要素是决策者在思考战略问题时所涉及的要素。也就是说，战略决策者的战略思维水平与能力取决于他或他们能够涉及的要素的数量、深度和远见。同处于一个时代的俾斯麦和拿破仑三世，前者能够洞察到民族主义对民族国家的深远作用，知道如何使对手进入自己设下的陷阱，利用各个大国的矛盾为自己服务；而后者只是一味追求历史上曾经的荣耀与地位，对于大国矛盾经常习惯性地忽略，纵使具有一时之雄心壮志，但仍然昧于欧洲战略格局发展。拿破仑三世的骄纵使法国由欧洲舞台上的主角之一，最后变成了配角，而德国则成为欧洲的新主角之一。俾斯麦不仅考虑普鲁士、考虑德国，还考虑到了欧洲，而拿破仑只考虑法国，对于欧洲的整体格局虽有考虑，但总是以法国的自我中心为主轴进行战略筹划。

战略思维能力体现在战略决策者针对战略问题的即时反应，而没有主体所期望的足够的时间和空间、条件来进行思考，因为战略问题一经出现便已经处于双向互动的变化当中，主动权取决于最先做出反应的一方，而最先做出反应的一方能否把握主动权，又在于即时反应能否将战略问题的内在和长远进行准确把握或者把握的准确程度。

战略思维的要素通常分为两种：一是战略思维中可以量化的可视要素，如战略问题的相关战略利益主体、涉及的领土和贸易的数量、主要战略力量和自然资源、历史发生的时间性因素等；二是可视要素中所反映出来的能力要素，如战略信息、战略行动（主动或被动、进攻或者防御）、设计战略规则等方面。

在所有战略思维的要素中，可视要素是人类感知和思考的器官功能的反映，能力要素是人类社会内部差异的反映。可视要素决定着能力要素的存在，而能力要素的变化推动可视要素的变化。虽然，战略问题的存在决定了战略思维的存在，但是战略思维的变化却使战略问题不断地产生新的形式和矛盾。战略思维的改变，首先在于推动战略思维要素的改变。

战略思维的主体同样也是战略思维的要素，然而，失败的战略通常是战略思维主体忽略自身作为要素的认知。这也是所有战略决策者总是难以理解自己为什么会做出这样的决策的原因。所以，针对不同战略问题，之所以出现不同的战略思维，是因为战略思维的主体是独立存在的，是主体通过思维来产生不同的战略思维的要素，各个战略思维的要素之间，是通过主体来获得联系，从而也是通过主体相互依存与相互影响。

战略思维主体对各种要素进行不同设置，使战略思维呈现出不同的状态。各种要素在不同位置的转换也构成了推动格局转变的动力。在三十年战争期间，哈布斯堡王朝的皇帝斐迪南二世总是以宗教的态度来对待不同诸侯国，而当其衰落后，民族国家不断涌现，逐步形成多极体系，英国以欧洲大陆均势来确定战略，法国、俄罗斯和后来统一的德国以欧洲大陆霸权来确定战略，当欧洲各个大国争霸的极限出现两次世界大战时，美国和苏联不仅仅以意识形态来确定战略，而且延续了地缘政治斗争来确定战略，最典型的莫过于"二战"之后对中国的争夺。而在冷战结束后，全球化趋势日益明显，各个大国无一不是以共同利益为确定战略。

战略思维具有内在的创造力。不仅是因为新的战略问题催生新的战略思维，而且还存在另外一种趋向：战略利益主体的不断改变，使战略思维也在不断改变，从而导致旧的战略问题结束后会出现新的战略问题。

要素之间的联系发生互相作用，而互相作用决定了整体战略思维的发展变化。为什么有的战略决策者可以将整体战略安排得井井有条，而有的战略决策者却杂乱无章。这主要取决于战略决策者如何来安排战略思维要素之间的互相作用。拿破仑总是可以找到他的对手行军布阵的弱点，要么出奇制胜，要么诱使对方落入陷阱。这主要得益于拿破仑将战略性的目光聚焦于战场上，使影响战场上的各种要素互相作用。拿破仑善于并且习惯于预判对方的军队采取什么样的行动，但却并不习惯于预判对方的政治家将会采取什么样的行动。这又主要是因为拿破仑总是忽略如何使对方成为朋友的各种要素的互动。战略思维的各种要素如何联系并发生互相作用，出自于战略决策者的头脑当中。比如，是将战场胜利置于政治考虑之前，还是考虑之中，抑或是运作战略同盟与自我积蓄实力的关系问题等。

当然，战略思维的要素之间的关系并不是单一的，既有平行的，也有交叉的；既有整体与局部的关系，也有多层叠加的关系。战略思维的要素在每个战略问题中都有一个最高层的要素，来统领其他要素，同样也影响着决策者如何将各种要素置于不同地位与构建多种关系。

然而，对于决策者主体而言，对各种要素位置的确定和关系构建，取决于决策者的第一反应。决策者第一反应有两种可能：一是从目标性思维反应。战略目标成为决策者的首要立足点，并以此来深化对战略运作的思考。二是从格局性思维反应。战略格局成为决策者的首要立足点，从格局中出发对战略目标等问题进行思考。两种可能反映的不是战略问题的客观差异，而是反映着决策者主体的差异，从而使战略问题通过战略运作出现最终发展方向和结局的差异。

战略问题不是独立于战略利益主体而存在的事物，则说明了战略思维对战略问题的影响不仅仅存在直观当中，而且还存在于不同的第一反应当中。不同的第一反应决定战略问题的不同走向，而且两种不同的第一反应，并不是互相排斥的，只是在第一反应中处于不同的位置。当目标性思维占据第一反应当中的主导地位时，那么战略思维通常会以某种自我个体意识的形式而存在于战略问题当中，例如，古巴导弹危机时的赫鲁晓夫当明确无误地得知美国已经知道苏联在古巴部署中程导弹，并且提出最后通牒时，赫鲁晓夫最终同意美国提出的条件，其他思维的立足点并不是美苏冷战格局的走向，而是苏联的面子和实际利益。肯尼迪的思维立足点是美国的安全、在西方领导地位的信誉，同样也不可能考虑对抗格局的走向。而当古巴导弹危机结束以后，双方才开始思考如何构建新的格局，以避免导致双方陷入灾难的危机。可见，在战略问题日益紧迫时，目标性思维主导决策者的能力越强。而当战略问题随之发展，并出现趋向于稳定时，格局性思维对决策的影响便会趋向于强烈。

两种第一反应在不同的战略问题中，在不同的决策者中分别处于不同的地位。然而，这并不代表第一反应的不同，都会导致最终的"殊途同归"。

第一反应偏重于目标性思维，往往将思维聚焦于个体当中，更加容易忽略"天然条件"的制约。比如，统一后至"二战"之前的德国，除了俾斯麦之外，威廉二世和希特勒都忽略了天然的地缘政治条件决定了德国要成为欧洲大陆霸权甚至世界霸权，就必须在多条战线上与诸多大国对抗，这样的天然条件决定了它提出了力所不及的目标。而他们二人偏偏忽略了多条战线对德国的天然制约。德国如若要成为欧洲中心，就必须尽量避免四处树敌，否则，容易被东西两线的大国孤立。之所以，威廉二世和希特勒出现同样的结局，其实在于他们二人战略思维中对个体目标性思维过于偏重，忽略客观条件的制约而追求不可能实现的战略目标。

目标性思维也容易使决策者冷静，通过妥协来推动战略问题的发展，尤其是当出现不利局面时，决策者的第一反应是目标性思维，会使自己避免在不利的情况下冒险。比如，第二次美英战争时期的美国，美国的战略目标是正常地发展经济与集中进行国家建设，而不是过早卷入欧洲纷争当中。以当时的美国国力，在英军进入美国境内后，就会像"一群狼进入羊圈"一样，美国会重新陷入与英国的战争当中，而且那时，拿破仑战争刚刚结束，英国正值力量巅峰，欧洲大陆其他大国也不可能帮助美国来抗衡英国。所以，美国宁愿遭受被英国人火烧白宫的屈辱签订《杰伊条约》，也要避免与英国的战争扩大。后来的历史证明，《杰伊条约》使美国获得了宝贵的和平。美国的明智来自于美国对目标性思维的正确理解。

目标性思维的弊端容易使决策者先入为主地认为战略目标成为战略问题存在的组成部分，也就成为决策者的战略思维开始的前提之一。极易将战略思维与战略问题的客观存在混淆。正如威廉二世时的德国，当时德国并没有成为欧洲的中心，意在成为欧洲中心的威廉二世的确按照德国就是欧洲的中心这一前提而制定"如何使德国成为欧洲中心"的战略。将战略目标"自觉"当作进行战略思维的前提是所有强调目标性思维的决策者最容易陷入的思维误区，也是最容易忽视的思维误区。

格局性思维通常是格局的维护者，因为维护既定格局便是维护自身利益。最典型的莫过于英国在近代维护欧洲大陆均势的战略思维，英国对抗过法国、俄罗斯和德国在欧洲大陆上的霸权行为，其目的是维护欧洲大陆均势体系，英国不仅免受欧洲大陆强国的安全威胁，而且可以放手集中精力于海外殖民与贸易，从而谋求自身利益的最大化。欧洲大陆均势遭到威胁时，英国的第一反应不是事件本身，而是事件对均势是否具有破坏性作用。所以，英国针对拿破仑的法国集中精力进行扼杀，而面对俾斯麦统一德国的三次王朝战争时，并没有考虑到德国对均势格局的潜在破坏作用。格局性思维支配下的决策者，受制于格局的同时，其战略举措也取决于决策者对格局受到多大影响的确定。

格局性思维的出现并不仅仅限于对格局秩序的维护，还受到格局的约束，而且约束可能带来新的利益诉求。"二战"之后的日本，它受到日美同盟的控制，同时也是日美同盟的受益者，日本可以不需要花费巨大的资源来重振军备，而是几乎将所有的资源用于发展经济、科技和教育。日本无论是推动苏日外交关系，还是推动中日邦交甚至是发展与西欧的关系时，日本的战略底线是维护日美同盟。日美同盟导致的亚太格局是日本得以在战后快速恢复的外部支撑，而不仅仅是恢复国力的权宜之需。

格局性思维也可能导致对格局的僵化的理解。对那些对格局产生影响的因素高估或者低估。美国之所以陷入越南战争，其根本原因在于美国为了维护遏制苏联的冷战格局，高估了越南的地缘政治价值对于意识形态的作用。后来的历史证明，由于中苏分裂使越南走向社会主义制度并没有发生所谓的"多米诺骨牌"效应，反而使美国能够争取中国来对抗苏联。赫鲁晓夫在古巴部署中程导弹，低估了美国维护美苏冷战格局的决心和意志，其结果就是认为美国最终会接受古巴部署有苏联中程导弹的事实。然而，事实并非如此。如果美国接受苏联在古巴部署中程导弹的事实，那么意味着冷战格局的颠覆性改变。美苏之间由美攻苏守便变成了美苏之间的攻守平衡。美国的确难以接受。

◆ 决策者的挑战：理性与感情

"理性"不知道造就了多少雄心壮志，也不知道造就了多少功败垂成。当所有人都在所谓的理性时，理性的作用反而不容易凸显出来。战略思维中的理性存在于决策者的脑中，也存在于决策者心中。存在于脑中，是因为战略思维本身就存在于思考的客观活动中。存在于心中，是因为战略思维本身就是决策者主观情感的体现。理性与感情从来不是互相排斥。历史上从来没有出现过完全由感情主宰的战略决策，当然也从来没有将感情完全消除的战略决策。

感情在战略思维中，也许是决策者于一时一事中出现，也许是决策者在长期的思考活动中出现。当感情出现决策者在一时一事中的思考时，那么感情至少会在某种程度上决定着决策者在多大程度上受到理性的支配。

决策者的感情与理性的互相作用，使得长期的理性变成了思维惯性，从而使感情得以固化，而被固化的感情又在理性支配下，变成了决策者的思考的自觉。理性与感情的互相作用在以下五个方面中体现：一是对所获得的信息进行判断之前的主观希望；二是识别信息对于反映战略问题全貌的程度；三是识别判断信息的方法的局限性；四是识别信息来源及其之间关系；五是寻求多种判断的可能性。

这五个方面的思考将会反映出决策者的理性与感情之间的关系。当理性占据主导地位时，感情因素可能使决策者变得意志更加坚定。而当感情占据主导地位时，理性可能促成多种判断的可能性。之所以出现这种情况，主要是因为各种战略问题的复杂性。同一个战略问题可能在不同时间进度中，以不同的形式出现；同一个战略问题的某些侧面易于显示出内在本质，而某些侧面却会充满着各种难以辨别的表象；同一个战略问题，在有些形势下可能无足轻重，但在有些形势下却举足轻重。

当战略思维受到理性和感情的作用时，自然说明了战略思维的本质属性是主观性的。然而，战略思维主观性的本质属性，同样容易促成战略问题这一客观性事物的变化。如果仅仅以主观能动性来解释这一内在变化，显然会失之于浅显，不能反映战略思维的作用与价值，及其出现作用与价值的内在原理。战略思维中的理性与感情，在历史的长河中，不是"巧合性"地发挥偶然作用，但是战略问题的解决却是"巧合"。以近代欧洲为例，为什么同样的均势战略问题，在拿破仑战争之前屡次失败，而又屡次出现，而在拿破仑战争之后，却为什么缔造了欧洲和平。拿破仑战争之后，梅特涅的均势战略思维对于整个欧洲大陆均势构建起到了核心性作用，其根本原因是欧洲大陆均势符合当时欧洲最强大的英国和俄罗斯的利益，尤其是英国的利益。英国在拿破仑战争中的支柱性作用使既要压制法国，又要压制直接战胜拿破仑的俄罗斯，促使法国、奥地利、俄罗斯三者形成权力平衡。均势战略思维的作用与价值在于使合适的战略问题在合适的时代，以合适的主体（个体或者群体）（战略主体）来解决。

理性与感情在战略思维中的不同地位使战略问题的发展变化出现不同的可能性。

◆ 找到载体：空间性原理

战略思维有空间吗？物理性空间当然不存在于思维领域，然而，人类内心与思考可以对空间进行感知、描绘和促其变化。决策者在进行战略思维时，空间无表象但有表现。战略问题任何一要素存在于空间内或者与空间存在直接联系。空间在战略思维当中，不仅局限于地缘、地理、风俗和网络、太空等可见性领域，还可以根据决策者的不同战略思维而表现出来对它们的认知心理。战略思维的空间性原理，亦即决策者对各种心理的自我认知在战略问题上的反映。直观空间和心理空间构成的战略思维的空间性原理的直接作用对象。

空间在战略思维中的地位与变化反映着战略思维的广度与深度。战略问题所涉空间是否与决策者对战略问题所涉空间的认知一致，这取决于决策者的初始反应。

在决策者对空间的初始反应中，空间的大小、性质、直观空间与心理空间等各种物理和心理因素如何确定，代表着不同的战略思维的逻辑起点。俄罗斯自从成为东欧地区大国之后，几乎所有历史时期，无论是何人为沙皇、无论何种政治制度，其决策者的战略思维当中，对空间性思考的初始反应都是周边能否建立势力范围，或者将周边据为己有。周边空间被置于战略思维的初始阶段，导致的是俄罗斯自古以来便将周边当作威胁的同时，也成为周边的安全威胁，只有通过扩张来满足自身的安全感，当战略思维成为习惯时，民族文化也由此生成。

◆ 系统观：多样性产生的主观偏好

相同的战略问题在不同战略格局下，其走向也发生相应变化。亦如法德世仇一样，虽然德国统一之后，法德世仇从未发生改变，历史积怨、阿尔萨斯和洛林争端、欧洲的地位争夺等因素在两次世界大战前后几乎如出一辙，但法德二者命运却大相径庭。

而在冷战格局下，法德双方几乎同时推动世仇冰释。这不得不说，战略格局对战略问题的影响足以使战略问题裂变式发展。战略思维在其中的作用是从系统看到要素。

一旦系统发生改变，要素亦会根据系统对其的影响而发生改变。当然，系统对要素的影响又取决于要素在系统中的地位。

战略思维中的系统观必须避免将思维的焦点静态地置于系统上，而是聚焦于系统的变化与推动变化的系统内外的诸多因素上。

关注系统变化，直接的方式是关注导致的格局巨变。然而，这是深刻的战略思维吗？当然不是，战略思维系统观的价值在于挖掘导致巨变的系统与要素的变化。

也就是说，系统观的焦点是预测巨变，而不是泛泛总结巨变经验。近代欧美至今，经历了：英国之下的一超与多强对抗的多极格局，和美国主导的一超与多强共治的单极格局，两次世界大战和冷战只是两个格局之间的过渡和注脚。关注两次大战和冷战本身，还是关注它们在两个格局中的过渡意义与价值，构成了不同的系统观。

如果把两次大战和冷战当作问题本身来看，那么如何在战争和地缘政治对抗、意识形态斗争中获胜便是战略思维的主要目的。而把两次大战和冷战当作过渡看，那么构建共同的利益与尊严便成为战略思维的指向。前者制造战争和对抗，而后者是设计和平与秩序。历史的车轮已经行驶在由前者到后者的轨道当中。

科学技术使世界越来越小，而世界文明发展产生的系统越来越大。当系统越来越大时，要素越来越明确的同步导致关系越来越复杂。战略思维的挑战越来越趋向：思维的重要由划分要素（战略目标、战略资源途径、举措）向统筹要素演变，从而促进向更高层次的战略过渡！所谓识时务者为俊杰，以前是明白力量对比的地位，现在和将来是明白格局位势。强者依赖于弱者依附的时代让位于强者如何给弱者以机会的时代。这个时代的演变过程必将复杂，然而现象却会越来越清晰。美国强大的标志是西欧和东亚的依附，而时代进步的标志是美国怎样使它们摆脱对自己的依附。

经常出现这样的情形：在不同的战略格局当中，不同的战略问题，却似乎朝着以前的方向发展。最典型的莫过于两次大战前的英法、英俄、英德对抗几乎都演变为海权反对陆权，冷战时期的美苏对抗也同样最终演变为海权反对陆权。这主要是海权秩序已定，而陆权秩序未定。如果设想：陆权已定，而海权未定。陆上大国能否成为胜利者？之所以出现这个结果：海权争夺远没有陆权争夺那样艰难。海权大国只要关注少数几个对手，而陆权大国的对手却不仅多，而且更具有侵略性。

这样的分析使"为什么出现不同战略格局中的不同战略问题，结果却是趋同的"这个问题得以回答。因为具有确定性霸权的空间没有变化。英国和美国都是确定无疑的海上霸权。只有拥有确定性的霸权空间的大国，才具备主导秩序的基础，美国在当今的海陆空天电等领域不同程度地拥有主导地位，所以不同于历史上任何一个霸权，必将导致未来的世界出现不同于历史上任何一个时期的走向。

战略问题像生物界物种一样，数不胜数。然而，支配它们走向的却是少数几条法则。这不得不令所有愿意深思熟虑的思考者产生这样的疑问：战略问题越来越复杂时，而支配它们的少数几条法则为何却越来越清晰？春秋年代，大国争霸无非是为获得周天子和其他诸侯的尊重和仰视，其结果只改变实力地位，而不是秩序；到了战国年代，大国争霸，已然超越国家地位与尊严，简化为军事兼并，其结果重新构建秩序。之所以出现这样的改变，是因为构建新秩序自然比维护秩序更加复杂，军事兼并几乎就是弱肉强食的零和博弈，无非是生物本能。而春秋时期的大国争霸，争夺地位，仍然要获得尊重和利用道义力量，其间的所有战略目标都要讲究"度"。这又是何等复杂和多样。

然而，如果将春秋战国当作一个时期，只是一个大一统秩序变成另外一个大一统秩序的过渡而已。周朝的诸侯制向秦朝的郡县制过渡，使当时的"天下"成为更加紧密的天下。那时由国际社会变成国家社会。战略问题日益复杂、战略法则越来越简化时，战略问题的最终结局越来越明朗。一个旧时代趋向于结束，而一个新时代就趋向于开始了。

如何促进战略的转折，其要旨也在于此。让战略问题越来越复杂，而解决之道越来越简化，来推动时代发展。战略问题的最终解决，取决于能否回到战略问题的起点。不是简单地还原旧时代秩序，而是彻底让历史埋葬旧时代。

战略问题的解决之道越来越简化，不是过分注重武力的作用，而是令所有战略问题相关方的利益诉求越来越明确，而不是隐晦。

利益不明确，或者说利益的认知模糊导致战略问题的复杂。春秋时期，道义是战略问题中的突出地位，但道义标准却是模糊的，各个大国都在遵循道义，如尊重周王朝和希望对其地位的尊重，帮助其他国家实现安全。但道义只能带来原则，或者说规定了什么不能做的底线，而没有层次清晰的标准，使得春秋五霸令所有战略问题复杂化。

当复杂到一定程度时，构成一定的战略平衡，格局也就此稳定。然而，这只是各方对力量对比的默认、对风险的规避，并不是道义支撑。当三家分晋后，道义崩塌，战国就成了赤裸裸的力量博弈，生死存亡压力下的格局自然剧烈动荡。

当现实主义被推崇到极致时，各个国家都会背离基本的道德观念，自身的安全诉求与他国的安全诉求相反，最终导致一国独大或者单极世界的大战便不可避免。

这个战略博弈的历史过程中，只有最强者才具备系统和全局的思维，其余只是各扫门前雪，纵然有所谓的合纵连横，都被当作权宜之策。大家的安危就是自己的安危，这条规律的落实，不仅要大家对自己安危和他人安危关系的认知一致，而且要所有成员认为即使只有他人安危而无自身安危时，也要以自己安危来应对。

这样的难度是因为利益主体的多样，使战略行动的法则更多、更复杂。诸多明确的和没有明确感知的法则容易使不同利益主体产生不同的认知，从而付出与收益不相适应。这样的结果就是利益主体之间怀疑意图与能力产生最终导致分道扬镳。同盟比起敌对时的战略思维更加复杂是因为法则更多而且更隐形。

所有相关方对法则的已知和未知程度与深度、广度均需要达成一致。这在历史上尚未出现过。未来亦不肯定能否出现。但思维的系统观，所蕴含的战略利益和行为指向却是越来越清晰地向这个方向发展。

最强的两个战略利益主体的关系通常是关系体系中最重要的，它们的关系，决定着其他利益主体的选择与取向。但是，变量却并非不可以对其颠覆。这主要来自于三个方面：一是承担相同角色的利益主体改变。例如，德国取代法国和俄罗斯，成为英国的挑战者，格局也由多极均势变成两大同盟体系对抗。二是同盟体系内部变化。从七年战争开始，直到"一战"，欧洲之所以动荡不堪，原因就是同盟不断被破坏、被成立，新旧同盟转化之快，越来越使人难以接受。同盟体系内部变化颠覆既定格局，主要是改变不同的同盟实力地位。三是两强关系本身发生变化。比如，苏联解体使两极格局结束，而又没有可以替代苏联的利益主体出现。

决定性大国越多，关系越复杂。多极格局时，大国协调使其他国家难以破坏既定格局。两极格局，其他国家既可能依附于一极，也可能利用矛盾为己所用。而单极格局下，其他国家基本都以最强者对自己的态度为依据来制定自己的战略。单极格局是否明朗，取决于最强者的影响。

那么在同一稳定格局内，战略利益主体之间的互动又是如何推动格局转变呢？而格局转变又是如何作用于利益主体间互动，从而影响个体命运呢？

战略推动利益主体变化。变化的过程中，又引起战略的改变。

当然，战略的变化是裂变式的，还是渐变式的，又决定着格局是裂变还是渐变。

战略思维的系统观要求主体务必将思维的立足点置于战略主体的相互依存之上。相互依存的含义有两个层面：一是两个既定战略主体之间的相互依存，虽然它们之间的力量极不对等，然而当强者忽略弱者时，无视相互依存时，会导致其他国家出现不可预知的举措。弱者在面临现实风险之前有过激反应，或者组建同盟，以备不时之需。强者受到激励使更多小国受到威胁，或者出现强国间更大、更多的制衡。强国和弱国这样的互动会使有些国家处于风险当中，使各种战略主体对利益的认知难以符合真正的需要。

二是相互依存的整体性。相互依存会由一个侧面波及另外一个侧面，以此形成战略主体之前难以忽略的事实：伤及一点便扩展为全局。以一个新的平衡来取代旧的平衡，取决于战略主体之间对于相互依存的认知差异。当对于某个侧面的相互依存认知相似时，战略主体之间是稳定的。而当对相互依存的认知不对等时，所有国家、联盟等利益主体都有利益诉求突然裂变的倾向，催生了它们之间的战略问题，也使"战略"成为一门科学。突然裂变，可能有三种可能：一是物质消耗突然增长。二是物质消耗突然减少。三是意识突然改变。第一种是由战略主体经济和军事实力的增长所带来的实力地位的上升所致。例如，中国古代春秋战国时期的秦国、齐国、楚国，它们对领土的需求扩大，以及西方近现代的美国、英国、俄罗斯、德国、日本等大国崛起，它们对市场、能源的需求扩大。第二种是大国衰败，导致实力地位下降所致。如近代中国（晚清）和苏联解体后的俄罗斯等，它们不能维持原有的消耗，对于领土、势力范围等难有稳定之力。第三种是因为领导人改变或是政治制度改变，或是其他原因导致的国家的立场改变所致。例如威廉二世掌权后的德国，一改俾斯麦的政策，所以导致欧洲格局改变，还有改变政治制度后加入北约和欧盟的东欧国家。

这三个裂变，是所有战略问题出现的土壤。由此而知，战略思维的逻辑起点不是稳定的静态格局，而是格局对导致裂变的因素的抵制或者催生。

战略思维从时间维度上看，并没有终点，但就战略问题的个体变化看，战略思维的确存在逻辑的终点，而终点的存在和出现，取决于决策者之间的互动如何以及何时处于稳定状态。稳定并不代表恒定，而是战略主体互动不超出任何一方的战略思维在逻辑起点时对目标的设定。

美苏冷战对抗时，双方的战略思维的逻辑起点是大战同盟关系的结束和意识形态对立的产生。然而，是地缘政治斗争导致同盟关系结束，还是同盟关系导致地缘政治斗争，这个问题的争论决定着双方战略思维的方向。作为美苏双方，战略思维的逻辑起点是由于意识形态的对立而产生对对方意图的判断。所以，当双方处于意识形态对立而开始冷战时，地缘政治斗争和同盟关系便成为战略思维的结果，除非双方愿意维护同盟关系，且维护同盟的意志同样坚决，否则，地缘政治斗争必将立即开始。实际上，美苏双方的战略思维的方向，取决于地缘政治斗争因素在双方对同盟关系认知中的权重。

随着冷战的进行，双方虽有缓和之意，但意识形态对立和地缘政治斗争使双方都认为任何以退让为代价的缓和都可能使自己处于失败境地。所以，使对方结束冷战或者退出冷战便成为战略思维的终点。

然而，这正是战略思维的价值所在。如何使决策者主观的思维被对方接受，而且是在利益冲突的情况下。英法之所以由对抗变成同盟，原因有两个：一是英法之间的百年战争，当拿破仑战争结束后，二者的对抗结果具有稳定性，法国已经难以撼动欧洲大陆均势，英国不需要通过战争也可以约束法国。二是出现了二者共同的对手。先是俄罗斯，后是统一的德国。战略格局的稳定和增加新对手，使二者几乎同时以新的格局和对手为基点。战略思维的时间性因素的变化是空间不断变化导致的。导致相同的战略问题不断反复出现的进程中，战略利益主体不断增加，以前的关系迅速转换。所以，希望对方按照自己的思维行事，就必须不断扩大思维基点，或者增加战略利益主体，或者拓展战略问题至新的领域。

战略问题从来不是局限于既定的战略利益主体，新的战略利益主体加入至既定格局当中，那么意味着格局的变化将对原有战略利益主体均会产生影响，而且是有利于希望变化者，不利于希望控制格局者。战略思维的系统，不是保证面面俱到和构建战略关系，而是要保证格局的可变性。

战略思维本身不可能摆脱主观偏好的影响，因为战略思维本身就包括了主观偏好。但不同的决策者，其战略思维对于主观偏好在思维中的地位设置是不同的。

而且相同的决策者在不同的时期，对于如何设置主观偏好亦不同。希特勒、斯大林、丘吉尔在"二战"前后都放弃了自己意识形态的立场。但最终回到自己的意识形态立场，极为鲜明地反映了战略思维的系统中，无法将所谓的主观偏好排除于系统之外。当决策者将主观偏好置于战略思维系统的可变化位置时，通常是决策者支配战略问题，反之则受战略问题支配。

坚持主观偏好几乎是决策者的天然共性。然而，决策者固守同等程度的主观偏好，使得战略思维丧失了应有的标准，即反映战略问题对于决策者利益的可变性。

因为主观偏好是战略问题的产生和发展变化的根源之一。

战略思维体现的是决策者的主体地位，还是决策者对于其他人思维进行的驾驭。当战略问题显现到决策者必须做出反应时，或者决策者必须使战略问题得以产生时，决策者对其他人思维的驾驭，通常会影响到战略思维本身。决策者将驾驭别人思维置于战略思考当中，而不可能是之后。当决策者忽略驾驭别人思维时，通常是难以导致有利的战略态势之时。历史上，教训极多，但任何一个决策者都没有足够的能力去承担一次失败之后还决心重新来过的责任。驾驭别人思维决定着战略思维的基点能否建立在形成有利的战略利益主体间互动之上。

◆ 反思：历史局限性及其维度性

战略思维是每一个时代都不可能回避的问题，从认识论的角度看，所谓战略思维，是指"作为认识主体即人头脑中的以战略概念为基础的思维活动"①，即是以战略理论、战略历史实践经验为指导，制定和贯彻战略的思维活动。

任何事物都是历史的延续，研究战略思维不得不研究战略历史。德国统一战略的缔造者俾斯麦有句名言："愚人说他们从经验中学习，我却宁愿利用别人的经验。"② 这里的"别人的经验"实质上是战略历史，可见，战略历史的研究对于提高战略思维能力的意义非常重大，无论是战略理论的研究者，还是战略的制定者或贯彻者，都应该重视研究战略历史。

任何事物都受到不以人的主观意志为转移的客观规律的支配，而且这个规律是可知的，战略亦不例外，战略也有其自身的客观规律，这些客观规律也是可知的，找到规律可以为战略指导者提供关于战略决策与实施的科学方法论。正如著名历史学家修昔底德在《伯罗奔尼亚战争史》中提出，战争的目的，其实是人性使然，过去的事件"会在这个或那个时候，以很大程度上相同的方式重演于未来。"③ 而且多年来的战争战略历史也证明了战争的爆发、结束，其内在的因素，特别是中间的决定性因素极为惊人地相似，这其实就是战略规律的客观作用。然而，客观与主观的天然矛盾决定了战略思维必将会随着历史的发展，具有越来越多的历史局限性。那种认为"健全的战略可以靠发现和应用永恒的法则来自动生成"④ 的想法是不符合事实的，因为战略思维"并非发生在真空当中，亦非有十全十美的解决办法"⑤。古今中外，那些充满着局限性的，把历史经验教条化的战略指导者无一不是失败者。

传统的经典战略理论中，对于"战略"最为权威的概念来自于英国著名的军事理论家李德尔·哈特，他将战略定义为："分配和应用军事手段来

① 李锦坤，王建伟. 战略思维［M］. 天津：天津社会科学院出版社，2003.

② 李德尔·哈特. 战略论：间接路线［M］. 钮先钟，译. 内蒙古：内蒙古文化出版社，1997.

③ 威廉·默里等. 缔造战略：统治者、国家与战争［M］. 时殷弘等，译. 北京：世界知识出版社，2002.

④ 威廉·默里等. 缔造战略：统治者、国家与战争［M］. 时殷弘等，译. 北京：世界知识出版社，2002.

⑤ 威廉·默里等. 缔造战略：统治者、国家与战争［M］. 时殷弘等，译. 北京：世界知识出版社，2002.

实现政策目的的艺术"①。然而，这个定义将"战略"仅仅局限于军事范畴内。这也是战略思维的历史局限性的根本标志，认为战略问题就是纯军事问题。美国在发动越南战争的初期，决心要"在一片赞同声中专心致志要赢取游击战"②，而到了越南战争结束的时候，基辛格却提出了"越南战争期间，美国有必要了解自己的局限性。"③ 美军在战略思维上将作战胜利看作战略的主要目的，一味地追求作战的胜利，却没有一个专门的战略指挥班子来研究和解决越南战争中的战略问题，这成为美国越南战争失败的主要原因之一。

战略思维的局限性表现在战略资源、战略性质的认识上，从历史中不难发现，战略资源和战略性质是一个比军事问题宽广得多的领域，而战略思维就是建立在这个"宽广得多的领域"基础之上的。战略资源不仅包括军事力量，如军队、军事工业（技术）力量、交通等资源，还包括国家资源如政治、外交、经济、科技、文化、民心等资源。军事资源是国家资源的一部分，而不是统率一切的东西。战略应当与国家政策相适应，战略实质是国家政策在军事领域内运用。国家政策是一切的统揽。国家政策的错误，不可能用军事战略的成功来弥补，在国家政策错误的背景下，军事战略的成功只能恶化国家政策的错误。

战略思维的实质就是战略规律的主观反映。战略是动态的事物，因此战略思维总是面临着不确定的环境条件、时代背景、战略力量不确定的运用（由于利益需求、价值观、地缘等因素的差异）以及偶然事件的影响与干扰，以至于权力拥有者就如何确立战略对手、如何实现战略目的经常产生摇摆。英国的全球战略具有"不同寻常的流动性和多极性"的鲜明特点，英国总是有选择性地实行绥靖政策，分化其他可能的大国联盟，并始终把维持欧洲均势和保证制海权作为战略基石，历史学家均认为"英国之所以能保持其海上霸权，是因为它一般会避免同时威胁几个大国，"④ 而且，"英国外相无一例外，最在乎的是保有国家的行动自由。"⑤ 除非有哪个国家或组建的联盟有可能独霸欧洲大陆，否则英国是不会和哪个国家进行联盟，或参与

---

① 威廉·默里等. 缔造战略：统治者、国家与战争 [M]. 时殷弘等，译. 北京：世界知识出版社，2002.

② 亨利·基辛格. 大外交 [M]. 海南：海南出版社，2001.

③ 亨利·基辛格. 大外交 [M]. 海南：海南出版社，2001.

④ 杰克·斯奈德. 帝国的迷思 [M]. 北京：北京大学出版社，2007.

⑤ 亨利·基辛格. 大外交 [M]. 海南：海南出版社，2001.

到对抗性的国际组织中的。这就是保证行动自由，建立在维持强国之间的均势的基础上的战略。最典型的莫过于英国在"一战"前后战略对手的转变。"一战"后，英国对德国之所以开始扶持，是因为德国是扼制俄罗斯的关键力量，而法国是英国的盟国，英国认为它迫于盟国的关系不会指责英国对德国的扶持。英国的战略思维方式是把"一战"时的盟友——俄罗斯当作最大、最长远的敌人，因此出于地缘考虑，需要德国来抗衡俄罗斯（苏联），而且也要在潜在意识上防止法国取得欧洲大陆的主导权，所以它在"一战"后采取了扶德抑法的战略。

战略思维不可量化的特征不仅在于它的动态性、不确定性、偶然性，而且还在于它受到战略制定者和执行者的激情、价值取向和信念、历史传统经验、时代智慧等因素的影响。个人战略思维的作用，体现在战略制定者和执行者个人或决策集团的信仰、能力、经验、权威等因素对战略的选择上。历史上经常出现这样一个现象，针对同一个战略问题，不同的战略家或学者经过分析判断后，会得出不同的战略性结论，在采取战略措施上有不同的主张。这就是个人在战略思维方面的作用。每一段历史时期中都有历史人物个性的烙印。"领导者个人的意志不管其是否真正体现了国家利益，都能对国家的对外政策产生重要甚至是决定性的影响。"① "一战"的爆发不是德国一国的责任，而是整体欧洲机制的责任，但德国的政策却是"一战"爆发的重要因素。威廉二世好大喜功，在德意志民族主义的狂热喧嚣下，抛弃了俾斯麦的有限战略，取而代之的是世界政策，谋求欧洲的霸权，在海洋上与英国争锋，在陆地上与俄罗斯角力，最终又因为一件刺杀事件引发了第一次世界大战。基辛格在分析"二战"爆发原因时，突出强调了希特勒的个人作用，提出"如果没有希特勒，基础薄弱的凡尔赛国际秩序原可以和平或至少不致酿成巨祸的方式被推翻。"②

"在大众政治来临之前，君主制的战略缔造者们并非全然不受国内背景影响。"③ 因此，从古到今，大众政治始终是战略决策者实行战略决策的基本依据之一，贵族层次是封建君主进行封建统治的基础，"军事上的成功加

---

① 理查德·罗斯克兰斯等. 大战略的国内基础 [M]. 北京：北京大学出版社，2005.

② 亨利·基辛格. 大外交 [M]. 海南：海南出版社，2001.

③ 威廉·默里等. 缔造战略：统治者、国家与战争 [M]. 时殷弘等，译. 北京：世界知识出版社，2002.

强精英们对于君主和国家的忠诚，战败则可能导致贵族造反或被刺。"① 封建统治的大众政治实质上是贵族政治，而现代社会的大众政治实质上是国民政治。普通公民的意志对政治事务的影响力越来越大，战略决策者要学会处理大众政治问题，利用并迎合大众心理、鼓动大众心理、利用信息的作用掌控大众心理等是战略决策者必须考虑的要素。德国的统一，造成了"唯我独尊"的民族主义情绪的狂热蔓延，无论是政治家，还是社会精英，甚至普通百姓在心理上均认为，现行的世界权力结构与德国如今的国力是不相适应的，德国应该以自己的行动来争取与德国国力相适应的国际地位和根据德国的意志来塑造国际体系，这就为民族主义在原来就好战尚武的传统的激励下向战争主义迈进培植了土壤。这些狭隘而对国际体系规律力量估计不足的人由于长期受俾斯麦的压制，也随着他的去职而重新抬头，强势的民族主义思潮极大地影响了政府的决策，这就造成了德国新政府好大喜功的战略思维，从而为世界大战埋下了种子。

战略制定者和执行者，在进行战略思维时会考虑什么？战略制定者和执行者在历史所受到的约束，是分析约束战略思维的历史维度的最佳方法。战略思维从本质上就是历史经验的总结与探索。历史中的战略思维的基点有：地理、历史传统、国家政治制度、意识形态、经济因素。

地理因素

地理因素是战略思维的基础，因为不考察地理，便无从制定战略。从地理因素分析，战略主体，即国家分为海洋国家和大陆国家。海洋强国与大陆强国的战略是不同的，海洋强国霸占着海洋，使海洋成为安全屏障的同时，又是他们实施贸易与军事力量调动部署攻击的有利地理位置，海洋强国绝不可能与他国来分享海洋，海洋战略是国家战略的核心内容。因此，维护国家海洋上的优势是大战略的基础出发点。同时，为减小大陆霸权国家对自己的威胁，他们又总想着在大陆上通过发展盟国或直接出兵来防止一个大陆强国或组织来控制大陆，使自己成为海洋上的孤岛。

历史上有的大陆国家，如取得"二战"初期胜利的纳粹德国、路易十四时期和拿破仑时期的法国、冷战时期的苏联等，"强大到足以统治体系中其他所有成员国的国家"②，它们的战略思维就是通过拥有强大的陆军，以扩张、征服、控制为主要目标，追求领土兼并和直接控制。主要是通过扩充

---

① 威廉·默里等. 缔造战略：统治者、国家与战争 [M]. 时殷弘等，译. 北京：世界知识出版社，2002.

② 吴征宇. 离开制衡与选择性干预 [J]. 世界经济与政治，2009，10.

大陆霸权来控制大陆，将市场、能源、人口占为己有。拿破仑时期的大陆封锁政策是典型的大陆战略，最终失败是多方面原因造成的，但他对大陆的控制战略意图却是明确的。

海洋优势的国家主要以"主导性的经济技术领域及其全球力量的投送能力（尤其是海军力量）上的领先优势"[①] 来取得并维护霸权，历史上主要是英国和美国，荷兰较为短暂，强大的全球投送能力（海军力量为主）、先进的制度文化、经济组织、发达的金融组织和科学技术，优势的地理位置。它们的战略思维共同的特征是进行海外贸易、扩充实力，也能自由地发展军力（安全威胁最小），自由向大陆任何一个沿海位置机动，掌握主动权，并将维持大陆均势和全球力量优势作为战略思维的基石。

地理对战略思维的约束还表现在地缘效应方面，拿破仑战争后的欧洲协调时期，"欧洲强国之态度随其地缘位置而有不同。"[②] 欧洲强国的战略思维的基础是地缘，地理位置决定国家的安全战略，主要对手是能够威胁国家安全的力量体，而不是威胁地缘位置的力量体，因为地理位置是不可能改变的。法国的威胁来自德国，而不是俄罗斯，俄罗斯的威胁来自西边国家，而不是来自东方，德国处于欧洲的中心，四周强敌环伺，应当执行两线安全战略。英国为海岛国家，安全威胁来自海上，另一个海上强权就是它的威胁，一个控制欧洲大陆、资源的国家可能以丰富的大陆资源为支撑发展海军进而威胁英国，所以英国的国策就是防止欧洲被某一个大国独霸，也反对出现一个团结一致的欧洲对它进行排挤。

不同的地缘形势，受制衡的可能性就不同，如十八和十九世纪的欧洲，英国总是较少受到制衡，俄罗斯次之，而法国、德国、奥地利等总是受到多国的制衡，这与地理位置有巨大关系，英国和俄罗斯均处在边缘上，只能在一个时候面临一个方向的危险。英国有海洋障碍，俄罗斯有广大的战略纵深作为防御，谁能免除多线威胁，谁就有地缘优势，现今的美国就是如此，两洋使其免受欧洲、亚洲强国的威胁。

在当代，战略思维仍然受约束于地缘效应。处于四战之地的以色列，经不起一次失败，安全问题是头等人事，由于没有战略纵深。而俄罗斯战略纵深广阔，不可能被别人速战失败。因此，以色列更加强调战略上的进攻，而俄罗斯更加强调战略防御。

从历史规律中看出：战略优势一方的共同点：超越地理（空间）障碍

---

① 吴征宇. 离开制衡与选择性干预 [J]. 世界经济与政治, 2009, 10.

② 亨利·基辛格. 大外交 [M]. 海南：海南出版社, 2001.

的技术、体制与民族雄心。而战略劣势的一方通常都是由于各方面原因难以突破地理障碍的国家。

历史传统

一个国家的现实战略思维是他们历史经验的发展和延续，它不可能脱离历史传统与经验来进行战略思维的创新，除非形势的巨变，如"二战"的德国惨败、苏联的解体、中国清王朝的全面溃败直到倒台、核武器的出现。

一个国家对历史传统经验的态度不可能做到绝对科学，要么就是误导了成功的经验，德国人认为俾斯麦的伟业来自于军事上的胜利，而与他的有限战略的国家政策无关，其实二者缺一不可，但德国政治领域内占绝对力量的军人势力过分夸大了军事胜利对德国统一的作用，以至于后来没有限度的想突破俾斯麦的战略思维，并由于扩张过度，四面树敌，引起了列强的联合抵抗。要么迷信成功的历史经验，一味想让成功经验在下一次时重复产生作用，"二战"初期的法国军队迷信"一战"时的作战经验，就被德军的闪击战击败。要么总想避免失败教训，认为失败时的经验绝对不能使用，"二战"的德国认为"一战"失败教训是国内自由民主人士、犹太人的不爱国，而不是实力的不足，所以德国实行种族政策和思想专制政策，将很多人才与先进的思想文化赶到西方去了，美国接纳了爱因斯坦就是例子。

缺乏对历史经验的正确总结，就会缺乏正确战略。"一战"前，德国皇帝和高级将领并未"理解俾斯麦外交和战略的复杂性"[1]，迷信于自己的前辈在普奥战争、普法战争中辉煌胜利的经验，将单纯的作战胜利看作压倒一切的战略，结果"在缺乏政治头脑的情况下打了1914至1918年的战争，这大大促使了它的最终失败。"[2]

历史际遇是战略思维延续的土壤。每个民族都有自己独特的历史经历，长久的历史经历所形成的民族意识、国家意识、价值观、思维方式等都是战略思维的思想基础，实际上任何一个国家的战略都是民族文化在战略问题上的具体体现。以色列是一个典型，犹太人历史上多灾多难，使他们有与生俱来的危机意识，对安全问题非常敏感，所以在对阿拉伯的战略上大部分时间是实施主动进攻战略的，因此在外交上逼人强硬难让步。

---

① 威廉·默里等. 缔造战略：统治者、国家与战争 [M]. 时殷弘等，译. 北京：世界知识出版社，2002.

② 威廉·默里等. 缔造战略：统治者、国家与战争 [M]. 时殷弘等，译. 北京：世界知识出版社，2002.

国家政治制度

国家政治制度是国家民族价值观、文化传统、民族感情、意识形态、生活方式的总代表。国家政治制度对战略思维的影响首先是决定并反映国家利益的认知，以及实现利益的方式的选择。对国家利益的认知，包括国家利益是一个体系，不同层次有不同的利益需求，同一层次内各方面（政治、经济、文化、安全）的需求也是不同的，政治制度的差异，造成了国家利益层次划分不同，同一层次的利益内容不同。美国的民主政治制度反映的是所谓"自由"的利益体系，也就是物质利益为自由精神服务，而别国的民主制度反映的是国家安全的利益，让意识形态为物质利益服务。政治制度不同，军队制度也不同，军队的作战政治目的、指导原则、作战方式不同，因此军事战略也不同，同样的对手，不同政治制度在不同时期的执行军事战略也会不同。权势是手段，而不是目的，权势运用的目的是利益。国家政治制度决定一个国家会培养手段并使用所培养的手段来实现自己的既定目的。因此，政治制度不同，战略决策不同，包括决策程序、决策权限与时限、执行决策的力量与组织不同。在一个"民主国家"里，大众政治是议会政治与民众心理的结合体，战略决策者不仅要学会与议会各党派协调，而且还要迎合国民心理，所以在历史上，民主国家经常受"专制国家"的气，是因为民主国家里，各个党派、经济集团和个人利益将自身的利益当作国家的全局利益，使战略决策者受到很大的限制，这也是战略思维的局限性的重要方面。

意识形态

意识形态包括宗教、价值观和民族文化等因素，这对战略思维的约束主要体现在战略思维的方式方面。在专制的伊斯兰教国家和在民选的伊斯兰教国家，宗教和意识形态的作用是不同的，前者把意识形态作为一种人的思想范式，而后者更加注重将宗教作为国家与人民的生活信仰。在专制国家里，个人的信仰是宗教和意识形态作用的根本，个人的意志成为国家意志，而在民主国家里，民众的普遍信仰包括宗教和意识形态是政府战略思维的基本依据之一。

冷战时期，美国人认为"法治政府之下的自由这一观念，同严酷的克里姆林宫寡头集团之下的奴役观念"① 势成水火，并认为苏联制度"没有任何其他价值观体系同我们的价值观体系，如此全然不可调和，如此不可改变

---

① 摘自美国国家安全委员会第 68 号文件。

地抱有要毁灭我们的体系的目的。"① 这一以意识形态划线的战略思维支配了整个冷战时期美国的战略决策。

民族文化

民族文化是一大系统概念，其中民族的生活方式延续下来的思维方式是民族文化的核心，比如中国自古以农业立国，因此土地是中国立国之本，中国人的立身之本，不能抛弃自己的土地进行远征是中国战略特征之一，因此强调"和为贵"，对外族总是以和为先，所以爱好和平是中国人的文化，但几千年来的王朝更替又表明了中国人的利益冲突总是造成国家民众内部的分裂，这又需要一个强力强势的中央集权政府来控制国家，从而能平衡各种不同利益团体（商业的、农业的、官员的）。所以中国对外的政策始终是以"和平方式"为主要对外方式；强调统一的中央集权；保护国家的土地和海边疆是国家利益的基础。这些与美国有着天然的不同。几千年的延续，对国家利益的认知差异造成了政治制度的差异，也产生了战略思维的差异。

经济利益

经济利益实质上是经济实力、科技实力与经济发展目标的综合体。拿破仑的战败实质上是经济实力的战败，败于英国。法国为农业国家，技术的先进程度不足以实现工业化进程，而英国为工业化国家，有先进的工业和海外贸易，有技术、有金钱、有国内体制的支撑，拿破仑的天才是不可能战胜一个优越的经济实体的。而且政治制度的差异又反映着经济利益的不同，同时在实现经济利益后的分配方式不同，一个能够分配经济利益合理的国家才能动员出国家的经济与科技实力出来。将巨大的经济利益只为少数人服务的国家不可能具有将经济实力化为战略成果的能力，因为这个国家的经济因素是不完整的。经济因素的一个重要内容是经济目标，要实现这个经济目标，需要巨大的能源补给，巨大的市场载体。所以国家的能源现状与需求、市场现状与开拓需求决定着国家的经济目标，这个从属于国家战略的重要内容实质上是战略的根本因素。经济因素的重要性要高于意识形态，因为经济目的是战略的根本目的。英国全球霸权的鼎盛时期是消灭了拿破仑帝国，从而取得了全球贸易的支配地位；衰落的起点却是没有阻止德国统一，后来没有阻止德国发动自己也控制不了的战争，这都是因为英德贸易——经济原因。"二战"前夕，张伯伦之所以不敢重整军备，重要的原因是金融与财政，不能动摇公众和企业集团对国家经济的信心，不能削弱政府维持国家公共事务的能力，说通俗点儿就是"没钱"。可见，经济因素是目的，也是战略思维的基础。

---

① 摘自美国国家安全委员会第68号文件。

◆ 看到共同的未来：全球化时代的作用机制

各个因素在不同的时代条件下发生作用的权重关系是不一样的，时代条件决定它们能否作用、发生多大作用、怎样发挥作用。几个基本因素在全球化时代的作用机制就是根据全球化的国际战略格局及其发展变化对各个国家认知战略环境、制定战略目标、积累并使用战略资源的影响，来决定国家的主要战略方向。

其一，全球化时代背景使国家之间互相依赖程度不断加深，国际关系模式由明确的对手、对抗、军备竞赛关系转变为模糊的、复杂的竞争与合作交织的关系模式，战略思维基点复杂化。

"二战"结束后 50 年的冷战对抗中，两大阵营在政治、经济、文化、科技、军事上展开全方位、多层次的博弈，使阵营中国家或阵营外利益攸关国家之间均有明显的"亲疏远近"，这也导致了领导人在制定国家政策与战略时，具有明确的指向。比如日本，它是存在于美国冷战联盟体系中，国家政策与战略只能唯美国"马首是瞻"，美国的敌人便是日本的敌人，因此，日本的主要战略方向是北方，主要是遏制与防范苏联。德国分裂为两个国家后，由于彼此分属各自阵营且又是两阵营斗争的最前沿，因此，互相将彼此视为主要威胁。所以在冷战的敌我关系明显的国际关系体系中，各个国家在确定主要战略方向时，均是以防范安全威胁为主要的思维基点。而在冷战结束后，随着全球贸易体系逐步扩容，国际组织与跨国公司的兴起、国际制度的完善、国际政治文明的人性化发展等各方面因素，使国家间关系模式形成了"你中有我，我中有你"的复杂态势，国家领导人在制定国家政策与战略时，不仅要应对传统的安全威胁，而且要应对国家未来发展的挑战。比如，美国在冷战结束后，由于主要威胁苏联的消失，美国便逐步地放弃欧洲作为主要战略方向的战略，转而将主要战略方向东移，随着"9·11"恐怖袭击事件的爆发，美国便把主要战略方向确定为中东和中亚地区，这种思维基点不仅是应对恐怖分子的威胁，而且还是围堵俄罗斯和中国的需要。再比如我国，冷战时，主要威胁是苏联，因此，主要战略方向自然是东北、华北、西北，但随着苏联的解体，美国成为对我国威胁最大的国家，而且，国家的统一大业和经济发展的驱动，台湾问题及其拓展海外利益问题成为我国制定国家政策与战略重要的思维基点，东部，尤其是东南沿海便成为我国的主要战略方向。可见，确定主要战略方向的思维基点趋向于复杂化。这主要是全球化背景下国家利益需求趋向于多样化和综合化所带来的变化。

　　传统的思维基点在于安全，而全球化时代的战略思维基点在于多样化的利益需求。我国的国家利益需求分为三个层次，基础层次为国家的领土完整、主权独立，中间层次为经济社会的全面发展与繁荣，最高层次为我国的国际地位。分这三个层次并不是表示"孰轻孰重"，而是同属一个国家利益需求系统，相辅相成，任何一个层次的利益需求得到实现则会促进其他层次的利益需求的实现，反之亦然。

　　其二，全球化背景下，各国，尤其是大国的利益交织日益紧密多元，各国战略资源之间的对比由综合国力的计算转变为互相依存度的对比。对其他国家和国际政治、经济、军事体系的依赖程度成为使用战略资源的根本制约。

　　每个大国确定主要战略方向时，实质上是如何确定自身战略资源的使用问题。传统上，决定战略资源的使用，核心是对综合实力的对比：经济、军事实力；国内政治环境；外交联盟的支援力度；文化、价值观、意识形态、制度等软实力等。比如，传统的国际政治学者和军事家均认为，战争是物质实力的竞赛，一个国家的权力越多，就越安全，这里的"权力"实质就是综合实力的概念。20世纪初，英国和德国展开的海军竞赛，冷战时的美苏之间的军备竞赛，都是这种战略思维的反应。传统对战略资源的使用，侧重于分析自身与对手之间的实力对比，如果自身的综合实力强，则会处于自动和优势地位，这实际是静态的战略思维。而在全球化的背景下，国家之间，尤其是大国之间，相互依赖程度不断加深，使得静态地考察综合实力对比来决定战略资源制胜的思维已经不合时宜了。大国之间的战略资源使用问题，取决于"谁对另一方的依赖程度更小"，依赖对方程度小的一方占有主动和优势。美国虽然具有超强的综合实力，但是发动阿富汗战争和伊拉克战争并不能取得完胜，而且还导致战争长期化、复杂化，使美国的决策者始终担心会重演越南战争。这一事实有力地证明了在全球化时代，无论一个国家有多强的综合实力，如果脱离了国际体系，不考虑自身对其他国家相互依赖这一事实，使用战略资源便会招致难以估量的后果。

　　在传统的现实主义战略思维中，为了获得安全、战略主动与优势，国家总是不遗余力地追求综合实力的最大化，具体来说，不断增强军事、经济硬实力，千方百计地组建外交联盟力争获得最大化的外交支持，提升国民精神士气，加强国内团结等。而在全球化的背景下的战略思维，依然要通过增强硬实力，但是不可能脱离相互依赖的国际体系去追求。一个大国要想相对主动与自由地使用战略资源，就必须将自身与国际体系的相互依赖程度灵活化。当需要利用国际体系中的有利条件时，就应当集约地使用自身战略资源，以小的代价和风险来达成战略目的。当国际体系的不利条件较多，则应当避免国际体系中其他国家的掣肘。实际上，要求国家在任何时候，都要发展综合实力，但发展实力的基本指针，不仅是让自身强大起来，而且更为重要的是让自身能在国际体系中"自由"起来。自身综合实力对于使用战略资源的局限性，使用战略资源更多地要考虑自身对国际体系和其他国家的相互依赖程度。

其三，全球化背景下，各国的政治、经济、军事交流合作成为既定大势，各种思潮、民族文化、价值观相互碰撞，使各国战略思维底蕴，即战略文化始终处于共同创新发展，并且有趋同且共存之势。

趋同代表着对战略环境认知、战略目标制定的趋同，但并不代表着失去民族性这个核心特征。各民族国家仍然延续着战略思维传统，比如俄罗斯，自从苏联解体以来，虽然社会政治制度发生变化，但是与其他大国的关系模式并没有发生根本性变化，因此，其内在的战略文化传统仍然保留着，把美国作为主要对手，与美国既斗争又合作，并且在一定程度上对涉及自身利益问题保持立场的独立性与灵活性。伊拉克战争、利比亚战争均是先反对，后又采取现实主义策略，务实地承认既定的政治结果。

趋同的结果是认识到互相彼此需要，而不是彼此可以分离。趋同产生共存。历史上最典型的是两极争夺时期，雅典与斯巴达、罗马与迦太基、美苏冷战初期，双方都将打败甚至消灭对方作为战略目标。艾森豪威尔总统更是制定了确保互相摧毁战略，这种政策的战略文化底蕴就是将苏联当作可以互相消灭对方的敌人思维，但是到肯尼迪时期，认识到相互摧毁只会造成不可承受的损失，以灵活反应战略取而代之。这实际上代表了整个人类历史发展中，战略文化趋同共存的大趋势。

全球化背景，无论是主观，还是"被迫"，各国在政治、经济、军事、文化等各个方面的交流与合作大势已经不可逆转地形成了，在这股大势潮流中，各国间的思维方式、价值观、道德规范、审美情趣等各方面交流出现了新高潮，从而对本国的传统文化产生冲击与影响，使各国的战略文化与其他国家的战略文化也在互相影响而并行发展。战略利益需求日益一致、战略思维基点日益交织、战略资源紧密相连，这必将导致战略文化的趋同。"二战"前的法国和德国，由于千年来的高卢和日耳曼民族矛盾，互为世仇，而随着"一战"和"二战"造成两国巨大伤亡，使双方都认识到互相为敌，只能是两败俱伤。应该消除世仇，加强经济、政治联系和文化交流来实现世代友好，这是历史上，战略传统文化化敌为友，走向趋同的典型事例。而且他们之间的修好，又推动了欧洲的一体化，并且逐步地使欧洲大国间的潜在矛盾得到化解。

全球化背景下，战略传统的经验教训能够得到反思与共享，战略文化得到对方更为全面的认知，使得各方在战略环境的认知、战略目标的确定、主要战略方向的把握等各方面的信息释放比传统历史时期更为透明、及时，不仅减少了发生战略误判的概率，更是增加了战略文化的交流。

其四，全球化背景下，政治文明不断进步，国际制度与合作协商机制不断健全，对各个国家产生了道义与法理约束。因此，战争目标的基本点已经由国家存亡转变为国家的竞争优势。

政治文明的发展进步自然会影响到战争领域，战争产生巨大苦难和伤痛之后，人类社会进行痛定思痛的反思，使得人类文明在这种反思中前进，各国追求共同发展、共同繁荣，国家利益的实现不可能建立在伤害其他国家利益与尊严的基础之上。全球化背景中，国际社会在认可正义性的战争对于世界的和平与发展有正面作用时，也不断完善国际法和国际性机构来加强对战争行为的约束。如《第九公约》、《海牙第四公约》、《联合国宪章》、《日内瓦公约》等国际法的颁布以及联合国、世界和平组织等的机构的成立，对敌对双方的武器运用、目标选择、战俘待遇等进行了严格的限制。特别是随着全球化的发展，各大国之间利益趋同，大国协调机制不断完善，国际社会对战争的控制能力加强。而且战争作为政治行动的一种手段，必然与社会条件息息相关，既反映社会特征，又受社会条件的影响。过去的20年里，电视观众增长了3倍，超过了22亿，有120多颗通信卫星向世界各地的人们转播电视节目，美国有线电视新闻网覆盖全球209个国家和地区。这对政府、军队、民众产生巨大的影响。信息技术的发展促进了社会领域发生深刻的变化，互联网和先进通信手段的出现使得信息流通特别迅速广泛；视频技术设备的出现使得媒体力量得到飞速发展，重大事件可通过发达的媒体快速向全球传播，以前的战场很少为人所知，而在今天，战场上的场面很可能展现在公众面前，几乎是透明的。所以，任何一个国家的战争目标不应该，也不可能是消灭其他国家，而是应出于国家长远发展考虑，谋求战略中的竞争优势。美国发动伊拉克战争，主导中东事务，其根本的出发点是控制战略空间和能源，以保持国际事务中的主导地位。

其五，全球化进程中，国家主权在国际关系与国际政治中的作用意义正在发生巨大改变，战略思维的中心点，应当由基于威胁而确保安全提升为塑造或者参与塑造有利的国际体系和国际战略格局，以"体系"和"格局"的力量来遏制威胁、消除威胁、实现国家利益需求。

国家仍然是国际政治中的主要行为体，制定战略时，国家领导人必须考虑到维护国家主权和行使国家主权的新思路。冷战时，美国基于苏联对其本土和盟友的威胁，西有北约、东有美日同盟，在欧洲和东亚地区保持有强大的驻军，通过欧亚大陆边缘的力量存在来抑制苏联的"战略扩张"，并且通过发动朝鲜战争、越南战争、入侵格林纳达等战争来防止苏联和共产主义势力影响力的扩展。应当说，美国在"二战"和冷战时的战略思维是以"遏制对手"为目标来贯彻战略措施，而冷战结束后，美国成为唯一超级大国，苏联的消失使美国难以找到一个对称的敌人，但美国并没有、也不可能放弃国际事务的主导地位和霸主地位，因此，它的战略又变成了防止欧亚大陆上未来出现一个强国垄断欧亚大陆的丰富资源，来挑战美国的国际地位。所以美国从克林顿时期开始，加强对冷战"胜利果实"的攫取，在欧亚大陆东端，拓展美日同盟条约的"防御范围"，维持东亚地区的局势，在欧亚大陆西端，积极推进北约东扩，其战略实质是保持前沿存在，使欧亚大陆处于美国的主导之下。小布什时期，利用"9·11"事件后"千载难逢的战略机遇"，发动阿富汗战争、伊拉克战争、协助法国和英国发动利比亚战争，大规模地进入欧亚大陆的中心地带，把美国的力量由欧亚大陆外围进入内圈。从冷战至目前，美国的战略核心就是塑造自己所设想的国际体系和战略格局，通过体系和格局来防范潜在的或崛起的对手。再比如英国，在"二战"后，由于战争的损耗，英国国势锐减，并没有像历史上其他衰落的霸权国一样，竭尽全力，甚至不惜付诸于战争手段来维护不可逆转失去的霸权地位，而是有条件将霸权地位让渡与美国，在冷战时利用美国在世界上的主导地位，强化英美特殊关系，将自己作为美国与欧洲大陆国家之间的"平衡手"，从而保证了较高的国际地位。按照历史发展的逻辑，旧霸权国家在新霸权国家建立霸权秩序后，通常会急剧衰落，然而英国作为一个旧霸权国家，在"二战"后并没有日薄西山，在冷战时，利用美苏两极对抗体系，紧紧与美国保持特殊的亲密关系，成为美国对抗苏联不可或缺的帮手，从而在许多涉及自身利益的重大问题上均取得了美国强有力的支持，这成为打赢马岛战争的关键因素。冷战结束后，英国首先强化英美特殊关系，认可并从实际的外交上跟随美国的霸权地位；其次，密切与欧洲大陆国家关系，逐步融入欧洲一体化进程；最后，与苏联的继承国——俄罗斯缓和关系。综观英国在"二战"结束以来的战略思维，不难看出英国是利用体系和格局力量的"高手"。

全球化进程的国家主权观念在国际关系与国际政治中的作用意义正在发生巨大改变，在制定国家战略时，必须考虑到维护国家主权和行使国家主权的新思路，战略思维应当由基于威胁而确保安全提升为塑造或者参与塑造有利的国际体系和国际战略格局，以"体系"和"格局"的力量来遏制威胁、消除威胁、实现国家利益需求。

全球化进程中，随着时代条件的变化，产生了诸多跨越国界的新的安全威胁，一个国家无论多么强大和富有处理危机的经验，均无法单独解决，同时，新威胁也在威胁着许多国家，需要多个国家来进行合作应对。在这样的战略环境中，每个国家在制定战略时，都不可避免地考虑与其他国家的合作问题。因此，传统的国家主权观念需要更新。在维护国家主权的战略思维中，必须从增进双方或多方，甚至是全球共同利益的思维基点来防范危险，从而维护主权并实现国家利益。